主编简介

蒋大国 女，1948年12月生，汉族，湖北省随州人。1973年毕业于华中师范大学，硕士。1988年至1990年先后在东北师大学习日语一年，在日本东京研修旅游经济管理一年。1996年至1997年在中央党校中青班学习一年。曾任湖北省副省长，湖北省第十一届人大常委会副主任，武汉大学、中南财经政法大学兼职教授。现任华中师范大学湖北经济与社会发展研究院院长，博士生导师。先后在全国主要报刊上发表多篇论文及文章。

乡村振兴的途径与对策研究

蒋大国◎主编

人民日报学术文库

人民日报出版社·北京

图书在版编目（CIP）数据

乡村振兴的途径与对策研究／蒋大国主编．—北京：
人民日报出版社，2020.1
ISBN 978－7－5115－6314－9

Ⅰ．①乡…　Ⅱ．①蒋…　Ⅲ．①农村—社会主义建设—
研究—中国　Ⅳ．①F320.3

中国版本图书馆 CIP 数据核字（2020）第 001717 号

书　　名：乡村振兴的途径与对策研究
　　　　　XIANGCUN ZHENXING DE TUJING YU DUICE YANJIU
作　　者：蒋大国

出 版 人：刘华新
责任编辑：周海燕　马苏娜
封面设计：中联学林

出版发行：人民日报出版社
社　　址：北京金台西路 2 号
邮政编码：100733
发行热线：（010）65369509　65369846　65363528　65369512
邮购热线：（010）65369530　65363527
编辑热线：（010）65369518
网　　址：www. peopledailypress. com
经　　销：新华书店
印　　刷：三河市华东印刷有限公司
法律顾问：北京科宇律师事务所　　（010）83622312

开　　本：710mm×1000mm　1/16
字　　数：279 千字
印　　张：16
版次印次：2020 年 6 月第 1 版　　2020 年 6 月第 1 次印刷

书　　号：ISBN 978－7－5115－6314－9
定　　价：78.00 元

前　言

　　实施乡村振兴战略，是以习近平同志为核心的党中央高瞻远瞩，准确把握改革开放以后，特别是党的十八大以来我国"三农"工作新的历史方位和城乡变化特征及现代化建设规律，解决人民日益增长的美好生活需要和不平衡、不充分的发展之间的矛盾，实现"两个一百年"奋斗目标所做出的重大决策，是决胜全面建成小康社会、全面建设社会主义现代化强国的重要历史任务，是实现全体人民共同富裕和中华民族伟大复兴的必然要求和有效途径。党中央始终坚持农业农村优先发展，把解决"三农"问题和实施乡村振兴战略作为党的工作重中之重和促进农业全面升级、农村全面进步、农民全面发展的总抓手，先后下发了一系列文件和政策措施，明确指出：要按照产业兴旺、生态宜居、乡风文明、治理有效、生活富裕的总要求，建立健全城乡融合发展体制机制和政策体系，统筹推进农村经济、政治、文化、社会、生态文明建设和党的建设，加快推进农业农村现代化和乡村治理体系及治理能力现代化，彻底破除城乡二元结构，实现城乡融合发展，让农业成为有奔头的产业，让农民成为有吸引力的职业，让农村成为安居乐业的美丽家园。这为全面推进乡村振兴指明了方向。

　　乡村振兴战略的实施，为学术理论界和实践管理者提出了一系列值得深入研究的重大理论和实践问题。湖北经济与社会发展研究院自2012年底成立以来，一直以服务于国家和地方经济社会发展为目的，以适应发展为导向，先后围绕城乡一体化建设、农村土地制度改革深化、体制机制创新、精准扶贫、长江经济带绿色发展和"三农"问题进行深入研究与探讨，取得了一批具有建设性、科学性、指导性的优秀成果，获得了省委省政府和省直有关厅局的重要批示与采用。2018年，研究院聚焦乡村振兴这一重大理论和实践问题，开展了深入研究与探讨。一是汇聚专家学者，分专题进行深入研究。2018年初，研究院围绕党的十九大报告提出的乡村振兴战略及2018年中央一号文件精神，根据中央和省委总体部署，主动与省委省政府工作目标对接，在充分征求各方面意见的基础上，选定了乡村振兴路径模式、政策措施和体制机制创新、产业优化升级、经营体系改革、高质量发展、基层治理、城乡融合发展等15个专题，经省政府审定同意后在网上公开招标，并组织我院和湖北高校的专家、团队及实践工作者开展专题攻关研究。研究成果除在学术刊物公开发表外，还多次获得省委省政府批示，成为省委省政府决策工作的重要依据和参考。二是深入实践示范基地，集中研究探索。2018年初，研究院院长带领专家团队深入湖北省荆门市进行乡村振兴战略实施专题调研，与该市政府负责人及10多个市直部门负责同志就如何推进乡村产业振兴、经营体系构建、土地制度改革深化、生态修复保护、环境综合治理、农业技术创新提升等进行广泛研究和探讨，并深入院研究示范基地——京山市罗店镇马岭村农业经营机制创新示范平台，进行总结分析，对其遇到的问题进行深刻剖析，针对性地提出对策建议，加强具体指导。2019年6月，研究院院长再次带领专家团队赴马岭村对其经营机制创新实践进行深入研究和全面总结，概括为"六化同步，共建共富"的"马岭模式"，即：党建引领常态化、集体产权股份化、经营模式现代化、利益分配均等化、产业发展特色化、"三治融合"有机化，基本实现了产业优化升级、人居环境幽雅、村风文明向上、乡村和谐稳定、村民安居乐业的目标，并形成研究报告，上报湖北省委省政府，得到了省长、常务副省长有关批示，认为马岭经验可复制、可推广，值得重视。这些实地研究总结为湖北乃至全国乡村振兴提供了有益经验和借鉴。三是举办高端论坛，集思广益献良策。2018年初，研究院与湖北省农业农村厅决定联合举办"推动乡村振兴高端论坛"，并联合发文和在网上公开征文，经过近一年精心筹备，先后征集到全国各地专家、学者和农业农村工作部门管理者撰写的论文90多篇，再加上邀请全国专家学者写的论文，共计100多篇论文，并于年底成功举办高端论坛，湖北省人大负责人、省农业农村厅、财政厅、教育厅、水利厅等有关部门负责人及华中师范大学校长出席会议，省内外高校、科研院所的专家学者及全省市农业农村工作部门的负责人、获奖论文作者共200余人参加。论坛就乡村振兴的路径与方法、农村产业、生产和经营体系的构建、农村"三块地"制度的改革深化、城乡要素互动、乡村人才集聚、文化传承、生态文明与环境治理、乡村治理的机制改革创新等专题展开深入探讨，提出对策建议。会议群策群力、亮点纷呈，切入点准，建议新颖。中央及省内新闻媒体进行了广泛的宣传报道，产生了良好的学术影响和社会效果。现呈现在读者面前的论文集，汇聚了以上三个方面的研究成果，主要涉及乡村产业振兴途径与模式、乡村文化振兴路径与体系构建、经营机制改革与创新、农村土地制度改革与深化、乡村治理模式与机制创新等五个相互关联的内容，主旨是乡村振兴路径与对策的研究探讨，力争给大家一定的启迪和借鉴。

乡村振兴，产业兴旺是支撑、是重点，是解决农村一切问题的前提。必须坚持质量兴农、绿色兴农，以农业供给侧结构性改革为主线，加快构建现代农业产业、生产、经营体系，提升农业创新力、竞争力和全要素生产率，加快实现由增产导向向提质增效导向转变，形成城乡融合发展格局，为农业农村现代化奠定坚实基础。鄂农研（湖北省农业农村厅调研处）的《湖北以农业高质量发展推动乡村产业振兴策略研究》一文认为，现代农业是乡村产业的根本支撑，促进乡村振兴，关键要深化农业供给侧结构性改革，不断加快农业经济高质量发展。促进乡村振兴，应重点打造三大重点产业（万亿元农产品加工龙头产业、千亿元粮油蔬菜生猪水产骨干产业、千亿元现代农业朝阳产业），全面构建现代农业产业体系；突出"六个着力"（着力推进农业结构调整、提升粮食综合产能和质量效益、培育新型农业经营和科技创新主体、推动农业绿色发展、深化农业农村改革、强化农业产业扶贫），全面提升农业质量和竞争力；坚持"三个强化"（强化农业补贴政策、涉农资金整合、农村金融支撑作用），对加快完善兴农强农政策支撑体系三个方面进行了全面总结和探讨，为农业高质量发展提供了有益经验和借鉴。赵曼、程翔宇、蒋天文的《立足湖北实际　实施大保护、大民生、大循环、大产业的新举措——推动乡村振兴战略实施的湖北行动计划的建议》一文提出，湖北要实现乡村振兴，应立足自身的实际和基础，从体制机制和政策体系建设切入，制订出科学精细的行动计划，以有为的政府与有效市场合力推进，促进城乡生产要素的合理流动与配置；以增量优化解决"五大"存量问题，推动"四园"（田园综合体、产业公园、国家公园和宜居家园）联建、联治、联创，促进乡村振兴、园区增长极的打造、村镇品位质量提升、山区生态禀赋的守护藏养。

一二三产业融合发展，是乡村产业振兴的根本途径。汪恭礼的《乡村振兴战略视角下的农村三次产业融合发展探析》一文对当前促进农村产业融合发展态势进行了总结概括，对存在的问题与困难进行了翔实的分析，并提出了促进农村一二三产业融合发展的对策建议：优化产业布局，构建三次产业融合发展的农业产业体系；改善和保护农业生态环境，构建三次产业融合发展的生产体系；培育多元化农村三次产业融合经营主体，构建三次产业融合发展的经营体系；推进土地集中连片流转和适度规模经营，有效解决三次产业融合发展用地难题；抓住农业供给侧结构改革有利时机，加快推进三次产业融合发展等，值得借鉴和参考。大力发展"互联网＋"现代农业，是乡村产业振兴的重要推手。赵曼、程翔宇、朱丽君的《以农村电商集约发展为途径推动乡村振兴——农村电商发展趋势、瓶颈、风险探析与建言》一文，对农村电商发展趋势、瓶颈、风险及其原因进行了深刻分析，认为农村电商契合了乡村振兴和农业供给侧结构改革的政策走向，已成为撬动县域经济发展、助推脱贫攻坚、解决"三农"问题的重要推手，已驶上了发展快车道，但其区域分化加剧，因此提出了富有针对性、创造性的建议：应立足体系建设，绘就战略地图；政府与市场各就其位，合力推进；市场主体分工合作，提质增效；创建电商服务"机场模式"，统一标准、统一购销、统一配送；实施大平台战略合作、"标配"工程、营销战略、身份认证溯源体系，破解上行难题；创建互联网金融、区域性银行，解决融资难、融资贵的问题；坚持品牌致胜，健全保质标准体系、顾客价值链和人才团队等。

产业兴旺，质量是根本、品牌是关键。应坚持质量兴农、品牌兴农，大力发展特色、绿色、生态、循环、创意产业和"土字号""乡字号"农产品品牌，以增强乡村产业创新力、竞争力和持续增长力。汤学兵、乔倩影的《树立品牌强农理念，推动品牌做大做强》一文，在对湖北省农产品品牌建设的现状和问题进行问卷调查分析的基础上，有针对性地提出做大做强品牌的具体对策与措施：坚持规划先行，狠抓品牌设计与策划；完善品牌优先发展战略，加大保护支持力度；深化"网红""三进"工程，强化特色品牌宣传推广；打造产学研合作平台，实行科技联合攻关；完善产品标准化、示范建设、安全可追溯体系建设，提升品牌质量与附加值和竞争力。积极引导农民工、大中专毕业生等返乡入乡就业创业，是增强乡村产业发展新动能的有效途径。王丽的《重塑与活力——乡村振兴战略、人才资源与流动人口的返乡决策》一文，通过2017年天津市流动人口动态监测调查数据，对流动人口返乡意愿的影响因素进行重点分析，发现受教育层次不同，制约其返乡因素不同，一般小学及以下受教育程度流动人口返乡意愿较高，其意愿受个体的性别、年龄、健康等特征影响显著；初、高中受教育程度流动人口返乡意愿受流出地承包地、宅基地、集体分红、家庭成员规模和流入地家庭发展境况的影响显著；大学专科及以上受教育程度流动人口返乡意愿较低，对受教育水平的收益性和社会政策的调整较为敏感，受本人户口性质、就业身份、社保、收入的影响显著。这对于我们健全完善科学灵活的返乡就业创业政策和创建城乡互动、区域协调、人才资源互联互通的人才引进、集聚机制与模式具有一定参考价值。赵曼、程翔宇、朱丽君的《返乡创业中存在的困难、问题及建议》一文，通过对湖北省大别山和秦巴山连片贫困地区的部分返乡创业者进行实地深入调研，翔实而深刻地分析了返乡创业中存在的"九有余、九不足"的问题和面临的创业风险叠加、政策执行"四重四轻"等困境，并建议应站在城乡融合发展大平台上，创新盈利模式，大力发展特色产业、融合产业、绿色产业；坚持运用政策和市场两种手段，把准"放"和"扶"、"准入"和"禁入"的界限，营造良好创业环境，前移创业服务链条，准确实施创业项目"预孵化"扶持政策及"创业导师共享"和"创业导师下乡"计划，降低创业准备期成本。

乡村振兴，乡风文明是引领、是保障。吴理财、解胜利的《以文化复兴助推湖北乡村振兴》一文认为，乡村文化振兴是乡村振兴应有之意和发展之基。因为不仅乡村文化产业、农耕文化、伦理文化复兴、自治文化重建与乡村振兴总要求和目标契合，乡村文化振兴还具有政治、经济、社会、生态多重价值和功能，既能推动经济、政治、生态建设，也能促进乡村文明总要求的实现。因此，文章建议必须提升乡村现代文化产业体系、健全扶持政策、创新振兴机制、优化发展路径；完善乡村农耕文化传承体系，活态化保护、开发式传承、融合式创新；优化乡村公共文化服务体系，健全服务设施网络、优化服务供给体系、统筹服务融合发展机制；创新乡村现代文化治理体系，促进多元主体合作、优化治理技术、提升治理能力，推动乡村文化全面振兴和持续发展。

乡村振兴，创新经营机制与模式是前提。必须坚持小农户家庭经营为基础与多种形式适度规模经营为引领相协调，促进小农户生产与现代农业发展有机衔接，发展多样化的联合与合作，做到经营规模因地制宜、宜大则大、宜小则小，维护小农户的合法权益。李谷成的《乡村产业振兴必须以家庭经营为基础》一文认为，人多地少始终是中国农业的最大国情，并在相当长的一段时间内不会发生根本性变化，而以家庭经营为基础的基本经营制度仍然是农业发展有效的制度。这是由农业生产特殊性与家庭经营的优势所决定的。农业规模经营与农户家庭经营并不冲突，农业可以通过产业差异发展、生产环节的有效分工和农业技术与全程社会化服务来发展规模经济。因此，在新的历史条件下实施乡村振兴战略，就必须立足于我国农业仍然是以小农经营为基础的基本国情，以建设现代农业社会化服务体系为抓手，实现小农户与现代农业的有机衔接，补齐小农户组织化、集约化、专业化程度不高的发展短板，让亿万小农户共享农业现代化的发展成果。

发展多种形式适度规模经营、培育新型农业经营主体，是提高农业竞争力、促进农民增收和乡村振兴的有效途径，是现代农业发展方向和必由之路。聂艳、吴红霞、宋尚峰的《推进农业适度规模经营，助力乡村振兴——农业规模经营发展现状、瓶颈与对策》一文指出，农地流转和适度规模经营已成为农业发展的趋势，并在深刻分析适度规模经营面临的土地易主难控制、流转期限不确定、经营用地配套难、农业经营受益低、融资难等基础上，提出了"健全农地流转政策体系，释放规模经营活力；创新融资风险缓释机制，提升规模经营能力；科学把握经营规模，提高规模经营效益；健全土地流转、产权交易平台，助力规模经营；创新经营模式、主体与服务体系，提升规模经营水平及逐步形成政府引导、市场调节、农民自愿、流转有序、管理规范"流转新格局等对策建议，助力乡村全面振兴。

农业生产托管方式，是农业经营管理的一种新型方式，也是促进农民增收的有效途径。但关键是要建立科学的托管利益分配机制。李乾、王玉斌、敦梓渊的《合同契约视角下农业生产托管利益分配机制比较研究》一文基于典型案例分析，从合同契约视角将农业生产托管利益分配机制研究分为"无收益约束型""监督主体介入型""保底产量型""'保底产量＋分红'型"及"合同外附加收益型"五类，并对五种利益分配机制所产生的外在条件、服务监督形式、服务监督强度、剩余控制权归属及利益分配的差异进行比较分析，认为农业生产托管应积极构建以监督主体介入与"保底产量＋分红"相结合的利益分配新机制，以更适宜于农业多种形式规模经营和促进农民增收。

随着农业现代化发展，家庭农场已成为现代农业新型的经营主体之一，其经营规模化、集约化、专业化、创新化程度不断提高，是今后的发展重点。但从郭先举的《跨越与分化：家庭农场的行动网络与市场行为分析——以江汉平原新镇蔬菜种植家庭农场群体为例》一文的分析中可以看出，农场主们实现市场交易，受到市场信息获得与产品组织、市场地位不平等情况下交易关系的维持以及交易主体准入的制约与限制，存在着市场交易下的权力不平等，市场风险通过行动网络传导到了农场主群体中，虽然使农场主群体实现交易理念、市场层次和种植技术的跨越，但存在差异，并导致了群体分化，因而构建新型的公平、规范、有序的农产品交易市场迫在眉睫，对于家庭农场的发展和乡村振兴至关重要。陈德仙、张小群的《经营环境对家庭农场经营绩效的影响路径分析——基于浙江宁波的地方实践》一文，通过对家庭农场"五大样板地"（浙江宁波、上海松江、安徽郎溪、湖北武汉和吉林延边）经营绩效影响路径的比较分析研究发现，外部经营环境对家庭农场的发展至关重要。浙江宁波家庭农场持续发展，关键在于为其提供了完善的政策和有力的资金支持、新颖的融资贷款渠道、社会化服务、公开规范的土地流转机制及健全的基础设施等；对家庭农场应进一步优化政策支持、金融服务和社会化服务环境。

实施乡村振兴战略，要以完善产权制度和要素市场优化配置为重点，激活主体、激活要素、激活市场。而深化农村土地制度改革，积极探索落实农村承包地、宅基地三权分置，依法保护土地和宅基地集体所有权和农户承包权、资格权，放活经营权和使用权，是优化乡村用地布局、盘活零散用地和存量，促进产业兴旺和农民增收的基础与前提。蒋大国、王敬尧、魏来的《农村土地经营制度改革与创新》一文，深刻分析总结了农村土地制度的特征、改革的困境及其原因和创新的实践经验，明确提出了农村土地制度改革要坚持一个核心：以保护农民集体经济组织成员权利为核心；兼顾两个重点：以明晰农村集体产权归属、保护农民合法土地权益为重点；完善三权分置：落实集体所有权，稳定农户承包权，放活土地经营权；实现五大目标：健全现代产权制度，建立城乡土地平等进入公平交易的土地市场制度、完善土地增值收益分配制度、优化公开透明规范的土地融资制度和现代土地管理体制。农村集体经营性建设用地入市，是深化农村土地制度改革，盘活存量、用好流量、激活土地资源资产、增加农民收入和乡村振兴功能的有效举措。魏来、黄祥祥的《农村集体经营性建设用地入市改革：宜城经验与提升之策》一文，以全国农村"三块地"制度改革试点县湖北宜城市为研究对象，对农村集体经营性建设用地入市的体制背景、实践概貌、改革梗阻进行深刻分析，提出农村集体经营性建设用地入市改革是一项系统工程，应坚持"稳步推进、试点先行、守住底线"的原则，探索完善农村集体建设用地入市路径，即：落实确权登记颁证，奠定入市权属基础；坚持民主决策机制，保障入市各方权益；优化入市方法路径，科学推进入市进程；健全收益分配机制，协调相关群体利益；完善入市服务平台，健全相关配套机制。

　　宅基地制度改革，是农村土地制度改革的一项重要内容，也是实现农村生产要素优化配置、激活要素主体、促进乡村振兴的必要条件和基础。袁方成、陈泽华的《精准施策　精细操作——湖北省宜城市农村宅基地制度改革的几点启示》一文，介绍了湖北省宜城市宅基地改革探索的"制度设计精准化、基地标准规范化、权益保障精细化、日常管理有序化、政策激励科学化"等五大路径，促成"多赢局面"，尤其是在确权颁证的基础上，完善了宅基地流转机制，允许宅基地入市交易，在一定范围内进行转让、出租；并探索建立了宅基地在农民自愿的前提下多种有偿退出模式与机制和差异化的补偿标准。文章建议：修改担保法，允许宅基地使用权抵押；健全宅基地增值收益分配与补偿的相关政策、标准与制度；完善农村房地产一级、二级市场。宅基地使用权确权，也是宅基地制度改革的基本内容和重要环节，更是激活主体要素、促进资源优化配置、保障农户权益的有效举措。吴郁玲、石汇、王梅、冯忠垒《农村异质性资源禀赋、宅基地使用权确权与农户宅基地流转：理论与来自湖北省的经验》一文认为，农村自然环境、地理区位、经济优势等资源禀赋的差异，使得农户对宅基地使用权确权的制度效应的敏感度不同，并导致其对宅基地流转响应行为有所不同，确权一般仅对近郊农户宅基地流转行为有显著的正向驱动作用，而对远郊纯农村地区和远郊风景秀丽的农村地区不存在显著影响。除确权因素外，户主年龄、家庭人口数、家庭非农就业人数占比和宅基地拥有状况对农户的宅基地流转行为也存在较显著的影响，但不同区域的具体影响不同，存在差异。因此，应根据农村区域环境、资源禀赋影响的差异，执行差别性的宅基地确权和流转管理政策制度。邱国良、郑佩的《论农地流转市场中的不确定性》一文，对影响农地流转市场的外界客观因素，如社区规划、社区信任、农民职业转型和市场交易风险等的不确定性进行深刻分析后认为，其根源在于市场结构、城乡二元性、产业结构转型性及社会价值认同多元性，就是城市与乡村、工业与农业、传统与现代的结构性矛盾所导致的。应通过建立农地流转储备金制度、引导政府有效介入、打造社区共同体、发展规范农村经济合作组织等多种途径，抵御农地流转市场中不确定因素的影响。

　　乡村振兴，治理有效是保障。应建立健全党委领导、政府负责、社会协同、公众参与、法治保障、科技支撑的现代乡村社会治理体系，健全党组织领导下的自治、法治、德治相融合的乡村治理机制，走中国特色社会主义乡村治理之路，建设充满活力、和谐有序的乡村社会，不断增强广大农民的获得感、幸福感、安全感。胡卫卫、于水的《后农业税时代乡村政治生态的嬗变与重构》一文认为，建构良性的乡村政治生态，是乡村振兴战略实施的重要保障。而2001年农业税费改革后，乡村治理结构和治理模式有了新的变化，也带来了乡村政治生态的变化，其原因是受"内生性"和"嵌入式"乡村治理模式的双重消解的影响。因此，文章提出了乡村政治生态重构的路径：嵌入外部力量，健全村民基层自治；促进多方联动，填补权力监督不足；强化党性修养，提升基层党建质量；挖掘优秀文化，净化政治生态环境；全面依法治村，完善农村法制体系。陈荣卓、李梦兰的《城乡关系视阈下撤村并居社区的融合性治理》一文，通过对撤村并居社区的全面深入调查研究，总结概括了其"亦城亦乡"、城乡之间的现实特征，挖掘凝聚了其"乡土本色""城乡互补"的优势，探寻了其"以城带乡、城乡交替"的治理瓶颈，从而认为撤村并居社区虽然是一种尚在探索的社区形态，但为缩小城乡差距、破解城乡二元体制、建构新型城乡关系、实现城乡融合发展提供了丰富的实践经验，并针对其面临的治理瓶颈，提出了城乡融合发展协同治理的路径：坚持功能融合，健全社区公共服务体系，推进服务均等供给；坚持组织融合，激发社会组织活力，完善多元协同参与机制；坚持资源融合，健全内引外联机制，提升资源开发整合能力；坚持文化融合，加强社区文化建设，构建核心价值文化认同。

王婷的《城乡融合发展的生态治理体系建设研究》一文指出，我国城乡生态治理存在突出的二元化倾向，治理体系严重失衡。在新的社会发展阶段，应按照城乡整体治理、系统治理、差异治理、有序治理、合作治理的内在要求，建设城乡融合发展的生态治理体系，全面提升城乡生态治理水平。一是建立城乡治理反哺机制。应充分发挥城市对农村的辐射带动作用，坚持"城市支持农村，工业反哺农业，市民带动农民"的制度，加大对农村政策、资金、项目设施倾斜，增加对农村公共服务的供给。二是健全城乡生态一体规划制度。应立足当地区位、资源、环境实际，优化城乡生产、生活、生态布局，促进资源互动整合，优化配置和产业绿色、循环、特色、差异发展。三是健全城乡生态环境联防联治制度。应发挥城乡综合治理的协同效应和共治效应，构建城乡生态共建共享格局，做到污染共治、信息共享、执法联动、应急联手，不断提高城乡生态环境治理质量、效益与水平。

综上所述，此论文集既有对乡村振兴路径、模式、方法的研究探寻，也有对体制机制改革创新的深化提升；既有对实践经验探索的总结升华，也有对政策、制度、理论创新健全的对策建议，相信会对实践推进与探索、理论研究的深化及政策健全完善、决策科学确定起到积极影响和作用。但是，实施乡村振兴战略是一个系统工程，涉及经济、政治、文化、社会、生态文明建设方方面面，也是一项功在当代、利在千秋的宏伟事业。更需要理论界与实践者融合统筹研究，多学科交叉融合探讨。希望本书的出版发行，能够进一步激发更多的多学科理论工作者和实践者致力于乡村振兴研究的兴趣，共同研究探讨这一内容丰富、意义重大的时代课题。

（执笔：邓宏炎）

目　录
CONTENTS

乡村振兴专题调研

"六化同步，共建共富"
湖北乡村振兴的实践与启示

——对"马岭模式"的调研总结

蒋大国　方亚飞　解胜利　陈泽华

　　马岭村隶属湖北省京山市罗店镇，村域面积3.33平方公里，拥有耕地3500亩、旱坡地1380亩、水面620亩，全村192户、726人。20世纪90年代初，村民为谋生计大量外出务工经商，半工半耕，农业生产以水稻种植为主，农业生产结构单一、发展资金短缺、区位优势较差、留守问题突出，是湖北省典型的"五化"村（村庄空心化、集体空壳化、农户空巢化、农民老龄化、土地碎片化）。自2011年起，马岭村外出能人回乡，通过党领政推、集体经营、企业主导、群众参与，探索出乡村振兴的"六化"模式。马岭"六化"模式是破解欠发达农村新老矛盾的有效途径，是"荆楚富美乡村建设工程"的深入推进，是对湖北"三乡工程"建设的先行先试，是落实湖北"红色头雁"工程建设的生动实践，形成了具有推广价值和可复制性的发展经验和路径。

一、马岭新气象：实现了跨越式发展

　　2011年马岭村二组9名外出创业成功人士饮水思源，回乡创设"幸福股份"，与村"两委"共同探索村民身份股东化、村民居住集中化、村民养老福利化、村务管理公司化，带领村民共筑富美之梦。经过六年的团结拼搏、扎实推进，马岭村实现了跨越式发展，彻底改变了过去产业凋敝、生产生活方式落后、生态居住环境恶化、精神文化生活单调、贫富差距悬殊、村庄治理乏力的落后局面，已开创了"幸福马岭"产业兴旺、生态宜居、乡风文明、治理有效、生活富裕的新局面，"美丽马岭"矗立在荆楚大地之上，呈现出一派欣欣向荣的新气象。

　　一是产业兴旺、优化升级。乡村振兴，产业兴旺是重点。马岭村坚持质量兴农、绿色兴农、特色兴农，始终以农业供给侧结构改革为主线，积极培育现代农业产业、生产、经营主体，打造产业新特色，优化产业结构，促进马岭产业兴旺发达。

其一，特色产业优化壮大。马岭立足本地资源优势，优化提升产业结构，大力发展黑山羊、水产养殖、大棚蔬菜、内生菌抗氧化营养米和特色花卉苗木种植等特色产业，已形成规模。其中，已建成投产标准冬暖式蔬菜大棚 35 个、钢架大棚 120 个，每棚平均纯利 1.5 万元；种植内生菌抗氧化有机营养米 500 亩，亩产 800 斤稻谷，年总收入 60 万元；养殖泥鳅、虾 200 亩，每亩可创收 1.5 万元以上，每年总收入 300 万元；利用本地资源发展特色生态加工厂、生物饲料加工厂和生态环保材料厂，每年可生产牛羊专用饲料 2 万吨，解决近 100 万亩农作物秸秆焚烧带来的空气污染问题；生态环保材料厂年创收可达 2000 万元，吸纳劳动力就业 50 人以上。

其二，生态循环产业优质环保。马岭利用黑山羊养殖产生的羊粪，发展"羊－沼－菜""羊－沼－林"循环农业，不仅确保产品优质、环保，还大大提升了产品附加值。目前黑山羊存栏已超过 3000 只，年收入可达 130 万元；利用稻鳖共生、虾稻共作发展有机农业，形成了"5＋2＋1"生态产业发展格局。

其三，绿色旅游业充满生机。马岭利用乡村田野自然风光，发展生态旅游业、观光农业，把田园变公园，把民房变民宿，初步建立乡村旅游新业态，近两年已吸引 80 余万人次前来观光旅游。

其四，能人经济蓬勃发展。马岭先后扶持本地村民创业，建成恋慈黄酒厂、马岭生态农庄、闲来家庭旅馆、电商网点等；引进湖北景美天成生态开发有限公司、四股泉（京山）生态科技发展有限公司、湖北金汉羊生态农业发展有限公司等多种经营主体，并注重品牌化运作，先后注册"泰康源""马嘉领""马岭优谷"等特色品牌，既扩大提升了产品知名度和附加值，也安置了一批村民就业，培养出一批本地经济发展能人。产业兴旺，带动了农民就业、致富，全村人均纯收入去年达 3 万多元，相当于 2012 年人均纯收入的 5 倍之多，村集体年纯收入近 600 余万元。

二是生态宜居、环境幽雅。乡村振兴，生态宜居是关键。马岭村以村庄规划为引领，把绿色发展和生态保护理念贯穿于村庄生产、生活的全过程，在新村建设之前，就把村庄绿化、美化纳入了总体规划，通过统建新居，提升村容村貌；分区共担，净化村庄环境；治理污水，扮靓美丽家园；绿化、美化、硬化、亮化、净化，打造出生态宜居的生产生活环境，逐步实现了百姓富和生态美的统一。目前，全村公共绿化和道路绿化面积超过 5 万平方米，栽植各类景观树 3 万多棵，绿化荒山近千亩，初步形成了千亩花海；硬化拓宽了进村主道 2.5 公里、小区道路 9.6 公里和环村道路，改造硬化了村内堰塘护堤，增加了蓄水量，改善了水面环境；新安装了进村道路和小区内太阳能路灯 150 盏，修建公共厕所 5 所，192 户农户全部使用卫生厕所，实现了全村亮化、净化与美化；将居住生活区与种植、养殖及工业区分离，建成了日处理 150 吨和日处理 100 吨的生活污水处理池，污水处理率达到 100%；投资 46.1 万元，建设农村垃圾处理设施和场地，实现了村庄垃圾统一回收处理；建成建筑物风格统一、交相辉映的别墅与小高层，区内小桥流水、湖光山色、景观别致，彻底改变了过去村庄七零八落、无规划、杂草丛生、蚊虫爬、垃圾成堆、脏乱差，设施落后、路难行的贫困落后面貌，先后被评为"湖北省宜居村庄""中国美丽乡村百佳范例""湖北省美丽乡村示范点""省级生态村"，有效地提升了村民的生活质量和幸福指数。

三是乡风文明、积极向上。乡村振兴，乡风文明是保障。马岭村坚持物质文明和精神文明一起抓，通过生动实践和机制创新，培育出文明乡风、良好家风和淳朴民风，不断提升农民精神风貌。坚持以党风带民风，定期召开村党员大会、支委会、村民大会，精心组织党员主题日活动，倡导培育"苦干实干、勇于创新、团结奋进、乐于奉献"的马岭精神；激发锤炼班子成员"廉洁奉献、团结进取、正直守信、全心为民"的工作作风和广大村民"忠厚淳朴、求真务实、节俭诚信、勤劳致富"等传统美德；通过创建"两好（好人好事）银行"，引导村民立德行善、尊老爱幼、扶贫济困，将党员群众的善义举折算成积分并存入"银行"，定期公开奖励，弘扬时代新风，深入推进移风易俗，遏制大操大办、厚葬薄养、人情攀比等陈规陋习，培育出淳朴民风。运用"党员积分制""村民积分制"和"十星级家庭""五星级党员"评选，引导党员群众崇先敬贤、扬善除恶、孝老育小、扶正去邪、立德破习、倡扬新风。目前，全村干群和谐、村民和善、邻里和睦，村风文明、积极向上，诚信守诺、尊老爱幼、扶贫济困、助人为乐蔚然成风，社会安定和谐有序。近几年，党员群众主动参与美丽乡村建设、应急互助救援等活动 548 次，有 40 户被评为村级"十星级文明户"。

四是治理有效、充满活力。乡村振兴，治理有效是基础。马岭村坚持以党建引领村庄治理创新，优化了治理主体，汇聚了治理资源，创新了治理机制，改善了治理生态，使村庄充满活力、社区和谐有序、村民全面发展。

其一，优化治理主体。坚持以加强基层党建为核心，选好班长、配齐班子，建立村庄治理的坚强领导核心和治理团队；牵头组建村级红白理事会、妇女联合委员会、职工代表大会等群众组织，培植多元治理主体，优化治理结构。

其二，集聚治理资源。马岭先后整合县、镇两级涉农资金800余万元用于村庄建设，通过创新集体经营机制、吸引人才、扶持培育能人，壮大集体经济，村积累近150万元，为乡村治理和发展提供了资金资源和保障。

其三，创新治理机制。马岭实行党支部、村委会、党小组、理事会交叉任职机制，创新了党在基层的领导方式，提高了工作效率，确保了党组织在经济组织、社会事务中的领导作用；实行村企共建机制，发挥党员"双带"作用，实现了村企互促共赢。

其四，改善治理生态。马岭创制村规民约，引领村民用村规民约规范言行；进行"好媳妇""好公婆""十星级家庭""五星级党员"评比活动，拓展治理新途径；以开展平安综治、扫黑除恶专项斗争为契机，积极营造浓厚的法治氛围。

马岭村通过以党建引领，多元主体协商共治，三治（法治、德治、自治）融合，优化乡村治理生态，基本实现了治理有效的目标。2016年马岭村由二类党支部升级为湖北省先进基层党组织，2013年以来全村无一人上访闹事，无人违法违纪，村庄和谐幸福、村风文明向上、村民安居乐业。

五是生活富裕、和谐幸福。乡村振兴，生活富裕是根本。马岭以完善产权制度和要素市场化配置为重点，激活主体、要素和市场，探索出集体产权股份制、经营管理公司制的集体经济实现形式和运行机制，实现了村民福利待遇均等化、村庄共同富裕幸福化。村民从2012年人均纯收入5985元增至2018年人均纯收入30050元，人均年纯收入增长了5.02倍；村集体积累经济由2012年负债90余万元，增至2017年集体积累资金达150万元，固定资产已超过1500万元。居住环境幽雅净美，村民大都居在联排别墅、低层住宅楼，户均130平方米，并配有车库。男性年满60岁、女性年满55岁，实行集体供养，已建有60间、2100平方米的老年公寓，供养老人46人，聘请专业服务员3人，提供"三统一、三集中"服务，做到了老有所养、老有所学、老有所医、老有所乐，彻底解决了留守老人和孤寡老人的后顾之忧。公共设施齐全便捷是共同富裕的重要表现，马岭村高标准建设公共设施和场所，广播电视、网络电信配套俱全，公共设施场所健全完善，图书室、广场门类齐全，文体活动丰富多彩。现建有文化广场5800平方米、运动场3000平方米，基本实现了居住楼房化、养老福利化、待遇均等化、环境净美化、生活幸福化的共同富裕目标。

二、马岭新探索：创造了"六化"新模式

马岭村振兴之路是一条实践、探索、创新之路，也是一条以工带农、城乡互动、融合发展之路，创造了"六化"新模式。

（一）党建引领常态化

马岭村坚持党建引领常态化，通过激发基层党员党性理念、创新基层党支部建设方式、集约党群服务平台，提升基层党组织治理效能，以基层党组嵌入村企、联合共建等方式，确保了党在乡村振兴中的领导核心作用。

一是落实党建抓班子、以模范带后进，强化基层党组织堡垒作用。坚持"一位党员一面旗"，以先进带后进。党支部书记张立，放弃北京高薪高职，回乡奉献，三年不拿工资，言传身教，用实际行动树立了党员先锋、以身示范的模范旗帜。在其带动下，外出务工党员马秋生、马志强主动关闭部分公司，将资金转移到村庄建设上。全村 19 名党员率先开展"双建双带、帮扶共建"活动，每名党员至少帮扶一名困难群众，做到帮扶对象家底清晰、方案精细、目标明确、措施得力、成效显著；服务群众时，身着红马甲，胸戴党徽，彰显为民本色；深化党支部建设，探索建立了《村两委干部及农村党员积分管理办法》，积极实行党员积分管理，用党风、党纪、法规，引导规范党员日常行为，增强党员党性意识和观念；严格执行"五个一"、党会、党课制度，不断提升党员政治理念，强化党组织的政治属性。

二是升级党群服务中心、集成服务平台，提升基层党组织治理效能。马岭村按照"五务合一"，建设农村党员群众服务中心，将面向基层的党务、居务、服务、商务、事务等 63 项直接办、代理办、协助办的各项功能，集中到村党员群众服务中心办理，以党建带动农村基层服务方式创新。创建"一微三办十问"服务方式，强化党务、规范村务、优化服务、拓展商务、协调事务，发挥"1 + N"的功能作用，以"一站式办公、一条龙服务、全过程代理、一次性办结"的服务标准，提升基层综合服务效能。同时，不断拓展服务思路，密切党群干群关系，充分运用党的群众路线这一法宝，积极开展"村支书敲农门、小红帽进家门、五星牌耀堂门、五组联暖心门"的党员先锋"四门"活动，把党的方针政策和温暖送进家门、送到群众心坎上。

三是村企领导交叉任职、党组嵌入联建，厚植基层党组织治理资源。马岭村以党建创新，引领新型农村社区建设。其一，打破纵向结构，以党建统筹区域化发展。坚持以回村发展的经济能人所在的二组为引领，变经济辐射为政治联动，将党建"示范带"拓展到一、三、四、五组，并辐射周边村庄，成立区域党委，形成多元主体参与的党建联合体。其二，将"两委"干部与企业管理层双向嵌入、交叉任职，引领机制规范化。由支书张立兼公司执行董事，主任杨宝庭兼合作社副理事长，班子成员与企业经营管理者交叉任职，确保党在经济组织中的领导作用，实现了村党支部政治优势和企业经营管理优势的有机结合。

（二）集体产权股份化

壮大农村集体经济是引领农民实现共同富裕的有效途径和重要保障，关键是要盘活用好集体资源资产、厘清农村集体产权，建立符合市场经济规律的集体产权制度。马岭村围绕农村"土地"制度改革，积极推行集体产权股份制，把资源变资产、资金变股金、农民变股东，实现了风险共担、利益共享。

一是区域土地股份化。2011 年，马岭二组外出"乡贤"联合村民，共同出资组建了京山马嘉岭农业科贸有限公司和泰康源土地股份合作社，以现金和承包地经营权两种方式入股。50 户村民以现金入股，出资金额从 5000 元到 100 万元不等，共募集股金 707 万元；并将全组村民所属承包耕地 364 亩，按 1 万元/亩的价格折算自愿入股。两种方式共募集股金 1071 万元，有 193 人成为股东。

二是全域资产股份化。2015 年，村两委组织一、三、四、五组村民，成立了京山嘉佳福种植专业合作社（2016 年改名为京山佳嘉福土地股份合作社），128 户村民将承包的 1177.78 亩耕地入股加入合作社，采取每年每亩地 400 元的保底收益，并参考超出部分实行股份分红方式，由合作社集体经营土地，村民可自愿选择外出或留守在合作社就业。全村剩余的集体资产，如近千亩闲置水面、近千亩林地等都实行股份制，将资产股份量化到集体成员个人，实现了村庄全域集体资产资源股份化。

三是集体收益股份化。所有现金和承包经营权入股部分，全部按照入股份额分配红利，自留地和其他种植面积 626 亩由公司统一经营，当年收入净利润 50% 用于公益事业发展，另 50% 按照村民 364 亩农田份额比例分配。村集体、发展基金分别从公司其他产业利润中各按 10% 比例留存。

（三）经营方式现代化

"大国小农"的基本国情，使小规模家庭经营成为我国农业经营的本源性制度，而家户经营方式存在改善设施能力薄弱、增收拓展空间有限、抗风险能力低下等局限，难以适应市场经济下的激烈竞争环境。因此，采取适度规模经营、培育新型农业经营主体、创新经营方式，是农业经营现代化的必由之路。

村企共建、统一经营、政经分离、民主参与，是马岭村经营方式现代化的主要特征。传统集体经营架构下政经混合，干部"一手抓"，容易滋生腐败。马岭村探索"政经分离"的模式,理顺了村两委和新型农业经营主体合作社之间的关系,使集体经营股份化、专业化、规范化。村集体经济组织采用现代化管理架构,合作社设立"三会","推"出社代会,每五户社员推选一人组成社员代表大会,社代会半年一议,商讨重大事项;"选"出理事会,社员代表大会选举产生理事会,作为常设和执行机构,负责拟定年度计划、目标、任务并进行日常经营、管理、运行;"举"出监事会,股民选举出监事会成员3名,对社代会、理事会及工作人员进行全程监督,审计监察财务收支,保障集体和股东利益。

马嘉岭农业科贸有限公司按照现代公司管理理念和治理结构,由股东大会选举5人组成董事会、3人组成监事会,并鼓励村非在职干部担任监事会、理事会成员,实现了村委会、党支部、新型农业经营主体职责明晰、流程规范,分开运行。执行董事负责日常营运管理,重大事项召开股东大会集体决策,聘请专业会计管理公司财务,实行财务全透明、账目全公开、监管全过程。村两委与村企业权责明确、监管权限分明、各司其职、独立运行。公司一律实行集中管理、集中采购、集中销售的集约化、现代化的规模经营方式,大大降低了人工及生产资料成本,减少了运行环节,实现了效率、效益的双提高。

(四)利益分配均衡化

"不患寡而患不均"的传统思想是农村老百姓的集体潜意识,农村集体利益分配不均容易滋生村内矛盾,削弱集体凝聚力和向心力。马岭村以农村集体经济组织成员和股东身份作为利益分配的基准,实现了集体福利均衡分配、集体利益共建共享。

一是住宅统规统建,自愿选择。马岭村在充分尊重村民居住习惯和住房意愿的前提下,对村民住宅实行统一规划建设,自愿选择,多样化集中居住。遵循拆一还一原则,统一规划建设标准化住宅社区,户均130平方米,每户免费赠送一间15-20平方米的车库。村民采取抓阄方式,免费分配入住,并按每平方米补贴100元标准装修费用,由村民自行进行室内装修。自愿建设入住独栋楼房的,由村民提前递交申请,村集体审核同意后预留宅基地,并按统一规划设计的建筑风格、标准、质量施工。社区内水、电、路、网、绿化、文体等各类公共基础设施配套,由集体出资统一标准建设。

二是养老统一集中,全程服务。对男满60周岁、女满55周岁的村民,一律实行免费集中供养,实行"三统一、三集中"服务,即:统一安排、统一负担基本医疗费用、统一购买商业保险,集中组织文化体育活动,开展健身操培训、开放棋牌娱乐场所;集中开展志愿者联谊活动,在端午、中秋、重阳等节假日期间，组织志愿者主动为老人提供文艺表演、健康体检、生日庆祝、心理疏导等综合服务；集中引导亲情交流，建立视频交流平台。

三是用工公平，待遇均等。所有入股村民一律按股份份额，获得集体分红；65 岁以下的本村村民，可以自由选择到村集体所属企业与合作社工作，并建立了公平用工和酬劳制度，工资收入由基本工资和奖励资金构成，根据其贡献大小在 2000－3000 元不等的工资标准范围内浮动，每人在一年内可自由申请调动工作岗位三次，公平获得劳动就业机会和工资福利待遇。

（五）产业发展特色化

乡村振兴，产业振兴是支撑，没有产业支撑就会成为"无本之木，无源之水"。马岭村坚持新的发展理念，立足本地资源、区位产业优势，以结构调整为主线，以科技创新为重点，以引进名企名家为途径，按照规划升级、规模升级、基础升级的产业目标，大力发展绿色经济、特色经济、生态经济、循环经济、创意经济，逐步实行了产业特色化、产品品牌化、质量优质化、品味环保化。

一是坚持绿色生态，发展循环农业。马岭建立了黑山羊肉羊繁育基地和养殖场，建设养殖房 13 栋，引进四川简阳大耳黑山羊和本地湖羊，采用种养羔羊繁殖模式，进行规模化养殖，现已育养黑山羊 4500 只，每年创收入 130 万元，并利用黑山羊养殖，发展"羊－沼－菜""羊－沼－林"循环经济。现已建设标准冬暖式蔬菜大棚 35 个、钢架大棚 120 个、玻璃温室 1 栋、连体智能大棚 3000 平方米，进行反季节有机大棚蔬菜和特色花卉生产，每年收入 232.5 万元；还引进花卉种植专家把 800 亩高岗坡地建设成为特色苗木生产基地，做到四季有花、有果，并发展林下养鸡。利用羊粪转化的沼气、沼液、沼渣种植有机蔬菜和花卉苗木，将水稻等农作物秸秆加工成生物饲料，探索"羊－沼－菜""羊－沼－林"的循环生产模式，真正做到品种生态无污染、资源循环无浪费、产品质量绿色环保。

二是优化产品质量，发展定制农业。马岭村坚持科技兴农，对接市场需求，定制生产品种和生产规模，实行品种定制、私人定制和订单生产。由中科院武汉分院提供专利技术、北京德润生物科技有限公司提供技术指导，种植具有"航天员专供大米""国家运动员专供大米"标志的抗氧化有机营养米，注册"泰康源""马嘉领""马岭优谷"等品牌，并与湖北奥体中心签订直供协议，以电商为媒介，以农村综合体验店为依托，以"私人订制"的方式确定生产规模，配套销售黑山羊、有机蔬菜等农副产品，大力推广马岭原生态优质农副产品。

三是一二三产业融合，发展创意农业。依托前期一二产业生产布局，培育和挖掘乡村旅游文化元素，发展"休闲农业""观光农业"，创建生态型健康养生文化产业园；利用水库及林地，建农家小木屋、天然氧吧；利用闲置的宅基地，创建农耕文化博物馆、农耕文化篆刻园，将闲置农屋改建为农村民宿，重点发展乡村农业生产体验游、乡村观景休闲游和农耕文明文化游；围绕"吃、住、行、游、购、乐"，完善发展乡村旅游服务、拓展农副产品销售渠道，实现一二三产业融合发展。

四是引入多元市场主体，发展"能人经济"。为弥补传统乡村产业发展"缺技术、缺资金、缺门路"的短板，2012 年马岭村 9 名乡贤回归，联合村民创建马嘉领农业科贸有限公司，作为对外招商引资、签订合作协议的市场主体，采取外引内扶，先后于 2014 年引进湖北志强秸秆饲料有限公司，2016 年引进湖北马岭生物质颗粒燃料有限公司和湖北景美天成生态开发有限公司，2017 年引进四股泉（京山）生态科技发展有限公司，2018 年引进湖北金汉羊生态农业发展有限公司；对内扶持本土村民创业，建设恋慈黄酒厂、马岭生态农庄、闲来家庭旅馆和电商平台。既发展了市场主体，壮大了产业规模，又优化了产业结构，提高了农产品附加值，打造了农产品特色。

（六）三治融合有机化

马岭村着力完善农村治理现代化体系，积极探索自治、法治、德治融合治理的新理念、新途径、新机制，坚持德治为先、自治为本、法治为基，以机制创新引导三治有机融合，切实推进乡村治理有效。

一是坚持德治为先，以孝善文明为指引。党支部 3 名村支部委员、21 名党员，率先轮流对村民开展德治、励志、感恩教育，积极倡导"马岭精神"，弘扬传统美德。每年拿出 5% 的集体利润设立"孝心股份"，用于村庄尊老养老服务和奖励；创办"好人好事银行"，弘扬文明新风。村支部将村民行善举、做好事、帮贫困、扬正气等行动折算成积分，存入"银行"，做到季度公开、年末评定、积分兑换、颁发证书，培育弘扬文明新风。

二是坚持自治为本，以共建共享为平台。马岭村以股份投资为动力、以股份合作为平台，激发村民共同参与村级事务，实现共建共享。村级重大事项采用"四议两公开"，加"董事会"、股民会、社员代表大会、"股东大会"审议表决的方式，实现民主参与、民主管理、民主决策，并成立村级监事小组、理财小组，加强村务民主与全程监督。

三是坚持法治为基，以法规公约为准绳。马岭村采取会议、专栏、网络、广播、电视等多种途径，定期对村民开展普法宣传、法律咨询、案例剖析等活动，增强村民的法治意识、知识和能力。坚持以村规民约的实践活动强化村民遵纪守法的意识，组织村民参与制定细化村规民约指标，积极推行"积分管理"，从"美德实践、个人进取、环境爱护、平安建设"四个方面细化考核指标，采用村民自评、组长核实、村两委签字"三级联动"的方式评选，做到积分按月结算、按季公榜、年终奖惩，以基层法治实践推进村民自治、德治有机融合，不断提高治理实效与水平。

四是坚持机制创新，以综合治理为途径。马岭村通过"村民积分制""好人好事银行""党员积分制""孝心股份"等机制创新，把自治、德治、法治的精神内涵融合升华、内容统筹整合、规范统一明确，形成了对村庄公共事务和村民言行有效的综合治理。通过这种"奉献—回报—激励—奉献"的良性循环机制，激励村民做好事、行善事，强党风、正民风，营造了进取、关爱、奉献、和谐、公正、平安良好的社会新风和幽雅、绿色、干净、美丽、舒适、幸福的村居环境。

三、马岭新启示：助推湖北乡村振兴

马岭村坚持以农村发展现实困境为导向，以农民生产生活需求为出发点，以产权股份制改革为契机，以"三产融合"为驱动，以集体筹资规划人居环境为前提，以集体发展红利兜底村民生活福利为目的，以村企共建创新基层治理方式为途径，全力推进乡村振兴，真正实现了产业优化升级、人居环境幽雅、村风文明向上、乡村和谐稳定、村民安居乐业，为湖北乃至全国乡村振兴创树了标杆。借鉴马岭模式的有益经验，可有效助推湖北乡村振兴。

（一）激活要素、融合发展是乡村振兴的必要前提

中西部乡村发展落后的重要原因是生产要素不活或失能。乡村振兴，首先要激活要素，合理流动，优化组合，融合发展，实现功能效益的最大化。生产要素主要包括劳动力、土地、资本、企业家、农民才能以及技术、信息、生产工具、设施等社会资源。马岭模式的成功之处，就在于激活了乡村内外部生产要素，形成了人、财、物融合发展。"九马回槽"，为乡村带回了企业家才能和发展资本、经营理念、管理水平等；土地股份化，整合了土地资源，激励了农民自主生产经营的积极性、创造性；农业产业化连接着大市场，提升了农技水平、经营管理能力和劳动力价值；以现金入股发展集体企业、共同筹资规划建设美丽乡村，盘活了村庄内部资本和村民闲散的资金等。实践证明，激活乡村生产要素，整合资源，融合发展，是乡村振兴的必要前提和重要基础。只有调动全社会各方力量，激活多元生产要素，促进人力、物力、财力有机融合，实现人才、资源、战略有效统一，才能加快乡村振兴。

（二）统筹规划、综合治理是乡村振兴的重要保障

农村发展与治理的突出短板，就是村庄七零八落、缺乏统一规划，公共服务设施薄弱落后、不健全，致使综合治理效益低下。马岭村在新村建设之初，就按照"综合配套、统一保障"的原则，统一规划建设标准化住宅社区，综合配套道路、管网、通信、饮水、处污、绿化、净水等生产生活设施和"一站式服务"的综合服务中心、养老公寓。正是根据发展需求，统一制定标准，统筹规划建设，马岭村才能对农村居住环境、生活垃圾、生活污水等公共事业进行综合治理；才能对农村养老，文化、医疗、助学等公共事务实行综合均等服务；才能使村庄建设规范有序，建成现代化的花园式社区。既保持了农业文明的田园风光，又打造出舒适幽雅绿色的生活环境，还为发展乡村旅游奠定了基础。可见，产业无规划不兴、设施无规划不美、环境无规划难治，统筹规划、综合治理是乡村振兴的重要保障。只有通过科学统筹规划，优化空间布局，整合资源优势，才能促进生产、生活、生态协调发展，提升公共事务综合治理水平和实效。

（三）创新机制、理顺体制是乡村振兴的有效途径

乡村振兴取决于体制机制的创新融合，乡村振兴战略的落地需要新机制的支撑。没有机制创新，就无法把乡村振兴的美好蓝图变为现实。马岭村以机制创新来突破体制障碍，建立了三治融合、程序规范、运行流畅、治理有效的综合治理体系；通过积分管理机制，融合三治，实现了基层有效治理。以区域化党建为轴心，强化区域整合，打造"1＋5"区域路网互通、产业互联、发展互惠的发展格局；推行交叉任职机制，实行组织联网、党员联动、服务联手，实现村企互促共赢；通过村民承包经营权股份化、改革创新集体经营体制机制，带动了乡村产业规模化经营、集约化管理和共同富裕；通过政经财务分离机制，分设账目，厘清职能与权力、组织与财务关系，有效预防腐败，提高工作效率和综合治理水平。因此，创新机制、理顺体制是乡村振兴的有效途径。只有在乡村治理实践中不断创新机制、理顺体制，才能激活要素，整合资源，优化振兴产业，进一步解放农村生产力，促进乡村振兴和城乡融合发展。

（四）选好班长、配强班子是乡村振兴的关键支撑

人是社会发展的第一要素，人才流失是乡村衰落的第一要因。因此，选好班长、配强班子，是加强和改进党对农村工作领导地位与领导能力的关键支撑。党政一把手是乡村振兴第一责任人，五级书记抓乡村振兴，村支部书记是乡村振兴和基层联系组织群众的直接责任人。可见，是否选好村支书这个班长，配强村委班子，直接关系到乡村振兴是否具有得力的领头雁和过硬的带领人。马

岭村的振兴就得益于精选出了张立这位"有情怀、敢担当、能力强、善管理、能经营、勤奉献"的村支书，配好了"团结有为、积极进取、分工合作"的领导班子。正是由于他们同心同德、群策群力、勇于探索、敢于创新，才为马岭村找准了发展方向，奠定了振兴基础，提供了可靠保障。因此，应把"懂农业、爱农村、知农民、会经营、善管理、乐奉献"作为选拔村支书和班子成员的基本要求，强化对村干部的培养、配备、管理与使用，以村支书和班子成员的模范带头作用和创业的实绩，赢得村民信任，引领村民跟党走、得实惠、谋幸福，不断提升党在乡村振兴中的领导核心地位和为民谋福利的执政能力。

乡村产业振兴的途径的探寻

湖北以农业高质量发展
推动乡村产业振兴筹略研究

鄂农研[*]

习近平总书记指出，实施乡村振兴战略是一篇大文章，要推动乡村产业振兴、人才振兴、文化振兴、生态振兴、组织振兴，推动乡村振兴健康有序进行。乡村产业振兴是乡村振兴的物质基础，现代农业是乡村产业的根本支撑。近年来，湖北及其农业农村部门紧紧围绕建设农业强省的目标，深化农业供给侧结构性改革，着力构建现代农业产业体系、生产体系、经营体系，不断推动农业从增产导向向提质导向迈进，不断提升农业创新力、竞争力、全要素生产率，加快农业经济高质量发展，促进乡村振兴。

一、在战略目标上，打造三大重点产业，全面构建现代农业产业体系

一是巩固壮大农产品加工万亿元级龙头产业。乡村产业振兴，农产品加工业是"加速器"。巩固农产品初加工能力，支持新型农业经营主体建设产地贮藏、保鲜、烘干等初加工设施，完善全产业链条，强力带动农产品生产。壮大农产品精深加工规模，加快研发推广一批国内国际领先的农产品精深加工新装备、新技术、新产品，延伸产品链、价值链和产业链，实现农产品多重转化增值和丰富多样的供给。

二是稳定提升粮油、蔬菜、生猪、水产四大千亿元级骨干产业。这是湖北农业产业的"底盘"，并且在全国有影响、有位次。落实国家粮食安全大政方针，关注"口粮"，紧盯"主食"，突出品质，提升效益。推广油菜绿色增产增效模式，突破机收瓶颈，打造湖北双低优质菜籽油品牌。适度调减露地大路菜，重点发展设施精细菜、特色菜。优化生猪养殖区域布局，推进生猪规模化、集

---

* 鄂农研，湖北省农业农村厅调研处简称。

约化、标准化发展，加快生猪养殖废弃物资源化利用，以信息化手段缓解"猪周期"。围绕"一鱼一产业"，做强常规品种，做大特色品种，打造湖北名优淡水产品品牌。

三是加快打造现代农业新的千亿元级朝阳产业。湖北在打造特色经济作物、稻渔共作、饲料饲草、农业副产品综合利用、休闲观光农业、农产品电商、农业社会化服务等产业方面，既有良好的基础，也有广阔的空间，发展潜力巨大。特色经济作物方面，立足资源禀赋，瞄准市场需求，培育知名品牌，实现集约化、精细化、专业化生产。稻渔共作方面，充分发挥水稻、水产两大优势，实现"强强联合"，走种养融合绿色高效的路子。饲料饲草方面，构建粮经饲统筹发展格局，示范推广"粮改饲""油改饲"等新模式，促进草食畜牧业发展。农业副产品综合利用方面，强化政策引导，加快技术、工艺、模式创新，提升农业废弃物"五化"（肥料化、饲料化、原料化、能源化、基质化）利用水平，"吃干榨尽"各种加工副产物和农业剩余物。休闲观光农业方面，拓展农业多种功能，推进农业与休闲旅游、教育文化、健康养生等深度融合，促进休闲农业和乡村旅游多样化发展。农产品电商方面，推进"互联网+现代农业"，完善物流运输体系，促进农产品销售线上线下互动发展。农业社会化服务方面，大力发展农业适度规模经营，培育农业生产社会化服务市场，促进小农户与现代农业发展有机衔接。

二、在战术举措上，突出"六个着力"，全面提升农业质量效益和竞争力

一是着力推进农业结构调整。坚持质量兴农、绿色兴农、品牌强农，提升农业供给质量和效率。加快发展优势种养业和特色农业，抓好特色农产品优势区建设。构建"粮经饲"三元种植结构，发展青贮饲料，建设"粮改饲""油改饲"等示范基地。大力发展高效经济作物，启动实施油菜产业倍增计划，建设一批放心菜园、精品果园、生态茶园、道地药园。优化畜禽养殖区域布局，开展畜禽养殖标准化示范创建，科学调控生猪产能，加快发展以牛羊为主的草食畜牧业。推进水产生态健康养殖，大力发展设施渔业，做大做强小龙虾、鳝鳅、河蟹三大"百亿元"产业，打造鳜鲈、龟鳖等"百亿元"特色产业。

二是着力提升粮食综合产能和质量效益。实施"藏粮于地、藏粮于技"战略，巩固提升粮食产能，确保粮食产量稳定在250亿公斤以上。积极支持高标准农田建设，开展耕地质量保护与提升行动。划定、建设粮食生产功能区和重要农产品生产保护区，2019年底基本完成3850万亩的划定任务。以绿色高效为导向，优化粮食生产模式，着力改进粮食品种结构。实施水稻产业提升计划，推进马铃薯主食化，开发多元化马铃薯主食产品。压减低质低效水稻，大力发展再生稻、虾稻共作、稻渔种养，计划到2020年虾稻共作、稻渔种养面积达到650万亩。

三是着力加快农业科技创新和新型农业经营主体培育。给农业插上科技的翅膀，强化乡村农业人才支撑，推进农业科技创新行动和新型农业经营主体壮大行动。聚焦种业科技创新、粮油产业绿色高质高效关键技术创新等10项重点任务，推动产学研紧密结合，加快农业科技成果转化应用，力争到2020年农业科技进步贡献率达到60%以上。大力发展"互联网＋"现代农业，扩大信息进村入户试点，建设农业大数据。推进农业机械化，优化农机购置补贴政策，创建主要农作物全程机械化示范县，力争到2020年主要农作物耕种收综合机械化水平达到70%以上。加强农民合作社、家庭农场规范化建设，推进新型职业农民培育工程，探索建立职业农民制度，力争到2020年，全省经工商登记注册的家庭农场达到6万个、农民专业合作社达到10万个，新型职业农民达到30万人。

四是着力推动农业绿色发展。探索建立农业生态保护长效机制，坚决打好农业面源污染防治攻坚战。推进农业投入品减量，深入开展整建制绿色高质高效创建、果菜茶有机肥替代化肥、病虫绿色防控等行动，促进化肥农药减量增效。开展畜禽养殖污染防治，以5个县整县推进带动全省畜禽养殖废弃物资源化利用。大力推广秸秆"五化"利用，示范推广生物降解地膜。大力发展现代生态循环农业。推进"三品一标"建设，强化农产品质量安全监管。抓好10个以沼气为纽带的生态循环农业示范区和100个生态能源示范村建设。力争到2020年，全省主要农作物测土配方施肥覆盖率达到95%以上，农作物秸秆综合利用率达到95%以上，畜禽粪便无害化处理和资源化利用率达到85%，清洁能源入户普及率达到45%以上。

五是着力深化农业农村改革。推进农村集体产权制度改革，全面推进农村集体资产清产核资和集体成员身份确认工作，稳步推进农村集体经营性资产股份合作制改革试点，把农村集体资产确权量化到户，让农民分享改革红利。到2020年，全省基本完成农村集体资产股份权能改革。巩固和完善农村基本经营制度，落实农村土地承包关系稳定长久不变政策，衔接落实好第二轮土地承包到期后再延长30年的政策。全面推进农村承包地"三权分置"改革，探索完善承包权有偿退出和经营权抵押担保机制。

六是着力抓好农业产业扶贫。坚持精准扶贫精准脱贫基本方略，牢固树立抓农业就是抓扶贫、抓扶贫就是促农业的理念，切实扛起产业扶贫重担，提高产业脱贫质量。实施"生态＋特色农业"提升工程，发挥生态资源优势，加快特色产业发展，力争到 2020 年底，优质粮、道地药材、蔬菜等十大特色主导产业面积达 5000 万亩。实施三产融合发展提升工程，推动农业兴村强镇、产地初加工、产业链建设等项目向贫困地区倾斜，支持有条件的地方建设扶贫产业园区。实施产销精准对接提升工程，加强与商超等对接，发展订单农业。抓好益农信息社建设，加快推进农业电子商务，促进线上线下互动，支持发展淘宝村、网红村等。

三、在保障措施上，坚持"三个强化"，加快完善兴农强农政策支撑体系

实施乡村振兴战略，推进农业农村现代化，关键是发挥好政策"指挥棒""导航仪"的作用，形成支持有力、保障有效的政策体系。

一是强化现代农业补贴政策。按照现代农业发展的要求，坚持以绿色生态为导向，在"三补合一"政策的基础上，进一步完善农业补贴制度，发挥补贴对农业供给侧结构性改革的促进作用。健全粮食主产区利益补偿机制，提高种粮比较效益。完善农业投入品减量提效补偿机制，推广减量化和清洁化农业生产模式。加快构建农业废弃物资源化利用激励机制，推动"变废为宝"。

二是强化涉农资金整合。进一步完善涉农资金的管理办法，积极推进各类强农惠农资金整合。加强县级资金统筹使用机制，发挥资金最大效益。统筹衔接脱贫攻坚与乡村振兴，发挥产业扶贫是稳定脱贫根本之策的作用，集中力量打造一批优势特色农业产业。

三是强化农村金融支撑作用。推动金融资源向农业农村倾斜，破解贷款难、贷款贵、保险少等问题。推进农村信用体系建设，开展新型农业经营主体信用评级与授信，同等条件下实行优先贷款。探索开展农村承包土地经营权抵押贷款、大型农机具融资租赁试点，稳妥开展农民合作社内部资金互助试点。完善农业信贷担保体系，为农业特别是粮食适度规模经营的新型经营主体提供信贷担保服务。完善农业保险制度，扩大农业政策性保险覆盖面，提高农业风险保障水平。

立足湖北实际　实施大保护、大民生、大循环、大产业的新举措

——推动乡村振兴战略实施的湖北行动计划的建议

赵　曼　程翔宇　蒋天文[*]

实施乡村振兴战略，是党的十九大做出的谋全局、管长远、抓根本重大战略部署，是决胜全面建设小康社会、全面建设社会主义现代化国家的重大历史任务，也是对中国城乡关系最新的科学定位。因为大道回归为一，城乡共存共荣、深度互嵌，是今后的发展方向。近年来中央相继出台了精准扶贫、新型城镇化、长江大保护、土地确权等一系列重大政策，高层管理机构进行了系列性适应性改革调整。今后，除高质量推动经济社会发展，整个经济重心还将向深层破解"三农"问题转移，财政和金融资本投资将向"三农"倾斜，释放出的投资机会应以数十万亿元人民币计。

2018 年中央一号文件对乡村振兴战略工作重点和主攻方向进行了全面部署，特别是习近平总书记视察湖北，高瞻远瞩，明确提出了要着力推进乡村产业振兴、人才振兴、文化振兴、生态振兴、组织振兴，加快构建现代化农业产业体系、生产体系、经营体系，把政府主导与农民主体有机统一起来，充分尊重农民意愿，激发农民内在动力，教育引导广大农民用自己的辛勤劳动实现乡村振兴，为我们实施乡村振兴战略进一步指明了方向，寄予着热切厚望。湖北作为农业大省，更应该不负厚望，立足湖北实际和基础，从体制机制和政策体系建设切入，制订出科学精细的行动计划，为乡村振兴探索新鲜经验、提供智力支持。为此建议如下：

＊ 赵曼，中南财经政法大学城乡社区管理协同创新中心主任，教授。

一、基本思路：以增量优化解决五大存量问题

中央农村工作会议全面部署了乡村振兴战略，明确指出：重塑城乡关系、巩固和完善农村基本经营制度、深化农业供给侧结构性改革、人与自然和谐共生、传承发展提升农耕文明、创新乡村治理体系、打好精准脱贫攻坚战等。乡村振兴，关键是创新机制。基本思路是抓住城乡生产要素的合理流动与配置，以"四园"（田园综合体、产业公园、国家公园和宜居家园）为工作总抓手，通过增量优化来解决五大存量问题。

一是集约发展大循环，城乡互保——促进"财智上山下乡"，搭建城乡贸易平台，聚合外源动力与本土动力，使城乡之间能够互市、互利、互保与互补，实现城乡空间资产整体增值和农民增收。

二是绿色发展大保护，还生态账——湖北在探索协同推进生态优先和绿色发展新路子方面应率先作为，走在前列。包括：生态修复、生态守护、生态产业、山水林田湖草一体化、面源污染治理、循环农业、低碳零排放、厕所革命等。

三是共享发展大民生，战略性适应——基本公共服务均等化、精准扶贫等，不仅是偿还历史欠账，更是一种战略性适应。无论是制定规划，还是策划商业模式，都要将农民的有效参与及其利益诉求内置进去，确保农民的利益及核心资源不受损失。

四是融合发展大产业，跨界集成——通过田园综合体、产业公园、特色小镇等载体，发展生态环保、现代农业、旅游休闲、科技信息、养生康复、高端服务业、民生服务业、智慧产业等，多业态集成发展。

五是提质增效大创新，"五链"衔接——（1）创新链是动力，应渗透于产业链、资金链、政策链与人才链及其细分领域之中，如打造田园综合体和特色小镇是一种"新业态"，其发展需要创新；（2）产业链是支撑，各"链"都应围绕着它发挥功能作用；（3）资金链是保证，是在产业链上增加了一根金融杠杆；（4）政策链是后盾，取决于"有为"政府及其决策科学化；（5）人才链是关键，应成为"五链"之首，也是当前乡村振兴中的最短板。

以上举措，既有利于解决湖北部分农村地区空心化、基层政权"微循环"不畅、基本公共服务短缺等问题，也能化解民风粗俗、信息闭塞、技术进步缓慢等难题。

二、实施路径："四园"联治，重组河山

（一）禀赋厚重：湖北形胜与责任担当

湖北形胜可归纳为：四山环绕、九衢连通、大江大湖大平原、聚宝盆头顶"两盆水"。

青山金山可双赢——武陵山、秦巴山、大别山和幕阜山等四个连片贫困山区，雄踞省域版图四个角，在中国版图上是四个醒目"绿芯"，原山、原水、原生态，自然禀赋厚重。

天下机枢通衢——武汉居高铁枢纽、大江大河际会之地，长江经济带三大中心城市之一。大规模基建打造了城市骨架，科教优势明显。

腹地纵深有空间——湖北地理空间层次丰富，江汉平原水网纵横，天下粮仓，如同"聚宝盆"，回旋余地大。

"两库"安则天下安——三峡库区是长江的第二道生态屏障，丹江口水库是北京的"水缸"。三山（武陵山、大巴山、秦岭南麓）护"两库"、"两库"守两湖（湖北、湖南）。"两库"担当着长江大保护的重任。

（二）重组河山：坚持"汉生、园长、城升、山护"

武汉重在"生"——创新创意。武汉拥有科技人才优势、高端制造业与现代服务业龙头，应以创新创意引领经济社会兴旺发达。

园区重在"长"——引擎增长。武汉东湖高新和宜昌、襄阳等区域引擎，通过集约经营、循环经济，延伸产业链，打造平原城市群，培植新的增长点、增长极。

城市重在"升"——升值升级。市场经济演化到资本经济，是在产业上增加了一根金融"杠杆"，通过资本运作与财富营运管理，实现价值再增值。

山区重在"护"——守护藏养自然禀赋。四大连片贫困地区重在生态保护、工艺技术弘扬，重建乡村景观，开发康养休闲、旅游观光、信息科技、"原产地+"等生态产业。

（三）实施路径：坚持"四园"联建、联治、联创

1. "四园"建设类型

（1）田园综合体，美丽乡村升级版。它通过对山川、田园、村落和街巷，从建筑、民风、生态等各维度进行精工打造，提升乡村颜值，彰显当地特色乡土文化的传承弘扬，创造一种"城乡融合""文旅一体"的生活空间与乡村旅游发展模式。建设类型大致有四种：

乡村原野——通过山水林田湖草综合治理，使其成为乡村旅游、田园康养、

休闲产业、生态环保的载体。

农耕空间——以农业公园、生态品牌、产地保护等方式，纳入生态产业守护体系。

生态功能——从田园生态保护、水土保持、农药化肥科学使用、污染源治理、生态走廊和生态避难所创建、生态修复上入手。

特色小镇——特色小镇是中国城市化的"微星小镇"。它是一种新业态，是由特色产业、乡村生态创业中心、科研教育基地、民宿民风等构成的乡村产业生活综合体。它"非镇非区""亦城亦乡"，没有行政建制，既区别于传统的"中心镇"，也区别于产业园区的"区"，其发展需要创新提升。

（2）国家公园，生态环境治理模式。"让最美自然享有最严保护"。国家对生态保护价值突出，兼具自然景观独特、文化遗产原真、生物各类丰富，并且具有一定可达性的 10 个区域（含神农架）采用国家公园治理模式。此模式可借用于生态治理。

"非典型"地区公园式治理——非典型的乡村、流域、森林、湿地等，可采用国家公园的分区治理模式，划定核心保护区、保育区和经营区，对"山水林田湖草"进行系统治理。

典型区域的国家公园治理——生态敏感的脆弱区域、跨行政区划的交界区域、破碎区域、特殊区域等，可直接上升为国家公园治理模式。

（3）产业公园，"一二三产业一体化"。农、林、牧基地、原产地等，均可内置产业公园。如一只柑橘在产业公园的产业链上会被"吃干榨尽"，综合利用。

（4）宜居家园，精细化"对标"整治。整治覆盖城乡的开放社区（公共场所）、半开放社区（居民小区）和封闭社区（校园、机构）。赋能公共服务，绘制风险地图，在人居空间、社区治理、环境安全和民生服务方面精细化地"对标"整治。

2. "四园"建设路径

"四园一区"建设上下呼应：对下可以落实到项目和主体，对上能够衔接国家各部委政策，涉及全域和各个部门，应实行全省统筹。

一是循序推进，全域覆盖——"四园一区"建设应从区域分类、分工规划切入，以主题和项目为牵引，通过由点连线、以线带面、多面合围的方式推至全域。

二是激励相容，集合动力——参与各方都是受益者，大分散小集中，分类分层支撑不同区域发展。生态目标、社会目标和经济目标兼容，政府目标和市场目标统筹。

三是有形抓手，微观可操作——产城融合、产权融合，关键是要有"产"。通过"四园"建设的平台，承接各部门政策、资源、人才、项目的下垂帮扶，且易考核、易落实。

（四）体制机制保障：有为政府与有效市场

政府不是发展的主体，却是推动发展的主体。中央深改委首次会议提出"两个最大"。政府的有形之手要在规划、标准、培训，基础设施和公共平台搭建、市场秩序维护等方面提供赋能支持，服务形态下沉到基层；在市场有效的领域，政府要坚决地放手让市场主体去做。

1. 有为政府：清障搭台与导航护航

县域支点——乡村振兴过程中，有为政府的重心应放在县一级。这是因为，我国财政分权的分水岭在县一级，各类社会转型的问题汇聚在县一级，包括中央和地方、城市和农村、工业和农业、市民和农民、富裕和贫困的关系等；中国地域结构的稳定支架也在县一级。

规划引领——习近平总书记在 2018 年全国两会山东代表团审议时提出产业振兴、生态振兴、人才振兴、文化振兴和组织振兴。"五个振兴"各自成篇，合起来又是一个整体。做好这篇"大文章"，不能蛮干，一定要抓住县域乡村振兴战略规划的"引擎"，谋篇布局，做好案头设计。如对本地资源结构、产业基础潜力、商业环境特征等深度挖掘，"锚定"本地实施振兴乡村的定位和目标统领，做到有统有分、长短结合。

实施方案——对规划进行层层递进的分解。包括：拟定时间表、路线图、任务清单、突破口和工作抓手；解构实实在在的产业项目布局及落地模式；试点先行，点面结合、立体合围、推至全域；实施方案与各部委政策目标对接，争取政策资源的下垂帮扶，强化目标责任，严格考核评估，奖惩兑现等等。

提高执行力——打通政策通道，破除庸政惰政和各种"中梗阻""末梢壅塞"，解决下改上不改、上推下不动、令不行禁不止等问题；建机制，针对履职能力、工作作风、目标责任、工作成效，坚持激励相容、严格考核等，"一网覆盖、一次办好"的"放管服"改革，要制度化、常规化。

2. 有效市场：产业扶贫与"分离均衡"

"扶贫羊"也是"市场羊"——以产业扶贫为例，政策给予了贫困户"滴灌"，但是，政府不可能为贫困户设置"非贫莫入"的垄断产业或产品，产业扶贫必须尊重市场规律，能盈利是硬道理。贫困地区产业扶贫要注重产业链延伸和产业集群的配套，如，物流配送、基础设施、适用人才、商业模式创新等。

否则，自然资源禀赋再有优势，也产生不了现金流。

"分离均衡"与市场选择机制——乡村振兴，首在人才，既需要一支"一懂两爱"（懂农业、爱农村、爱农民）的"三农"工作队伍，也需要一大批有文化、懂技术、会管理、善经营的实用型人才。谁都能看到人口红利衰竭、人力资本"轮动"的趋势，有"流量"就有一切。目前，二线城市的"抢人大战"会将压力层层向基层传递，乡村则处于垫底位置。吸引各路人才"上山下乡"，政策引导和市场引领都会起作用。这是因为，人口流动"用脚投票"，没有自主选择的权利，就培育不出市场理性。"分离均衡"的市场机制就像一把筛子，使那些拥有体能、技能、信息、资本、人脉等优势者，一轮又一轮地从原来的群体中分离出来，胜出到更加有利可图的领域，参与更高层次的分工并获取更高的收益。乡村振兴战略实施过程中，生活成本与营商成本的高低、收入与机会的多寡乃至文化认同程度高低等因素，会决定人口的去留。

三、预期政策成效：一石数鸟

（一）新一轮土地改革见实效

土地改革的两个大动作陆续落地：2018 年全国农村土地确权结束，赋予其流转、抵押和交易的权利；农村宅基地的所有权、资格权、使用权"三权分置"，土地价格由土地使用权的市场交易决定。因此，宅基地、承包地价值增值和盘活已成为现实。

（二）提升农业和农村的价值

乡村振兴战略是一个平台，各种政策资源均可以归拢和统一到这个平台上，进行梳理和"打包"，找到一揽子解决方案，切实扭转"涉农劳动不能脱贫、涉农投资难有回报、涉农财政不能增收"的困局。

（三）户籍制度改革水到渠成

户籍制度改革路线图和时间表已定，人口流动"用脚投票"，政策"滤网"则引导其在特大、大、中、小等相邻级别的城市之间，或依托高铁、高速公路、黄金水道构建的都市连绵带梯次分布。统一城乡户口登记制度之下，随着拥有农业户口的老人逐渐去世，只是两代到三代人的功夫，农业户籍将自然消亡。

（四）"内力"与"外力"聚合解决基层治理难题

政策鼓励资本下乡，但又忌惮其变相圈地，以及"非农化"和"非粮化"、农民在土地增值溢价中所得甚少或被排斥在外、本土的经济文化独立性丧失、乡野特有的风貌和生态遭到破坏等，切实用政策保障农民合法权益。

乡村振兴强调组织振兴，如以农村集体、农民合作社为主要载体，地方财政投入进行股权量化，与社会资本组建股份合作企业，拉长产业链条，推动小农户与大市场对接，使农民和外来资本共同获利。

（五）打破地产逻辑：倒逼房地产业转型

产业布局正在从大城市走向大城市带，乡村振兴摒弃"造城"运动。国家通过房住不炒、差别化调控、发展公租房和共有产权房、支持自住房、培育住房租赁市场、棚改及货币化补偿、租售同权等政策组合拳，在需求端遏制投机、在供给端提高行业集中度。各大房地产企业嗅到政策风向转换，一批领先房企两年前就纷纷转型产业新城和特色小镇建设，寻找新的利益增长点。

（六）乡村振兴，助力三大攻坚战

乡村振兴为湖北打赢三大攻坚战提供了微观实现机制。

化解重大风险的釜底抽薪之举——（1）盘活闲置房屋、宅基地、四荒地，释放出海量的增量土地，将股市和楼市溢出的资金引入农村土地，避免社会游资冲击国家外汇或拉高通货膨胀；（2）"四园"建设将金融资本导入实体经济，是防范风险的治本之举。

深度贫困县脱贫攻坚的综合平台——依托乡村振兴平台所承载着的产业、就业、教育、健康、异地搬迁等功能，聚焦"准"与"实"，把扶贫与扶志、扶智、扶能、扶才结合起来，助力全省10个深度贫困县实现可持续、不再返贫的稳固脱贫。

污染防治长效机制的"行为"基石——农村面源污染对生态透支的程度不亚于沿江重化工走廊。湖北不仅要打赢"四治"——雷霆治岸、铁腕治水、以标治企、从严治矿的"硬仗"，更要依托乡村振兴平台，实现生产、生活与生态"三生同步"发展。例如，开展"生态公民"教育，人人、家家、时时、处处，所有人的行为链对接生态链。事实上，对环境生态的自动守护是境界最高的保护。

乡村振兴战略视角下的
农村三次产业融合发展探析

汪恭礼*

党的十九大报告提出了"促进农村一二三产业融合发展",为农业和农村经济发展战略指明了方向。我国各地扎实开展农业产业结构调整,拓展农业功能,推行农业供给侧改革,改善农业供给质量,促进农业产业化外部联合体融合、农业产业内部集聚型融合、农业产业链条拓展性融合、"农业＋互联网"型融合、垂直一体化企业全产业链融合、农业新业态型融合、社会化服务型融合等农村三次产业融合发展模式发展,繁荣了农村经济,为农民增收致富增添了新动力。本文论述了农村产业融合发展是实施乡村振兴战略的重要内容、路径和手段,对我国目前促进农村三次产业融合发展的现状、遇到的主要问题等进行分析,并提出了针对性建议,为促进农村三次产业融合发展新措施、新路径提供有价值的参考。

一、农村三次产业融合发展是振兴乡村战略的重要内容、路径和手段

乡村振兴归根结底是乡村发展问题,产业是乡村振兴的根本,是乡村经济社会、文化教育等各项事业可持续发展的基础,因而实施乡村振兴战略就必须发展和壮大乡村产业,促进乡村经济繁荣[1]。壮大和发展乡村产业,如果仅仅靠壮大和发展农业,农村经济的发展和乡村振兴战略中产业兴旺目标的实现将是十分困难的。因此,必须突破"农业功能就是提供农产品",以及"乡村的产业就是农业"的传统思维模式,通过农村三次产业融合发展的手段,让经济发展起来[2]。一是加快农村三次产业融合发展,助推产业兴旺目标的实现。实施

---

* 汪恭礼,男,1972年9月,安徽宣城人,安徽省政治学会常务理事、中共宣城市委党校特聘研究员、《农村党建》杂志社特约记者,主要研究领域为农村发展理论。

乡村振兴战略,首要目标是产业兴旺。兴旺农村产业,农村三次产业融合发展是重要途径[3]。各地在促进农村三次产业融合发展过程中,调整优化农村种植和养殖业结构,以循环发展、农林和农牧结合为导向,加快发展循环、生态、绿色农业,推广适合旅游观赏、精深加工、规模生产、休闲采摘的作物新品种、新技术,构建现代农业产业体系。同时,鼓励和吸引一些有下乡创业意愿的城里人和返乡、回乡的农民工到农村从事如乡村旅游和电子商务等新产业、新业态,提升农业附加值,实现农村产业蓬勃发展、乡村产业兴旺。据统计,2016年全国乡村旅游和休闲农业接待游客近21亿人次,超过5700亿元营业收入,845万从业人员,带动农民672万户受益[4]。二是加快农村三次产业融合发展,激发农业农村发展的内生动力。各地在促进农村三次产业融合发展过程中,立足本地实际情况,着力培育各类新型农村产业融合经营主体,不断创新各类新型农村产业融合经营主体带动周边分散、小规模农户共同致富、发展的模式,让各类新型农业经营主体优势互补、分工协作,促进企业经营、合作经营、家庭经营协同发展,繁荣乡村经济,激发农业农村发展的内生动力。三是加快推进农村产业融合发展,实现现代农业发展与分散、小规模农户有机衔接。在农业生产、加工和销售过程中,产前产中产后各环节的生产作业分工越来越细,各地在促进农村三次产业融合发展过程中,鼓励开展优良品种开发、新技术推广、代耕代种、生资提供、大田托管、统防统治、代收代储、测土配肥、烘干储藏、代加工代销售等社会化、市场化和专业化等多元化服务。农业生产性社会化服务的发展,有助于实现现代农业发展与分散、小规模经营的农户有机衔接。四是加快农村产业融合发展,拓宽农民就业创业渠道,提高农民生产经营管理水平和能力。各地在促进农村三次产业融合发展过程中,鼓励和支持从事农村三次产业融合发展的各类经营主体,特别是农产品加工、销售的工商企业,发挥他们自身生产管理、技术、加工、销售等优势,辐射带动周边农户提高农业生产经营和管理水平、适度扩大生产经营规模,发展配套农产品,为其加工提供优质原材料[5]。同时,鼓励各类农村产业融合经营主体,特别是农产品加工、销售的工商企业,在同等条件下,优先聘用流转出土地的农民,吸纳就近农民,为他们提供就业岗位、社会保障的同时,加强技能培训,提高他们就业创业能力和水平[6]。

综上所述,各地在促进农村产业融合发展过程中,积极培育新型农村产业融合经营主体,加快转变农业发展方式,优化农村三次产业结构,构建现代农业产业、生产、经营体系,促进农村产业功能多样、链条完整、利益联结紧密、业态丰富,农业竞争力提高明显,拓宽了农民就业、创业渠道,促进了农业增收和农民收入持续增加，农村活力增强显著，让农民生活更加富裕。2016 年全国规模以上农产品加工企业吸纳 2500 万农民就业，带动农民工资性收入占人均纯收入的 9%，间接带动 1 亿多家原料生产小农户增收。促进农村三次产业融合发展是实施乡村振兴战略的重要内容、路径和手段。

二、我国农村三次产业融合发展实践

为拓宽农民就业和增收渠道，促进农业增效、农村繁荣，早在 2015 年，国务院办公厅就出台了《指导意见》（国办发〔2015〕93 号），重点培育农村产业融合主体，创新农村产业融合方式，完善农村产业融合利益联结机制，建立农村产业融合服务体系，着力构建农村三次产业融合发展，形成城乡融合发展的新格局。

（一）重点培育各类新型农村三次产业经营主体

培育各类新型农村三次产业经营主体，扩大和夯实农村三次产业融合发展的重要力量，使其成为实施乡村振兴战略的突击队和主力军。各地以培育主体为重点，充分发挥本地农业龙头企业带动作用，促进各类农民合作社、家庭农场持续健康发展，为壮大各类新型农村三次产业产业融合主体营造良好的发展环境。一是大力培养农产品现代营销、流通企业和农产品精深加工龙头企业。农产品精深加工龙头企业快速发展，规模水平提高，成为农村三次产业的重要力量。2016 年，全国已经发展累计达 8.1 万家规模以上农产品加工企业，比 2012 年增加 1.1 万家[7]。质量效益持续改善，据统计，2017 年，规模以上农产品加工业实现 19.4 万亿元主营业务收入，同比增长 6.5%；增加值（扣除价格因素）增速为 6.5%，较上年同期提高 0.7 个百分点[8]。鼓励龙头企业延长产业链建设，加强供应链管理，健全农产品营销网络，建设现代物流体系，主动引领和适应农业产业链转型升级。加快创新步伐，支持农业龙头企业自主设立研发机构或与高校、科研院所深度合作，初步构建起农产品加工、生产技术研发体系，突破共性关键技术，转化科技成果。同时，建立科技示范基地，示范推广成熟适用技术，着力提升农业龙头企业科技水平。支持农业龙头企业建立现代企业制度，充分发挥管理、技术、品牌和资金优势，发展精深加工，培育具有较强国内外市场竞争力的大型企业集团。发挥农业龙头企业产业组织优势，组建农业产业化联合体，增强带动能力，实行生产、加工和销售服务等一体化经营。二是鼓励纯农户、兼业农户、家庭农场组建农民合作社，由生产、供销向保险互助、资金融通等内容延伸，向资源要素股份综合合作拓展，产业涵盖粮棉油、果蔬茶、肉蛋奶等生产，扩展到植保、农机、农村电商、民间工艺、观光旅游、休闲农业等新产业新业态。引导农民合作社组织农产品品牌化、标准化、绿色化生产，拥有注册商标的17万家合作社已经实施标准化生产，4.3万家通过"三品一标"质量认证[9]。2017年，农民合作社在工商部门注册的总数达200万家，超过1.1亿农户入社，加入了各类合作社的家庭承包经营户接近50%[10]，促进了小农户与现代农业有机衔接。三是吸引和鼓励具备条件的农户、大中专院校毕业生、个体工商户、市场经纪人和返乡青年农民工等兴办种养结合和生态家庭农场。截至2018年6月，全国家庭农场超过了87.7万户，纳入农业部门名录管理的达到44.5万户，主要集中于养殖业和种植业的生产环节。农业农村部的统计表明，家庭农场中，从事种养及种养结合的占总数的98.2%，从事粮食等大田作物生产的占农场总数的40%。

（二）创新农村三次产业融合方式

实施生态、绿色、高效农业示范工程，构建粮经饲兼顾、农牧林结合、稻鱼虾共生、有机生态循环发展的新型种植业、养殖业生产体系，调整优化农业产业结构，推动生态绿色农业发展。一是根据养殖生产规模和布局，推行种养一体化模式，以养定种，鼓励和引导因地制宜发展青贮玉米、苜蓿等优质饲草料，加大扶持粮改饲和粮改经力度，逐步建立合理的粮食、经济作物、饲草料等多元化种植、养殖结构协调发展。2017年，全国粮改饲试点县从121个扩大到455个，已完成面积1334万亩粮改饲，收贮青贮玉米等3784万吨优质饲草料[11]。积极发展林下经济，在林下种植食用菌、辣椒、菠菜、大蒜、洋葱、甘蓝等蔬菜；间种板蓝根、白芍、金银花等药材；种植花生、芝麻、大豆等油料作物以及棉花、小麦、甘薯、绿豆等农作物。推进农林复合经营，保留林下杂草或种植牧草，林地在周边围栏，养殖鸡、鹅等家禽，放牧的家禽吃虫吃草，粪便肥林地，形成良性生物循环链；在林间种植牧草，发展肉兔、肉用羊、奶牛等家畜，用可食用的树叶、杂草及种植的牧草来饲喂兔、羊、牛等家畜，实施林下种植、养殖结合循环农业。推广农超、农企等多种形式的产销对接，升级改造农产品冷链物流体系和批发市场建设，支持农产品生产、挑选整理、初加工、精深加工、仓储物流、市场销售批发等建设，着力推进全产业链拓展、延伸与发展。二是健全农业生产经营信息预警监测体系，采用互联网、云计算、大数据等计算机网络技术来提高各种数据统计与监测、市场行情预警分析、农业生产销售信息发布等精准度。扎实推进信息进村入户和现代农业大数据工程建设，鼓励和支持农村各类经营主体对农作物种植、畜禽养殖、渔业生产、农产品加工与销售等进行物联网改造，将现代网络信息技术与农业现代生产技术、市场营销策略等现代经营管理手段应用于农业生产、收储、加工、服务、管理与销售各环节，实现"互联网+"与现代农业的结合。鼓励发展立体化、工厂化等高科技农业以及农田艺术景观、农村文化、阳台农艺等人文、科技等元素融入的创意农业、观赏农业、农事体验农业。积极探索发展民宿民饮经济、农产品个性化定制、农业生产租赁和托管业务、农业众筹、节会农业等新型业态，促进农村新兴业态快速发展。三是加强农业生产销售服务体系建设，形成农产品及农业生产资料、农机具集散中心、物流配送中心和展销中心，加快推动各地省级现代农业示范区建设及转型升级，鼓励各地积极申报和创建国家级现代农业示范区，大力发展一村一品、一乡（县）一业，引导农村产业集聚发展。四是加强农村产业统筹规划与布局，着力推进农业与文化、生态旅游、健康养老、休闲度假、科技教育等产业深度融合，积极拓展农业多种功能。支持和鼓励发展智慧乡村游，深度挖掘与合理开发农业文化遗产，打造一批具有民族风味、历史特色、地域风貌、传统文化的乡村旅游示范村和乡镇，将健康养老元素融入养生、休闲观光和农业生态绿色等产业链条，推进农业产业与休闲、健康养老、旅游观光共同发展。截至 2017 年底，休闲农业和乡村旅游各类经营主体达 33 万家，全国乡村旅游达 25 亿人次，营业收入近 5500 亿元，旅游消费规模超过 1.4 万亿元[12][13]。五是加强市场开发和规划引导，将农村产业融合发展与新型城镇化建设有机结合，出台差别化落户政策，吸引、支持和鼓励农村人口到城镇落户安家和发展产业，将农业转移人口吸纳到城镇，且能稳定生活。

（三）建立完善农村产业融合主体与农户利益联结机制

农民是否能真正分享农村产业功能拓展、农村产业规模经营、产业链延伸的收益，关键在于利益联结机制是否完善。一是在平等互利基础上，支持和鼓励农业产业化龙头企业大力发展订单农业，与农户、家庭农场、农民合作社签订规范的农产品购销合同，依据生产成本和市场行情，确定合理收购价格，让利于民，形成持续稳定的购销关系，确保原料生产基地有序稳步发展[14]。二是采取"按股分红+保底收益"等形式，支持有条件的新型农村产业融合主体发展股份合作，鼓励农户自愿以住房、林地、土地等入股各类新型农村产业融合主体，建立以农户住房、林地、土地入股的利润分配机制，切实保障住房、林地、土地等入股部分资产的收益。三是引导和鼓励工商等各类社会资本到乡村发展现代种养业，投资建设一批带动能力强、科技含量高、规模大的项目和企业，推进农业生产生态化、标准化、规模化以及农村三次产业融合发展，有效提高本地农业现代化经营水平和综合生产能力。四是强化从事农村三次产业融合发展的各类工商企业的社会责任，在同等条件下，支持和鼓励他们优先招收土地转出的农民，并为其开展岗位和技能培训，提高他们的就业创业能力和生产经营管理水平,增加农民收入。五是加强监督管理,规范各类工商资本拥有者流转、租赁农地行为,推广流转费用、租金动态调整,实物计租、流转费用结算等计价方式,确保农民获得的流转收入、租金收入稳定。加强土地流转、农业订单等合同履约监督,健全农业生产、经营风险防范机制,探索土地流转、订单农业等与农业保险、担保相结合,保护各方合法权益。

(四)建立完善农村三次产业融合服务体系

建设便捷高效、综合配套、覆盖全程的农村三次产业融合服务体系,是促进农村三次产业融合的必然要求。一是建立农村三次产业融合公共服务平台,采取政府购买、奖励、资助等多种方式,支持科研机构、行业协会、龙头企业等为农村产业融合提供公共服务。搭建农村产业融合综合性信息化服务平台,为农村三次产业融合主体提供公共营销、价格信息、农业物联网、乡村旅游、电子商务等多方面服务,实现农村三次产业公共信息资源跨地区、跨行业、跨部门互联、互通、共享。二是推广农村产业链融资模式,鼓励农村三次产业融合经营主体与商业银行等金融机构建立紧密合作关系,以农村产业链为基础,发展农村普惠金融。创新农村金融服务,向产品生产、加工、仓储、运输、销售等环节提供多种形式的资金支持,稳妥有序推进农村土地承包经营权和农民住宅财产权等抵押贷款试点,积极开展渔船农机抵押、农业厂房、林权、生产订单和农业保单质押等业务。三是加强对家庭林场和农场主、专业大户、农民合作社骨干的科技培训,鼓励各类科技人员、大中专毕业生到农村创业,完善企业、科研院所、高校等涉农科技人才流动和兼职制度,扎实开展科技特派员农村科技创业行动、农技人员包村联户服务和畜牧科技进万家等活动,强化农村三次产业融合科技和人才支撑。四是加强农业生产基础设施建设,加强农村土地整治和农田水利设施建设,实施高标准农田建设,改造提升中低产田。如国务院总理李克强在 2018 年 3 月 5 日在第十三届全国人民代表大会第一次会议上的政府报告中提出,2018 年新增高标准农田 8000 万亩以上、高效节水灌溉面积 2000 万亩[15]。

三、促进农村产业融合发展存在的问题与困难

目前,农村三次产业融合发展仍然处于初级阶段,农村三次产业融合各类新型农业经营主体的带动能力较弱,农业生产经营机制体制障碍和要素瓶颈制约仍然没有突破。

(一)农业产业空间布局不优,现代农业产业体系构建困难层层

在乡村,很多地方由于产业规划缺乏全局观或滞后,畜禽养殖区、村民居

住区、农产品加工等企业同时建设，相互牵扯和限制，种养等农业产业、乡镇企业各种产业集中混杂，结果影响村民安居，各种产业也无法发展。大量的耕地、山场等农村土地、水面资源仍由农村家庭分散经营，规模小，随意性大，农村资源利用率、产出率低，产业布局分散且混杂。在农业产业内部结构中，传统种植业仍是主导产业，粮、棉、油等比重较高。2017 年，全年粮食、棉花、油料种植面积分别为 11222 万公顷、323 万公顷、1420 万公顷[16]。部分大众农产品档次低、质量差、品种不对路，出现了大规模"难卖"、销售不畅的问题。多种经营、高效经济作物占整个农业产值和种植业的比重远未达到主体的地位。受市场影响，养殖业生产不稳定、规模小，导致生产规模难以扩大，管理方式难以改善，产品质量难以把控，其饲养水平难以提高。渔业生产中，四大家鱼比重大，特色养殖少，渔业结构也不合理。养殖业产品开发主要限于食品类，效益潜力巨大的非食品类则严重不足，开发利用不充分。农业龙头企业技术装备水平落后，规模相对较小，精深加工及综合利用不足，大宗农产品加工水平偏低。农业龙头企业创新能力弱，农产品加工的一般性、资源性的传统产品多，农业科技成果转化率低，高科技含量、高附加值的农产品少。农村三次产业融合发展中，农产品加工优质原料生产和专用品种选育滞后，特别是储藏、保鲜等初选、初加工设施在农产品生产地普遍缺少，农产品品质难保障、产后损耗大。农业产业链条短，特色农产品产业链条更短。

（二）农业生产环境和资源的破坏，影响现代农业生产体系构建

随着经济、工业化以及城镇化发展，各地招商引资力度加大，各类工程项目建设用地的需要增加，导致耕地逐年减少，且高产田比重小，中、低产田比重大，耕地资源总体质量不高。我国原本人均耕地面积较少，人口与土地资源的矛盾越来越明显。在一些地区的农业生产中，为追求更高的产量，忽视环境保护，使用了大量农药化肥。农药落入田中，随灌溉或降雨，流入江河、沟渠，危害水生生物，污染水域，影响水产养殖。农药进入土壤，很快地被微生物、土壤动物及植物吸收或残留在土壤中，造成土壤污染，破坏土壤结构和肥力，导致土壤的生态系统整体功能下降。化肥的使用，直接污染土壤、水体和大气，危害绿色植物和鱼类的生存。生态环境条件恶化，全球气候变暖，气候波动剧烈，冷害、霜冻等灾害频繁发生，加上农田水利建设落后，农业基础设施薄弱，控制性水利工程投入少，有的没有排水设施，有的缺乏蓄水设备，农业排涝抗旱能力差，农业生产抵御自然灾害能力较弱，仍然没有改变靠天吃饭的状况，农业生产环境和资源很难对农业生产有促进作用和提供持续的保障。同时，人类活动和经济快速发展，加剧了生态环境恶化。农业生态环境破坏与退化，土

地、水等自然资源约束加剧，农业生产劳动力成本不断提高，生态环境压力加大，食品安全和消费者信心问题日益突出。农村各产业之间互联互通性差，农牧业生产规模小，组织化程度低，农村产业融合程度不高，农村三次产业及其产前、产中和产后各生产、加工、销售等环节被人为地分割在不同领域和地域，导致农村三次产业生产效益低、经营成本较高。农业生产环境和基础设施薄弱，有些地方连机耕道都没有，交通落后，无法使用机械化设备。一些农民合作社、龙头企业购买了设备，建起了厂房，但水、电、路、气、污水处理管网等配套设施不到位，影响企业投资生产，甚至一些龙头企业因投资建设这些公共性较强的基础设施成本过高而放弃。

（三）传统经营模式难以转变，现代农业经营体系有待加强

党的十一届三中全会以后，我国确立了家庭承包经营责任制，在很大程度上农业生产经营活动是由各个农户家庭成员承担或独立完成，是具有旺盛生命力、符合中国国情、体现中国特色的制度，激发出广大农民的劳动生产积极性[17]，这种"小而散""小而全"的农户家庭经营成为传统农业经营体系运行的主体。但随着城镇化、工业化、信息化的快速发展，市场化、国际化以及经济全球化的推进，这种传统农业经营体系的局限性日趋突出。一是农户家庭经营缺乏分工协作，导致农产品成本高、农业竞争力弱和经营效益低。在比较利益的驱动下，农村大量青壮年进城务工经商，留在农村从事农业生产的多为年老体弱的村民，加剧了农业生产兼业化和副业化，甚至弃耕抛荒，农村资源利用率、农地产出率和劳动生产率难提高，增加了传统农业经营体系转变的难度，也制约了农业竞争能力的提升[18]。二是农民生产经营虽然独立自主，但具有"小而散""小而全"等经营特点，在农产品价格决定和市场竞争中处于"被动接受"的地位。加上农民适应市场能力弱，且很难把握农产品市场变化，看到某农产品一旦价格高涨和畅销，就一哄而上，盲目生产，导致供大于求，产品滞销，价格暴跌。第二年，农民觉得这种农产品无利可图时，又转向前一年价高利大的农产品，而这一农产品因农民放弃生产，导致供小于求，产品畅销、价格暴涨。农产品价格的剧烈波动，造成农户大量物力、人力、财力浪费和经济损失惨重。如2017年前三季度价格同比跌幅较大的农产品品种分别为蔬菜下跌5.3%，玉米下跌5.5%，禽蛋下跌11.8%，家禽下跌5.5%，生猪下跌14.5%[19]。三是在"小而散""小而全"传统农业经营体系下，小农户的科技应用、有限的资源利用、抵御风险和拓展市场等参与能力和动力明显不足，难以提升可持续发展、抗风险和农业创新能力。农业社会化协作、专业化分工和规模化生产发展缓慢，粗放经营，组织化程度低，推进动植物疫病群防群治，

农产品原产地保护，标准化、优质化和品牌化经营，农产品质量安全追溯制度等面临较大困难。

（四）农村土地流转成片难度大，制约了农村三次产业融合

开展农村土地流转，将土地向专业大户、农民专业合作社、农业企业等各类新型经营主体集中，实行适度规模经营，是推进农村三次产业融合发展的必然选择。许多经营主体流转土地都希望集中连片，以规模经营来降低成本，但土地流转集中成片难度很大，影响了当前农业集约化、规模化发展。土地的约束，也严重制约了农村三次产业融合[20]。如截至2017年6月底，全国流转耕地面积4.97亿亩，流转率36.5%[21]。一是当年实施家庭联产承包责任制时，耕地是好坏搭配、平均分配，存在地块多而零碎、面积小、分布零散，限制了土地集中连片流转，土地流转大部分仍然流入农户，流入农民专业合作社、农业企业等各类新型经营主体的比例不高。如截至2017年6月底，流转入农户2.83亿亩，占56.8%，流转入农民专业合作社的占22.4%，流转入企业的占10.5%，流转入其他主体的占10.3%。二是一些土地流转中介操作行为不规范，服务质量和水平不高，加上土地流转市场不完善，难以提高零星、分散耕地的整合集中流转。如截至2017年6月底，全国签订土地流转合同5749.1万份，签订率为70.3%，仍有29.7%没有订土地流转合同。三是由于农民受教育程度低、文化素养较差以及缺乏技能培训，进城经商务工预期收入不稳定和不确定，加上农村社会保障制度不健全，在这种背景下，大多数农民认为，进城经商务工失败及落脚城市无助时，回乡种地仍然是自己的生活保障和生存退路，不愿意转出土地经营权。如截至2017年6月底，全国耕地流转出的农户达到7434.3万户，占农户总数的27.7%[22]。四是有不少农民认为土地承包经营权长期不变，加之一系列的惠农政策，还对土地有较高增值预期，加上农户拥有耕地面积少，农业是弱质产业，土地流转收入也不太高，于是不惜撂荒弃耕，也不愿把土地转出。如截至2016年底，全国经营50亩规模以上的农户数为376.2万户，占总农户数的1.4%。其中，经营50—100亩规模的为252万户，占50亩以上农户数的67%；100—200亩为88万户，占50亩以上农户数的23.3%；200亩以上为37万户，占50亩以上农户数的9.7%[23]。

（五）农村产业发展不足，农村三次产业融合困难较多

随着城镇化、工业化的快速发展，在比较利益的驱动下，大量农村劳动力转移到非农产业，导致了农业生产劳动力年老弱化，同时，对农业生产投资也严重不足，出现了农业生产副业化、兼业化，甚至弃耕抛荒的现象。农户小规模经营，农业生产比较效益较低，加剧了农户对农业的冷落，也不能有效地调

动作为农村第一产业发展主体之一的农户参与农村三次产业融合的积极性。第一产业仍以传统种养技术为主，信息化程度、机械化率不高，生产标准化程度低。曾经红火的乡镇企业因城市工业化加速、自身竞争力偏弱，纷纷倒闭。在当前政府推进现代农业发展进程中，有少量的二产入驻，但由于产业结构层次低或规模小，前端需要市场的拉动，后端需要依靠生产基地保障，一旦产品市场开拓不顺畅和基地生产不稳定，必将制约农村区域的二产发展。第二产业，仍以初次加工为主，产业链延伸较短，高附加值产品比例较低。这些小型加工厂，可替代性强，技术水平低，有时为求得生存，盲目竞争，生存艰难，更谈不上发展。农村人口分散，发展第三产业，消费市场规模容量太小，成本大大上升，其经济利润率很低，企业在农村很难生存。如在某一个村庄开一家饭店，这个村庄只有几十户人家，大的也只有几百户人家，去饭店酒馆消费的较少，这家饭店根本生存不下去。机耕服务队、统防统治服务队、畜牧服务业等均以某一农事操作环节为服务对象，主要集中在疫病防治、技术服务、统一种子和饲料供应等几个有限的项目上，从事资金互助、仓储、物流、信息的比例太小，与农村产业融合所需要的全流程、综合性相比，差距较大。总体而言，农村三次产业融合起点低、融合度不高、融合覆盖面窄，农村产业融合各类新型经营主体集聚要素、整合资源、抵御风险和创造价值能力多数很弱，市场竞争能力不强。

四、促进农村三次产业融合发展的相关建议

加快推进农村三次产业融合发展，促进现代农业产业、生产和经营等三大体系的构建，重组供应链、提升价值链、延伸产业链，有利于促进第二和第三产业中的资本、人才、技术、管理、市场等现代生产要素深度融入农业，提升农村各类资源利用率及农业生产发展水平，吸纳有志青年和专业人才到农村创业，改善农村劳动力结构和聚集人气，提高农村三次产业融合的辐射带动能力，拓展农民就业渠道和增收空间，促进农村经济社会繁荣稳定，实现乡村振兴战略目标。

（一）优化产业布局，构建农村三次产业融合的农业产业体系

围绕本地区域优势和资源禀赋，摸清现有产业布局并进行深度挖掘与分析，找准农村产业定位，科学制定农村产业规划，从时间和空间上合理优化产业布局，拓宽发展空间，促进城乡、区域、产业间的协调发展[24]。一是在制定农村产业规划前，必须摸清现阶段三次产业的发展状况、基础设施、气候条件、种植结构、土壤条件、周边环境、经济条件等实际情况。在产业规划和布局中，

长远目标要量力而行，依据实际情况，循序渐进、有序推进，不可一味追求速度，盲目扩大再生产。二是依托本地农业资源，做好优质粮油、经济作物等种植业区域规划，考虑周边区域产业的特点，竭力形成集中连片规模化生产，建成优质原料供应、农产品初加工基地。如把长江中下游规划为稻谷、小麦主产区，东北为稻谷、玉米、大豆主产区，黄淮海为小麦、大豆主产区等，并形成初加工产业带。三是在养殖业产业规划中，稳定宜养区域养殖规模，稳步推进适度规模和标准化养殖，拓展外海养殖空间，分别建设肉、奶、蛋等深加工优质原料、优质海产品生产基地。如把西南、中部、东北规划为生猪主产区，西南、东北、西北、中原为肉牛主产区，西南、西北、中东部、中原为肉羊主产区。四是结合本地种植业、养殖业以及农产品加工等优势特色农产品区域布局规划，考虑周边区域农村产业的特点，对农产品加工园区以及农产品加工业进行整体布局，引导产业向产业园区和重点功能区集聚。五是在大中城市郊区建立都市农业发展区，主要发展农产品精深加工与综合利用、休闲食品加工、方便食品加工、主食加工等产业，培育一批大型农产品产业园区和加工企业，形成具有国内外竞争优势的农产品加工产业带。

（二）改善和保护农业生态环境，构建农村三次产业融合发展的生产体系

农业生态环境与农村三次产业融合发展是密不可分的，没有农业生态环境资源作为依托，农村三次产业融合发展就是无源之水。要尊重自然规律，改善和保护生态环境，科学合理利用资源，有效降低环境污染和资源消耗，提供具有更强竞争力的生态绿色农产品和服务。一是强化耕地保护意识，管制土地用途，保护与提升耕地质量，大力实施土地整治与复耕，补充和增加耕地面积，解决土地产出低效化、建设用地无序化、耕地保护碎片化等问题。加强农沟、泵站、明暗渠、田间道路、机耕桥等农田水利、道路等基础设施建设，形成渠相连、路相通、田成方、林成网、涝能排、旱能灌的农业生产新环境。着力实施高标准农田建设，改善耕地基础条件，培肥地力、改良土壤、治理盐碱、控污修复，提高耕地基础生产能力、高产田比重以及耕地总体质量。二是依据废弃物处理能力和资源环境承载能力，科学合理确定畜禽养殖规模和品种，发展规模化、规范化、标准化养殖。推广清洁养殖技术和工艺，发展生物天然气和农村沼气，畅通畜禽有机肥还田渠道，推进废弃物资源化利用，管住废弃物乱排乱放，构建种养结合、生态循环的绿色、可持续发展新格局。三是推进科学施肥，根据不同作物产量潜力、养分和区域土壤条件等综合要求，推广测土配方施肥，合理配比氮、磷、钾，配合大量元素与中微量元素，合理制定各类区

域和作物的单位面积施肥标准，充分利用有机肥资源，用有机肥替代部分化肥，减少盲目、不合理的化肥投入。四是依靠科技进步，根据病虫害预防控制和发生危害的特点以及病虫监测预报，配方选药，对症适时适量施药，避免乱用药、盲目加大剂量和增加施药次数。推广新技术、新药械、新药剂，广泛应用高效低毒低残留农药和生物农药，禁止高毒高残留农药。开展专业化统防统治，解决一家一户"乱打药""打药难"等问题。应用物理、生物防治等绿色防治防控技术，创建不利于病虫害发生和生存而有利于保护害虫天敌生存和农作物生长的环境条件，预防控制病虫害发生，提高防治效果、效率和效益，从而达到减少农药使用的目的。五是加快农村生态环境保护和整治，完善农村道路、电力、通信、安全用水等基础设施，为农民合作社、社会投资主体、龙头企业参与农村三次产业融合提供良好的外部生产经营环境。

（三）培育多元化农村三次产业融合经营主体，构建农村三次产业融合的经营体系

推进农村三次产业融合发展，新技术、新业态模式贯穿其中，涉及面广、复杂性强，仅靠传统经营规模狭小的小农户很难发挥大的作用。积极培育农村三次产业融合经营主体，充分发挥他们在品种引进、新技术应用、市场营销、经营管理等方面的优势，引领小农户提升农业生产标准化、组织化、社会化程度，促进小农户与现代农业有机衔接，提高农业规模化、产业化、经营集约化水平，构建农村三次产业融合发展的经营体系。一是鼓励与引导村干部、务工经商返乡人员、返乡大中专毕业生、农村经纪人、新型职业农民等领办创办农民合作社、家庭农（或林）场、涉农企业，着力培育多元化新型农村三次产业经营主体。二是支持建立农业技术指导、农产品加工营销、信用评价、保险推广于一体的综合性农业生产服务主体，围绕集中育秧、节水灌溉、统防统治、农机作业、冷冻保鲜、加工贮藏、烘干仓储、流通运输、网上营销等环节开展农业生产社会化服务。三是大力培养农村实用人才，采用"理论＋实训""田间＋课堂"模式，培育更多的"田秀才"、优秀的"土专家"和农村致富带头人，把他们培育成专业大户，支持他们创办家庭农场，让专业大户和家庭农场逐步取代"小而散""小而全"的传统农村家庭经营体系，成为农村三次产业融合的基础力量。鼓励和支持他们规模化、专业化、标准化生产，延长产业链条，依托市场需求，发展农产品初加工、地产地销等新型产业形态，促进产供销对接、三次产业融合。四是引导小农户立足本地优势产业和自身优势创办农民合作社和加入农民合作社，发挥合作社对小农户的带动引领作用。鼓励采用"共同出资、共享利益、共创品牌"的方式，依法组建合作社联合社，并做实、做

强、做大，实现可持续发展。重点扶持运行规范的合作社、联合社和示范社，支持合作社发展肉蛋奶、粮棉油、果蔬茶等绿色生态农产品生产和产前、产中、产后各个环节的生产社会化服务，并拓展到植保、农机、电子商务、旅游休闲、民间工艺等多业态多领域，提升经济实力。鼓励引导合作社探索合作社再联合、股份合作、信用合作、土地合作等多种形式，发展生产、供销、信用、互助保险综合业务合作，提升发展活力。五是加大对农村三次产业融合经营主体的财政扶持力度，以加强农业社会化服务、促进适度规模经营、推广新产品新技术为重点，采取先建后补、以奖代补、政府购买服务、担保费补贴、贷款贴息等方式进行扶持。落实各项税收优惠政策，对自产自销的农产品免收增值税；从事涉农项目的所得，减征、免征企业所得税；涉农生产用地免缴城镇土地使用税；建设直接为农业生产服务的生产设施占用农用地，不征收耕地占用税等。

（四）推进土地集中连片流转和适度规模经营，有效解决农村三次产业融合发展用地难题

先进科技成果在农产品生产中应用、农产品质量提高、金融服务提供、品牌培育、市场竞争力提升、生产效益增加方面，都要以适度的经营规模为前提。实现农村三次产业融合发展，核心是优化农村资源配置方式，充分发挥各类新型农村三次产业融合经营主体适度规模效益，延长农村产业链，拓展农村产业经营空间，从而提高劳动生产率和土地产出率，增加生产经营性和农民财产性收入。党的十九大报告提出了"深化农村土地制度改革，完善承包地'三权'分置制度"，要按照"维护集体所有权、稳定家庭承包权、放活经营权"的思路，创新土地流转方式，推进土地集中连片流转和适度规模经营。一是建立以社会养老保险为主体，医疗、工伤、失业、生育等保险全面覆盖的保障体系，完善和发展农村社会保障体系，以农村社会保障取代农民家庭养老和土地保障等生存模式，弱化土地的社会保障职能，解除农民养老之忧、看病之患等后顾之忧，促进土地连片集中流转与经营的常态化和长效性。二是妥善做好农村各类土地确权、登记和颁证等基础工作，建立农村土地产权归属清晰、流转顺畅、保护严格、权责明确的农村产权制度，赋予农民耕地完整的承包权和经营权以及宅基地资格权和使用权，减少土地流转纠纷，为加快土地流转和建立土地流转市场奠定产权基础。三是充分界定土地所有权、承包权和经营权三权的内涵和边界并制定合理的法律法规，维护集体所有权，赋予对农村土地发包、收回、调整、监督等各项权能，在农民利益不受损的前提下，可以采用互换等形式进行调整，集中连片流转和适度经营规模，满足农村三次产业融合主体的需要。四是落实党的十九大报告提出的"保持土地承包关系稳定并长久不变"精神，

稳定家庭承包权，任何单位、个人和组织都不得限制或强迫其流转土地。同时，不论土地如何流转，其承包权都属于农民，让农民放心流转土地。五是放活经营权，推进经营权的资本化、股份化和市场化，引导和鼓励农民采取代耕代种、转包转让、土地托管、租赁互换、土地股份合作等形式，市场化自由流转土地经营权，实现土地集中连片流转，向农村产业融合主体集中和规模经营。六是农产品增值链条设备购置、基础设施建设和物质投入等投入大、回收时间长，切不可在投入还未见效或没有盈利的情况下，流转年限便已经到期，那样谁还去流转土地规模经营。根据规模经营的收益情况，应延长土地流转年限，让农村产业融合主体放心经营，提高土地流转规模经营的积极性。七是推进农村集体经营性建设用地、土地征收制度改革和农村宅基地制度地入市改革试点，保障农民财产权益，壮大集体经济。农村产业融合主体可以通过土地流转市场取得集体经营性建设用地，用于建设农村三次产业融合主体办公用房、新产品研发中心、农产品生产厂房以及原材料和产成品仓储物流等设施建设。同时，也可开展农民闲置宅基地退出、农村土地整治等以新增建设用地，优先用于农村三次产业融合发展。

（五）抓住农业供给侧改革有利时机，加快推进农村三次产业融合发展

振兴乡村离不开产业兴旺。要实现产业兴旺，就必须抓住当前供给侧改革加速、需求侧消费结构升级的有利时机，调整农业产业结构，加快推进农村三次产业融合发展。一是立足实际，发展种养加一体、粮经饲统筹、农牧结合的绿色生态、循环农业，促进花卉和中草药等经济作物、饲草料、粮油棉等种植结构优化协调发展。推进农渔、农林复合经营，发展休闲采摘、林下经济、渔业、农产品精深加工，形成农产品产加销全产业链融合。引导和鼓励农产品加工企业及各类农村产业融合新型经营主体，通过与小农户、种植大户、养殖大户签订直接投资、参股经营等长期合同[25]，发展专用原料生产，推广农产品加工所需的专用优良品种和技术，带动建设一批专业化、标准化、规模化原料生产基地。二是根据本地资源禀赋和农业生产实际，大力发展农产品加工企业，重点加快如特色农产品保鲜储藏、粮食烘储加工中心、果蔬茶加工中心等农产品收储、初加工各环节配套设施建设及优化，提升农产品加工全链条水平。培育农产品加工产业集群，加快主食和传统食品工业化以及新型杀菌、高效分离、绿色节能干燥等关键技术集成升级与应用。开发功能性及特殊人群膳食产品，着力提升农产品精深加工水平，促进农产品生产、加工与养生、健康、养老、旅游等产业融合。鼓励各类企业建立畜禽水产品的骨血内脏、稻壳、秸秆等农副产品开发与综合利用技术体系，实现全值高值利用农产品、农副产品，促进

农业龙头企业、农民合作社等各类新型经营主体与这些综合利用企业有机融合。三是发展观光农业、农事体验农业、创意农业等农业新业态，拓展农业多种功能，推进农业与文化旅游、健康养老、休闲养生、艺术观赏、科技教育等深度融合[26]。四是鼓励和支持新型农业经营主体推广农超对接、农社（区）对接、农企对接等多种模式的产销对接，把鲜活、优质、绿色、生态、有机农产品的直销网点设立在城市超市、社区或郊区，把农产品营销服务网点延伸到乡村街道、农村社区。支持大型农产品生产、收储、加工、流通企业开展托管、专项、个性化定制、连锁等各类专业、多元化流通服务。五是鼓励和引导新型农业经营主体对接全国性和区域性农业电子商务平台，推进大数据、移动互联网、物联网、云计算等计算机网络信息技术向农村三次产业生产、收储、加工、销售、流通、服务等领域渗透和应用，促进互联网等现代技术与农业深度融合。

（六）引导和规范工商资本合理投向，让农民分享农村三次产业融合发展的成果

一直以来，改善农民生活、提高农民收入是党中央最为关注的问题，党的十九大报告里强调促进农村三次产业融合发展，目的就是开拓农民更大的创业就业空间，拓宽他们的增收渠道。在我国促进农村三次产业融合发展，必然要把开拓农民创业就业、提高农民收入作为出发点和落脚点。在实践中，一些地方政府鼓励工商资本到农村发展现代种养业，并提供政策支持，促使其投资的项目也成为农村三次产业融合的"样板"。然而一些农村三次产业融合的"样板"项目，占用当地资源、享受政府政策，有的缺乏辐射带动效应，将农民"屏蔽"在外，导致农民利益边缘化；有的表面上提高农民收益，促进了农业发展，但对本地农业经营主体发展产生了挤兑作用；有的甚至以侵害农民和农业利益为代价，破坏当地的环境、历史文化和农业特色等。因此，在推进农村三次产业融合发展的过程中，鼓励工商资本下乡，给其足够的发展空间，同时，应从制度上规范其行为，最大限度地规避其违背政府支持和鼓励的初衷[27]。一要引导工商资本向农技推广与传播、向新产品开发等小农户做不好或无能力做的农业生产薄弱环节投资，鼓励重点发展技术、资本密集型产业，推动传统农业向现代农业加速转型升级。二要加大对工商资本投资的项目论证与宣传，使农民清楚地认识到工商资本投资项目的影响以及自己可能的选择，从而使农民可以选择最优方案。同时，吸纳农民参与决策，改变农民弱势地位，提高农民话语权，避免工商资本下乡出现短期行为[28]。三要指导工商资本投资的经营主体合理使用农药、化肥等投入品，防止他们掠夺性经营，确保流转的农地质量不下降。严防工商资本搞非农建设倾向性、苗头性现象发生，特别要警惕他们

以建设农业设施为名，擅自改变农业用途，进行或变相进行旅游度假村、乡村私人会所、乡间别墅等非农建设[29]，及时打击污染或破坏租赁农地等违反法律法规行为。四要指导工商资本投资的经营主体采取恰当的方式与当地小农户、家庭农场等农业经营主体结成紧密的利益共同体，提高他们参加农村三次产业融合的能力，确保以小农户、家庭农场等为主体推进当地农业向现代化发展。

参考文献：

[1] 袁金辉. 实施乡村振兴战略的五大着力点 [N]. 学习时报，2017 - 11 - 6 (4).

[2] 李国祥. 产业融合发展是乡村振兴的重要路径 [N]. 上海证券报，2017 - 11 - 18.

[3] 涂圣伟. 实施乡村振兴战略的三大着力点 [N]. 经济日报，2017 - 12 - 31 (8).

[4] 韩长赋. 围绕实施乡村振兴战略 深入推动农村创业创新 [J]. 农村工作通讯，2017 (24)：5 - 7.

[5] 韩晓莹. 演进式视角下农村产业融合发展的中国式探索 [J]. 商业经济研究，2017 (5)：189 - 192.

[6] 国务院办公厅关于推进农村三次产业融合发展的指导意见：国办发 [2015] 93 号 [A/OL].

[7] 洪涛副局长在 2017 年全国农产品加工科技创新推广活动上的讲话 [Z/OL]. 农业部网站：http：//www. moa. gov. cn/sjzz/qiyeju/dongtai/201711/t20171 103_ 5860734. htm.

[8] 2017 年农产品加工业发展持续稳中向好 [Z/OL]. 中国政府网站：http：//www. gov. cn/xinwen/2018 - 02/25/content_ 5268656. htm.

[9] 张红宇. 农民合作社发展迈向新征程 [J]. 中国农民合作社，2018 (1)：7 - 9.

[10] 孔祥智. 农民合作社的 2017 [J]，中国农民合作社，2018 (1)：7 - 9.

[11] 畜牧业发展"绿意盎然" [Z/OL]. 农业部网站：http：//www. moa. gov. cn/zwllm/zwdt/201712/t20171206_ 5966590. htm.

[12] 许剑毅.2017 年服务业稳定较快增长 质量效益提升 [Z/OL]. 国家统计局网：http：//www. stats. gov. cn/tjsj/sjjd/201801/t20180119_ 1575485. html.

[13] 乡村旅游消费规模超 1.4 万亿 成扶贫富民新渠道 [N]. 农民日报，2018 - 2 - 6 (8).

[14] 闫林楠，雷显凯，范旭丽，胡凯. 农村产业融合利益联结机制研究 [J]，农村经济与科技，2017（13）：9 - 12.

[15] 政府工作报告 [R/OL]. 中国政府网站：http：//www. gov. cn/premier/2018 - 03/22/content_ 5276608. htm.

[16] 中华人民共和国 2017 年国民经济和社会发展统计公报 [Z/OL]. 国家统计局网站：http：//www. stats. gov. cn/tjsj/zxfb/201802/t20180228_ 1585631. html.

[17] 张宏宇，杨凯波. 我国家庭农场的功能定位与发展方向 [J]，农业经济问题，2017（10. 上）：4 - 10.

[18] 姜长云. 关于构建新型农业经营体系的思考 [J]，人民论坛. 学术前沿，2014（01. 上）：70 - 78.

[19] 黄秉信. 粮食生产有望再获丰收　农业结构继续调整优化 [Z/OL]. 国家统计局网站：http：//www. stats. gov. cn/tjsj/sjjd/201710/t20171021_ 1544710. html.

[20] 李双双. 我国农村产业融合发展模式分析 [J]，农村经济与科技，2017（3）：38 - 39.

[21] [22] 当前农村经营管理基本情况 [Z/OL]. 农业农村部网站：http：//www. jgs. moa. cn/txjsxxh/201801/t20180105_ 6134218. htm.

[23] 2016 年农村家庭承包耕地流转及纠纷调处情况 [Z/OL]. 农业农村部网站：http：//www. jgs. moa. cn/txjsxxh/201801/t20180105_ 6134216. htm.

[24] 农业部关于印发全国农产品加工业与农村三次产业融合发展规划（2016—2020 年）：农加发 [2016] 5 号 [A/OL]. http：//www. moa. gov. cn/govpublic/XZQYJ/201611/t20161117_ 5366803. htm.

[25] 郑伟，张晓林. 农民参与农村产业融合发展的路径研究 [J]，江苏商论，2017（10）：121 - 124.

[26] 叶兴庆. 新农村要有新经济 [J]，人民论坛，2016（17）：112 - 113.

[27] 高云才. 资本下乡，不能代替老乡 [N]. 人民日报，2017 - 11 - 26（9）.

[28] 王晓毅. 资本下乡也要有个"笼子" [N]. 北京青年，2017 - 11 - 19（2）.

[29] 章林晓. 资本下乡能解决什么 [J]，财经国家周刊，2015（25）.

以农村电商集约发展为途径推动乡村振兴

——农村电商发展趋势、瓶颈、风险探析与建言

赵　曼　程翔宇　朱丽君

农村电商契合了乡村振兴和农业供给侧结构改革的政策走向。它集合了来自高层的政策推动力量、聚集了城乡市场的微观动能，凭借着前沿的移动互联技术，带来无限商机，成为撬动县域经济发展、助推脱贫攻坚、解决"三农"问题的重要推手。目前，农村电商驶上了发展快车道，但区域分化加剧，不断地改变着中国的经济版图。

一、现状描述

（一）整体发展水平

湖北农村电商"线下"资源丰富、"线上"平台发展较快，整体发展水平在全国居于中等略微靠前的位置，农村网购用户数量和本地特产受关注程度等两项指标，在 2016 年均排全国第 10 位；湖北农产品网络销售种类从 2011 年的50 余种，扩大到 2016 年的 1200 多种。全国农村电商的经济版图中，浙江是公认的"带头大哥"，紧随其后是江苏、福建、广东、河北、四川等省。

湖北是电商巨头布局的重点投资区域。阿里巴巴、亚马逊、京东、苏宁、腾讯等相继在湖北省建立全国性总部、运营中心和电商物流中心；本土的潜江潜网、黄商集团、十堰新合作、供销裕农等已具有品牌认可度。

乡镇和行政村的覆盖面快速扩大。农村电商已经覆盖全省各县市区和绝大部分的乡镇和行政村。全省共有 26 个县（市）开展农村电商的国家级和省级示范工作。

（二）内部结构"二八"分化

农村电商市场上有的日进斗金，有的赔本赚吆喝。"二八"分化的分水岭取决于以下两个因素。

一是产业集群支撑。农村电商能否站得高走得远，取决于背后有无产业集群支撑。这种区域性产业集群称为"块状"经济。农村电商"买全国、卖全国"，线上传播无极限，从"零"到无穷大，但是一回到线下就变回实体，面临成本、质量等因素的约束。当地必须得有生产基地和配套产业链，方能够批量连续供货。目前，湖北网销量排序前十的电商货品，均是依托了当地的产业集群，如潜江的小龙虾、秭归的脐橙等。而缺乏"块状"经济支撑的农村电商只有工业品"下行"一条腿，靠电商巨头的补贴维持，还不如副食店赚钱。

二是清晰可行的盈利模式。农村电商的盈利模式"水无定势"，关键是要看得见现金流。因为电商是线上交易，信息或服务免费，获取的只是流量，能否将流量转化为现金流是关键。例如，有垄断性的议价能力可获取渠道利润，有高效的仓储物流可压缩流通成本，有规模效应可获取厂家代理或广告收入等。不是拥有资源禀赋就能够赚钱。资源禀赋就像蔬菜，要加工成美味佳肴并且卖出好价钱，涉及技术、营销、品牌、渠道、客源维护等一系列成本与收益的平衡。以潜江的"小龙虾"电商为例，它的盈利模式为：体系标准化——网点硬件建设的"六有五统一"和平台运营"五星"标准化服务；平台系统化——"两馆两平台一中心"：京东·中国特产·潜江馆、淘宝·特色中国·潜江馆、电商公共服务平台和虾谷360垂直电商平台、潜网物流配送中心；产业要素配置集群化——小龙虾线上线下交易中心引导虾资源由碎片化、无序化向集中化、规范化转移，据此形成产品企业与客户端集聚、交易资金链（期货与现货）聚合、物流配送聚合和电商产业人才聚合四大集聚效应。

二、趋势定位

（一）"五大时间"节点

农村电商起步至今已有23年，有五个重要的时间节点：1995年是中国农村电商发展的起步年；1995-2004年，农村电商由政府主导，从事"信息服务"；2004-2013年进入了"在线交易"，互联网巨头早期布局，政策面则放水养鱼、静水潜流；2014年，农村电商呈现出"井喷式"发展势头，草根创业的快速生长与电商巨头跑马圈地并行；2016年是农村电商从量变到质变的"拐点"之年，整个行业从初期的数量扩张布局期，转换到了"中场"的商业模式与服务体系的创新期，表现为本土平台继续洗牌、电商巨头们中场"绞杀"，比拼的是产品质量、供应链、物流配送和服务品质等"内功"，整个行业核心命题变了，这是把握农村电商发展趋势的关键之点。

（二）政策高位扶持

党中央、政府对农村电商寄予厚望：一是作为"大众创业、万众创新"的载体，激活农村产业发展；二是作为桥梁纽带，促进农村一二三产业深度融合；三是搭起城乡贸易的平台，助力脱贫攻坚；四是通过网络放大市场信号，实现对农产品质量溯源和物流环节的实时跟踪。

县级政府对农村电商的支持不仅仅是"叫卖"本地产品，而是实打实地在政策、规划、协调、公共平台搭建和市场秩序维护等方面给予支持，据此为本地农产品做"信用背书"。

（三）市场主体发力

草根创业的星火燎原、电商巨头的逐鹿中原，勾画了农村电商市场演化的路线，彰显出市场主体发力的轨迹。

阿里巴巴、京东、苏宁等互联网电商巨头携带着资本的力量、技术的优势及其广域平台、渠道和供应链，下乡"刷墙"，抢占农村入口；跑马圈地，深耕农村市场；短兵相接，"站点"一竿子插到村。巨头角逐下的战略地图日日更新，其共性特征是目标明确、路线清晰，面向全国农村布局；核心业务超越了线上交易，聚焦农村流通体系中有关物流配送、冷链、追溯系统、营销、物流配送、人才团队等"难点"；从打基础做起，遵循"线上与线下"结合、"上行与下行"贯通的路径，从前端的交易沿着产业链向纵深延展，重构具有"本土"特色的农村流通体系。

目前，本土的电商平台仍然处于"洗牌"过程中，电商巨头们的平台依然是农产品"触网"的主渠道。

（四）移动互联网铺平"跑道"

农村电商的技术载体就是"智能手机＋互联网＋农村"。农村智能手机市场的集中爆发是在 2016 年。农村青年不一定买得起城里的商品房，但是，对名牌手机的购买热情和购买力不输于城里人。目前，"移动互联网＋"已渗透到了农村每个角落，智能手机是农村青壮年的"标配"，并且 80% 都装有微信。移动互联网可以在很短时间内改变一个偏远乡村，使之不再是信息"孤岛"。例如，通过微信公众号和微信群搭建起属于乡村自己的移动互联网平台，为乡村发展连接了包括情感、信息和财富在内的各种资源。

乡村的移动互联网平台创建之后，畅通了农户下单的通道，销量猛涨。很多电商企业送农民手机，内部植入了农资的 App，教他们如何使用下单，由此掌握了农民的订单入口。而农民一旦"触网"，尝到了甜头，自己就能创造各种机遇。

三、遭遇瓶颈

（一）农产品"上行"难

能够承载农产品上行的四个要素缺一不可：产业基础、质量标准化、网上配送、区域品牌系统。借此，才有更高的辨识度和品质保证，否则，很难在网络评价中得到好评。例如，罗田甜柿常年产量1000万公斤，但是"一家一户"分散经营，缺乏质量标准及分拣体系，通过电商渠道"进城"的不足十分之一。

（二）品牌打造与维护难

品牌背后是一种信任。农产品的品牌忠诚度低，并不是优质不能优价，而是优价未必优质。打破信任危机"魔咒"不易，需要从产地源头抓起，顺着产业链，一环一环地"做功课"。例如，潜江小龙虾电商垂直平台为建构溯源体系，实现"七可"——生产可记录、安全可预警、源头可追溯、流向可跟踪、信息可存储、身份可查询、责任可认定。同时，还可以通过溯源超级码链接到潜江馆和潜江公共服务平台进行查询。上述溯源体系的构建，不仅在硬件上花了巨资，还在一年内培训了5800多人，包括包装、烹饪等多项内容。然而，能够像潜江小龙虾集团那样既舍得花钱、也花得起钱的电商企业不多。

（三）物流配送难

物流配送难，难在覆盖与时效两个变量。这两个变量的综合表现形式是规模"临界点"突破难，致使物流通达率低和配送成本高。物流配送有"站点"，即快递网络上最小的地理节点，快递员依附于站点，可视为移动的节点。农村电商的物流配送有个前提，是要突破需求规模的临界点。因为线上没有节点，可以从零到无穷大，但一到线下就变回实体，倘若没有足够的规模，农村地广、人稀、路况差，运输时间难以压缩，物流配送的成本高得难以承受。我省许多农产品从产区运到县城，其运费比从县城运到北上广深还要贵。

农产品电商需要拥有完善的物流配送和供应链管理，例如，冷链技术强、仓储布局合理、品类标准化、用户配送时效好等。然而，目前顺丰、"四通一达"（圆通、申通、中通、百世汇通和韵达）等国内民营物流快递巨头们的营业网点只设在县城，最多投递到人口密集的农村集中居住点，电商的快捷优势大打折扣。此外，也与物流快递的商业模式有关，除了顺丰是直营制，其他快递都是站点加盟制。加盟制是按单结算，站点和总部之间没有隶属关系。站点要赚钱，需要货源，只有县域经济发达地区，电商小货主集聚度高，才足以支持站点运转。阿里巴巴农村电商项目算过一笔账，近半年旗下淘宝村站日均订单仅11单，订单数不足，导致承运公司平均配送一个包裹成本比城市高3.5元左右。为了维系农村物流的正常运转，阿里巴巴对工业品下行每单给予 EMS 等第三方物流公司 3.5 元的补贴，对农产品上行每单给予 5 元的补贴。补贴摊薄了原本就不丰厚的电商利润，本身也不具有财务可持续性。

（四）人才团队组建难

农村电商对人才结构的需求跨度大，要有懂农业标准化生产、互联网、农产品包装检测、物流管理、销售策划和宣传推广的。这些人才单个容易找到，但是要凑成一个团队则很难。农村电商人才供应先天弱势，农村及县域地区普遍缺乏电商运营与服务人才，通过各层级的大规模培训可以在一定程度上缓解农村电商人才短缺的难题，电商巨头也各自出招，淘宝有"淘宝大学"，京东有"大学生合伙人创业计划"，都是抢夺人才，鼓励大学生回乡进行电商创业。总体上看，目前仍缺乏涉农电商人才的可持续供应机制。电商人才供不应求，开口就要求 30 万年薪，企业承担不起。

（五）需求端激活难

家庭中的买菜权至今掌握在妈妈、奶奶辈的手里，她们更倾向于去线下购买食材与生鲜，而电商的目标群体则是"靠互联网生存"的 80 后、90 后、00 后。采购权的更替苦苦等不来，需求端难以激活。

四、面临风险

（一）市场流通风险

我国的农产品流通市场上，游资炒作的"猪周期""蛋周期"等，使大宗农产品价格如同"过山车"，商业种养殖业不像做实业，更像炒股票或"击鼓传花"游戏，养不养、养多少，卖不卖、何时卖等，均变成了与各种"周期"对抗的过程，一旦倒下难以爬起。规避各类周期，必须同时具备两个条件——需求增长稳定和供给主体集中化。目前，这两个条件均不能满足。

（二）涉农产业风险

一是投资大、见效慢、周期长。涉农产业既要建立稳定的原料基地、生产加工基地和仓储、物流等设施，又要准备大量的农产品收购资金，还要面对气候、疫情及价格的周期波动等。

二是上游供应商和下游客户难以搞定。上游和下游两端的人群构成均高度分散、一盘散沙，并且对价格的敏感度高。上游的农民诚信意识和履约能力较低，难以建立稳定的供应商体系；下游的消费者品牌忠诚度低，难以建立忠诚的客户群。

三是竞争者众多且替代品威胁大。农业资源高度分散，同行竞争对手多，小区域范围内产业结构易于趋同，供求反转快，价格下跌，家家亏损；消费热点不断转换，价格波动大。农产品易于遭遇价格"天花板"和成本"地板"的双向挤压。

（三）融资风险

资金是遏制农村电商的瓶颈。电商巨头们的互联网金融，如"蚂蚁金服""京农贷"等，都是立下了功劳的。但是，农村金融的主渠道——银行系统，依照其服务理念和机制铸成的渠道，银行资金难以流向小微型的农村电商从业者。

1. 银行方的问题

一是银行有苦衷。农村缺乏有效征信，"老赖"太多，若经营失败，借款人跑路，追款太难。农村电商从业者过不了银行"风控"关。

二是大型商业银行根本不介入农业及返乡农民创业，县以下营业网点收缩，信贷审批权限上收，基层银行类同储蓄所。

三是村镇银行、农村商业银行，虽然承担了部分支农责任，但在历年来贷款风险高发的背景下，积极性不高。

四是小贷公司、担保公司、资金合作社等，缺乏有效的地方监管，经营失范，提供贷款有限，甚至把自己搞死。

五是近年来新出现的一些面向农村项目的互联网金融组织，由于先天不足，环境不佳，没有形成稳定的模式。

2. 贷款方的问题

一是农村电商从业者，符合"可贷款"条件者不足。其使用的土地，虽系流转性质，但不能成为金融机构融资的抵押物。

二是找不到合适的担保人，甚至属于没有任何信用记录的"空白户"。经营规模小，即使以合作社的名义捆绑贷款，也难以贷款。

五、体制掣肘

（一）无序竞争与重复建设

目前阿里巴巴、京东、苏宁等全国前十大品牌的电商巨头均在湖北落户和布局。这些电商巨头在与政府关系上的处理堪称"完美"，几乎每次行动都会得到县市政府的配合与助推。然而，它们进驻农村，又都是单打独斗，自建村级服务中心，无论是物流配送、产品加工，还是人才培训，也都是自成体系。如钟祥市洋梓镇汪李村，已有5个不同平台的电商村站扎堆，分别来自淘宝、华远通、供销社等平台，有的村级站点相距仅几十米。重复建设造成了运营成本居高不下。

（二）市场资源整合不够

大宗特色农产品上行的市场主体有生产商、服务商和渠道商，其间的分工协作应该是：生产商做好线下的产品；服务商做好线上的流量以及线下的物流配送和客服；渠道商依托平台做好销售；政府提供赋能支持。目前的状况是，市场主体之间抱团不够，各类资源没有有效集聚。冷链与物流在部分地区，线下与线上还处于分割状态，没有有机统一。

（三）政府与市场的边界不清

有些基层部门对农村电商发展中哪些该交由市场决定，哪些该由政府来管，以及用什么方式管等缺乏清晰界定。

一是对自身职能边界缺乏准确定位。"裁判员直接下场踢球"。例如，对不同的市场主体采取差别政策，政策优惠待遇厚此薄彼，甚至明确表态支持某家大型电商平台等，破坏了市场公平，伤害了部分电商的积极性。

二是政策的碎片化和政策逻辑"打架"。与农村电商相关的部门近 10 个，往往立足单个部门进行独立的政策设计且分散发布，既缺乏聚焦、统筹、协调，也导致同一事项的政策交叉重复，或者是价值取向不兼容、统计口径不一致、评价标准宽严失度等。

三是政策优惠的靶心错位。如政策支持的重点偏重于工业品下行而非农产品上行。甚至，对农民电商创业缺乏引导，一哄而上。

四是政策虚多实少或有盲目性。例如，在仓储物流基础设施、质量检验检疫检测、公共服务平台、产地标准化建设、市场监管等关键环节上的规划引领不够，盲目建设电商园区，致使大量空置；有的人借此低价拿地，或将返乡创业作为套取补助的"油套子"等。

六、对策建议

（一）立足体系建设，绘就战略"地图"

2016 年，商务部提出了一个"补短板、重上行、促竞争"的"九字方针"，反映了农村电商供给侧结构性改革的政策价值取向。农村电商作为一项战略性新兴产业，应当从发展模式、目标、步骤、重点等各个层面进行整体部署，将其与"十三五"规划、城乡一体化规划、产业发展规划、脱贫攻坚规划、主体功能区规划、"双创"规划等相衔接，统筹规划、科学布局。

（二）政府与市场各就其位

政府的有形之手要在规划、标准、培训、基础设施和公共平台搭建、市场秩序维护、协调联系、排忧解难等方面提供赋能支持，服务模式创新，服务下沉到农村；在市场有效领域要坚决地"放手"，不能既当裁判员，又当运动员，更不能代替"运动员"。

（三）市场主体要有基础分工

生产商、服务商、平台商和渠道商都应该厘清自己的市场定位。

如生产商应根据市场的数据信息，专注提升产品的质量与市场竞争力；服务商应打造产品互联网化能力，通过互联网平台，进行跨区域全渠道销售，把产品卖出更多更广，从而实现溢价增收。

（四）尝试农村电商服务"机场模式"

"机场模式"是指一个地区建一套能够开放接入、资源共享、一网多用的农村电商服务"机场"，向所有外来的或本土的电商企业开放。就像中国东方航空、厦门航空等航空公司都成为天合联盟成员一样，其所属航空公司在法律允许的条件下实行联合销售、联合采购、降低成本，充分利用信息技术协调发展。目前的电商巨头都是自建一套三级服务体系，各自为战、互不开放，造成了很大的资源浪费、恶性竞争。

安徽"怀远模式"是一个成功案例。淮商集团依托"万村千乡"市场工程基础，开放对接各大第三方电子商务平台，整合农产品溯源，标准化、品牌化建设，物流配送、数据统计等服务资源。

"一网多用""多站同台""一点多能"。目前，各个村都有政务中心，并且能与银行、保险、电信等端口联网，建议其与电商村淘、村级服务中心统筹，资源共享。例如，钟祥市实行农村电商与村网格化中心的平台共建、队伍共用、信息共享和服务共推，犹如十层楼上加盖两层，将村民服务需求"一网打尽"。

（五）破解农产品"上行难"的难题

一是深化省级层面与电商大平台的战略合作。电商巨头的平台对于促进农产品上行，解决"卖难"方面着力不多，而市、县两级在与这些大平台的巨商合作谈判中处于弱势地位。建议在省级层面与电商巨头签订战略协议，明确双方在促进农产品线上销售方面的权利义务及其落实举措，并加强监督评估、严格考评、奖惩兑现。

二是实施特色农产品质量"标配"工程。特色农产品不是普通农作物。那种无商标、无品控、无包装、无溯源体系的农产品是卖不动的。建议政企联动，建立符合线上电商产品需要的包装、质量监测、身份标识、售后服务等支撑体系，加强冷链物流、检验检测等公共设施建设。

三是实施大宗特产品牌化营销战略。组建专业团队，对当地大宗特产，尤其是国家地理标志保护产品进行全方位打造。包括商标注册，统一标准、统一品牌、统一推广，严格市场监管等。实现大宗特产的质量标准化、品牌化、环保化全覆盖。

四是实施电子身份认证的溯源体系。对特色产品进行一对一的电子身份认证，建立生产、包装、检验、销售、运输全程溯源体系，确保产品品质和品牌声誉。

五是完善分销平台。引进专业公司，依靠合作社和村级电子商务服务站，建立农产品集中仓储、集中分拣、品控把关的全网营销和网货分销机制。

（六）破解物流配送规模"临界点"难题

一是政府助力创造需求和集成需求。如推动城市物流链向农村辐射和延伸，让物流企业有钱可赚；支持顺丰和"四通一达"等具备海运、陆运、空运等综合配送能力的骨干物流企业，在贫困地区投资建设标准化仓储设施和电子分拨中心；推进"乡镇快递超市""村邮站"等基础设施建设，提升贫困区域电子商务综合配送能力。

二是建立第四方专业物流基地。此举可视为"机场模式"的一个子项。该基地建在县城或者是人口密集的中心镇，将"人、货、场"信息集聚起来，负责所有电商平台在该区域的产品配送和收集。下乡的电商巨头没有必要自建物流团队，它们发往农村的货可由所经基地配送，也可以与村委会合作，选代表作为一个村或几个村的快递员。第四方物流，既解决大宗商品配送问题，又解决小件商品快递问题。

（七）精准施策于融资难和融资贵

当前加强银行监管和化解金融风险，国有商业银行和股份制银行都难以为农村电商提供融资，而各类小额贷款公司、担保公司等本身存在资本金不足或运营不尽规范等问题。要破冰农村电商"融资难、融资贵"的"最初一公里"，更需要分类分层，精准施策。

大型农村电商的产业和信用基础较好，现金流充沛，且融资渠道宽，如银行贷款、政府设立的创投引导母基金、风险投资、产业基金，以及借道资本市场，登陆四板、三板、创业板等。而中小微农村电商的融资，需聚焦可行性高且成本较低的融资路径：

一是互联网金融。互联网金融多为直营银行，无须设置物理网点，网络直销模式将审核与贷后管理成本降至最低，而"交易可能性集合"大为拓展，对应中小微农村电商的短期贷款为主、资金周转快的特点，风险和收益易于平衡。例如，网商银行最大的股东是阿里旗下的蚂蚁金服，本身就为淘宝村提供网商贷、旺农贷等便捷的融资产品。

二是区域性银行（农商行、民营银行、社区银行等）转换经营模式。温州民商银行身处曾经的不良贷款高发区域，它却在 2015 年开业当年就实现盈利。其招数是"三稳"的信贷准入、"三问"的风控标准、"三带"的营销模式："三稳"就是"家庭婚姻稳固、经营利润稳定、投资方向稳健"。"三问"指"问人品、问流量、问用途"。问人品——查银行的个人信用报告，区分"黑白名单"看客下菜；查法院公示，有没有诉讼案件；查有无吸毒和赌博史。问流量——通过企业和业主个人的银行对账单了解现金流情况。问用途——了解订单与产能提升情况等。"三带"指面向"产业集群、商业圈、供应链"，实施"一带一群、一带一圈、一带一链"的批量化金融服务。"三带"模式通过园区管理者、核心企业提供的各种信息和数据对小微企业存在的风险进行"可视化"判断。

"土标准"很管用，借此还可建立企业现金流量跟踪、信用行为轨迹预判、贷款用途控制等多种风险控制模式，改变以往"走过、看过，就调查过"的传统调查模式等。

（八）品牌致胜需多管齐下

一个农村电商货品的销量，最终取决于品牌的质量、价值与服务。这是因为，线上的评价系统是一把筛子，能够活下来的都是产品和服务过硬，并在持续的曝光中赢得了用户口碑和认可的品牌。

一是科学找准品牌定位的盈利点。盈利点，即能够产生现金流的盈亏平衡点。据此应将企业资源集中在已有的优势细分市场中，集中形成客户的黏性，维持细分市场的主导地位，保持细分市场上的定价权、话语权和谈判地位。

二是慎用薄利多销策略。价格竞争不可避免，前提是应有一个品牌体系做统领。价格战是一把双刃剑，眼下在市面上卖得好的货品并不都是薄利的。过分强调低价格、低质量、低成本，没有钱搞投资、研发和客户管理，实际上是对品牌品质的破坏，必须加大品牌创新、提升的力度。

三是健全保障质量的标准体系。农产品质量标准体系是保证产品质量的基础与前提，而农产品质量标准监控难度远远高于其他行业。鉴于线上的产品市场口碑是农村电商的生命线，应从源头抓起。具体路径：其一，应将生产过程转换成规范、详细、数字化的技术操作规程；其二，强化产供方责任，以合同方式明确各自责任义务，强化产前、产中、产后的服务，引导农民统一种植、统一施肥、统一防治、统一采收。其三，全程打造可溯源的质量控制体系，并以效益和标准为基本尺度进行全程监控和严格考核，确定产品过硬的品质品牌。

四是打造顾客价值链。顾客价值链超越了客户关系维护的层面，是真正的"摇钱树"。关键是生产、经营者尤其是营销者应找准消费者对本类产品最不满意的是什么，尚未消费的原因是什么，找准了原因抢占市场的突破口。事实上，只有饱和的产品，没有饱和的市场；只有当顾客价值链不断地拓宽并且向纵深发展，才能找出被掩埋的，或者潜在的、新的创利空间。

（九）强化电商人才团队的建设

一是缓解农村电商"一将难求"的瓶颈约束。做电商的人群，以年轻的创新创业者居多。这一群体更为看重的是职业成长平台的大小、创新氛围的"气场"强弱和团队支持的配合度高低等。解决此问题的路径有三：其一，企业要有成长性，没有前途的企业是留不住人的；其二，企业领导人要有宽广的胸怀，感情留人靠的是志同道合；其三，激励相容的分配机制，包括股权激励。

二是纠偏"只开花不结果"的无效培训。以前的培训大多存在专业不对口、培训没成效、服务不彻底等弊端。建议推动"四个对接"：专业与产业对接、教学过程与生产过程对接、人才培养标准与企业用人标准对接、专业课程内容与职业要求对接。

树立品牌强农理念，推动品牌做大做强

汤学兵　乔倩影*

改革开放 40 余年来，我国已经进入中国特色社会主义发展的新时代，这既为我国传统农业迈向现代创造了大好时机，也是我国农业进入质量兴农、品牌强农、绿色发展的关键时期。湖北素有"千湖之省"的美称，湖泊面积达 2983.5 平方千米，除了长江、汉江主干流，还有各类河流 4000 多条，水源充沛，气候条件优越，具有发展品牌农业的大好条件与基础。近年来，湖北积极响应质量兴农、品牌强农的号召，采取了一系列推进农产品品牌建设的措施，使全省农产品品牌建设迈上了新的台阶。但是，湖北农产品品牌面临着全国知名度有待提升、品牌附加值不高等诸多难题，亟待解决。

一、湖北农产品品牌建设已取得的显著成就

一是成效显著，农产品品牌数量不断增加。近年来，湖北坚持政府引导、市场主导、企业主体原则，积极推进"区域公用品牌＋企业产品品牌"建设目标，大力强化农产品品牌建设。截至 2017 年底，全省共创国家级、省级"三品一标"标准化生产基地 44 个，面积 415 万亩；"三品一标"企业达 1994 家，"三品一标"产品总数达到 4518 个，总量位居全国第五；地理标志数量达到 346 件，居全国第三、中部第一，种类涵盖蔬菜、水果、粮油、药材等；我国公示的全国名特优新农产品共有 696 个产品，湖北有 43 个产品。湖北还有潜江小龙虾、蔡甸莲藕、宜昌蜜橘、武当道茶、随州香菇等 5 个优势特色农产品。

二是示范带动，新型农业经营主体发展迅猛。实践证明，农业专业大户、

＊ 汤学兵，华中师范大学经济与工商管理学院副教授。乔倩影，华中师范大学经济与工商管理学院。

家庭农场、农业企业和农民合作社等经济组织作为品牌的孵化和培育基地，对推动品牌建设及管理有着十分重要的作用。截至 2018 年 7 月，湖北省登记农业市场主体 2.57 万户，专业大户、家庭农场、农民合作社、农业产业化龙头企业等达 20.7 万家。截止到 2018 年 12 月底，湖北省农业产业化国家重点龙头企业有 48 家，其中 13 家企业跻身 2018 年中国农业产业化龙头企业 500 强。2019 年湖北省农业产业化龙头企业 9 家入选 500 强榜，排名及营业收入相比 2018 年有较大提升。龙头企业引领农业产业融合、带动农民脱贫增收能力显著增强。2016 年，龙头企业带动农户从事农业产业化经营增收 426 亿元，安置农民就业 35.6 万人。2018 年湖北有 6 个合作社申报的区域公共品牌上了全国名特优新农产品排行榜；有 11 家合作社参加了 2018 年举办的全国新农民新技术创业创新博览会。2019 年，湖北有 58 个合作社进入了全国农民合作社 500 强榜单。

三是制度培育，不断优化品牌建设发展软环境。近年来，湖北高度重视品牌强省、品牌致富战略，积极推进湖北省农产品品牌建设。每年发布的涉农规划都从不同角度提出了推进湖北农产品品牌建设的具体思路，发展环境不断优化。如 2017 年前，省政府提出了通过拨取和筹集专项资金，扶持品牌建设主体、提升农产品质量、实施"一县一品"等发展举措；2017 年发布的《省人民政府关于印发湖北省农村经济发展"十三五"规划的通知》进一步细化了全面实施农产品品牌战略的具体路径；2018 年湖北省首次组织湖北农产品区域公共品牌的网络评选，规范农产品品牌评价方法，并通过各类线上线下的品牌评比活动提高公众对农产品品牌的认知度和敏感度，进一步提升农产品品牌的竞争力与影响力，首次组织选出了湖北农产品区域公共品牌网络评选二十强和湖北省农民合作社十大品牌。

四是安全保证，着力完善农产品质量安全标准体系。湖北近年来围绕农产品种植、加工、流通等重要环节构建了科学的农产品质量安全标准体系，制定了农田高标准建设体系；健全了农产地环境保护管理制度，开展各类产地的环境调查和管理工作，在源头治理、农业基建、农产品安全等方面的标准研制上加大了力度；健全了农产品质量安全认证与食品安全监管，推动农产品检测和检测体系的进一步完善；深入开展国家级和升级农产品质量安全示范县的创建，并采取了一系列措施加快建立农产品追溯体系，加强农产品检测预警评估。2017 年湖北省农产品质量安全监测数据显示，农产品合格率高达 99.4%，居全国第一位。作为湖北省第一批国家农产品质量安全试点城市的松滋市，将农产品质量安全纳入了全市的"十三五"规划纲要，全面推进农业标准化生产，制定的标准化操作过程涵盖 39 种产品，使该市农产品质量水平显著提升，连续三年在荆州市考核中位居第一。

五是方式多样，不断丰富农产品品牌传播方式。为了打破省域之间的农产品过度竞争态势，湖北在品牌传播方面进行了多方位的尝试，推动品牌农产品从"养在深闺无人识"到"遍布天下有人知"。其一，积极承办和参加线下各类农博会、推介会。湖北省政府积极组织举办武汉农博会、汉江流域农产品博览会、荆州渔博会等，协调各市持续宣传推介，打响湖北农产品招牌，拉长产业链，推动一二三产业融合。2018 年以"品牌创新·绿色发展"为主题的第十五届中国武汉农博会首日签下 140 亿元大单。其二，充分利用"互联网＋"品牌传播新方式。湖北省省级 12316 全省信息综合服务平台全新开放，并且配套开发了手机 App，在该网站上有五个板块，分别是益农社、益农资讯、供求发布、品牌发布和休闲农业，通过该平台农户不仅能够直接查询到所在地的益农等最新政策，了解到各类农产品的价格和供需情况，还可以发布自家产品的信息等等。湖北还加大了与阿里、京东生鲜、拼多多、云集等网络销售平台的合作力度。2017 年湖北省农村电商销售额突破 435 亿，相比 2014 年增长近 6 倍，洪湖莲藕、潜江小龙虾、秭归脐橙、英山云雾茶等湖北省本土品牌农产品陆续进入消费者视野，出现在消费者餐桌上。截至 2018 年，湖北农产品在淘宝天猫平台销售的特色农产品有 156 种，排名全国第三。另外，湖北农产品还踏上线下销售新平台——阿里旗下的盒马鲜生店，将首个新零售供应链中心落户湖北。湖北正在创新实施"乡村旅游后备箱工程"，旨在引导城市居民下乡旅游，直接品尝名优农副产品，在返程时能够带回当地的特色名优产品。其三，借助专业平台的理念和方式打造包装品牌。如通过专家平台评审确立了武当道茶的品牌价值及宣传口号"朴守方圆·循心而行"，并设计了品牌标识和包装，使 2018 年武当道茶以 25.03 亿元的品牌价值蝉联全省品牌之首。

二、当前湖北农产品品牌建设面临的主要问题

一是品牌虽多，但竞争力不强。目前湖北农产品品牌数量非常多，但是缺乏真正在全国叫得响的品牌。知名度不太高，尤其是农产品的附加值难以提升，品牌溢价难以变现，品牌深度难以挖掘。在 2018 年的果品品牌价值评估报告中，有 121 个果品区域公用品牌参选，湖北省入选的果品品牌只有宜都蜜柑、罗田板栗、秭归脐橙、百里洲砂梨、秭归夏橙和秭归桃叶橙 6 个，数量不占优势，而且品牌价值排名比较靠后，跟陕西、山东、甘肃果品类强省相比，相差甚远。上榜的 6 个产品品牌价值共计 82.72 亿，还没有第二名库尔勒香梨的品牌价值高。而 131 个果品商业品牌，湖北果品企业更没有一席之地。由此可见，

湖北虽然农产品品牌数量多，但品牌附加值、竞争力和影响力都较低。而部分农产品品牌拥有者，忽视后期品牌管理，创新能力差，品牌经营管理能力较弱。

二是深加工滞后，产业链条亟待完善。湖北新型农业经营主体与成熟的工商业主体相比较，实力弱、带动能力不强。全省40%的耕地是由农业合作经营主体及农场来负责经营管理，但仍有60%的耕地由承包农户经营。而农业加工企业技术投入不够、创新意识不强，在农产品加工、保鲜、贮藏、运输等方面还比较落后，大都停留在粗加工层面，精细加工、深度开发投入甚少，使其产品价值、竞争力、品牌溢价收益难以提升。虽然湖北农产品加工业与农业总产值，由2010年的1：39提高到2015年的2.45：1，有了很大进步，但仍远低于发达国家4.00：1的水平；而在加工产品结构方面，高附加值的深加工产品偏少，湖北省农产品综合加工率约为67%，精深加工率仅为18%，与农产品加工发达国家的90%的综合加工率和60%的精深加工率还相差甚远。如让湖北省引以为傲的水产养殖业，2017年湖北淡水养殖面积和淡水加工品总量居全国第一，淡水养殖产值、淡水捕捞产量、内陆机动渔船拥有量、渔业从业人口居全国第二。但湖北在水产品加工方面的效率非常低下，湖北省水产品加工总量占水产品总产量的24.57%，低于全国水平（34.08%），更是低于山东（80.57%）、辽宁（51.07%）、浙江（35.05%）、江苏（32.31%）等省份。而附加值较低，尤其是鱼糜和冻鱼等初级类产品价格更低廉，多被低价收购后再加工成原料，降低了湖北淡水产品的市场竞争力和话语权。

三是监督机制不健全，品牌质量安全亟待筑牢。其一，各地区监管乏力，部分地区只盯着农产品的产量，质量监督不到位，绩效考核落实难。还有一些地区缺乏人才和经费支持，农产品质量安全监管体系建设不到位。如荆门市全市7个县市区只有19个监管人员，工作经费只有76万元，甚至有两个区没有工作经费；全市有63个乡镇及办事处，监管人员却只有2-3人，经费只有2万—3万元。其二，部分农产品产地污染存在安全隐患。据检测结果显示，湖北有少数土壤受到重金属的污染，部分地方的工业"三废"、生活、农业废弃物等对农产品产地存在不同程度的污染，这必然给当地农产品质量安全带来极大隐患。其三，农产品质量安全追溯平台建设不完善。湖北省农产品安全质量追溯平台引进生产主体32家，入网农产品103个，"三品一标"产品103个，但检测机构、农产品批发市场、超市零售店、电子商务网站均未入网，发展缓慢。可见，湖北与浙江（截至2017年底，可追溯产品560种，可追溯主体达15140家）、山东（基地和家庭农场1200多家，镇级、村级检测站分别为80、300个，种植大户约50000户）等省份的质量安全追溯平台建设差距较大。

四是缺乏精准营销思维，品牌传播力度不够深入人心。湖北虽已建立了线上线下丰富的品牌传播方式，但还比较粗放。其一，政府网站宣传不及时。省政府门户网站及农业部门等官方网站上还未建立农业品牌相关专栏；湖北农业12316网站里的品牌农业专栏更新极少，页面排版不完善，网络信息即时性差，信息传播缺乏针对性和时效性，使消费者难以很快了解品牌农产品发展的情况。其二，借助网络新媒体宣传力度不大。在中国农业新闻网里的农业品牌专栏中，宣传湖北农产品品牌的文章甚少。而目前网络使用群体中大多为20－29岁，占比27.9%，其社交平台大多是微博、微信、抖音、网络直播等平台。目前正是口碑时代，只要抓住这个年龄段的需求，采取"口碑＋网络传播"的方式，品牌价值势必会发生裂变。但是湖北没有及时根据受众群体年龄的变化创新品牌传播的方式，甚至在新媒体平台上也很少出现湖北品牌农产品的身影。其三，集中联合宣传合力不强。湖北省农产品品牌数量较多但同质化严重，更没有有效组织各方力量集中宣传区域特色农产品品牌，呈现出各自为政、过于分散之势，未形成合力。

五是产权保护力度不够，品牌维护不力。湖北很多农产品品牌由于同质性突出，在销售时没有完好的包装和标识，出现无品牌产品"蹭"品牌现象，既侵犯了品牌所有者的权益、挫伤了品牌创立者的积极性，还使消费者对品牌农产品产生信誉危机。如潜江小龙虾品牌多次被假冒，严重损害了其品牌形象。更有甚者造假名牌酒，既严重损害了品牌声誉与利益，也说明了湖北品牌保护机制和品牌权益维护机制不健全。另外，湖北食品老字号品牌较多，但是大多数没有进行品牌的维护和更新。随着新时代的到来，人们对产品的质量、包装、口味和服务的需求随着时代变化而变化，更注重品牌的质量性、文化性、体验性、营养性等需求，而部分老字号没有与时俱进进行深入研究和及时创新，形成以消费者主体为导向的经营理念，面临着被收购的命运，甚至破产危机。

三、当前消费者对湖北农产品品牌的认知特征

为了了解当前消费者对湖北省农产品品牌的认知度和消费情况，本课题组采用网上问卷调查的方式，于2018年12月到2019年1月对消费者群体进行抽样调查，共回收232份问卷，问卷有效回收率为97.0%，问卷结果显示：

第一，品牌知晓率低，购买人数少。调查结果显示：其一，对湖北本土农产品品牌认知度较低。据调查，了解很少及完全不了解的被调查者数量有137人，占比60.89%，只有2.67%的被调查者对湖北省品牌农产品十分了解，有33.33%的被调查者说不出一个湖北省农产品品牌。这说明消费者对湖北农产

品牌了解甚少，品牌推广力度急待进一步强化。其二，对湖北本土农产品品牌认可度不强。据调查，从未购买过湖北农产品的比例多达20%，经常购买的比例才9%，这也从侧面反映了湖北品牌农产品的销售并不乐观，没完全受到消费者的追捧。

第二，品牌质量第一位，再购比例较高。产品质量和口碑是消费者购买品牌农产品的主要因素。据调查，在购买湖北省品牌农产品的原因一项中，占比最高的选项是产品质量好、味道好（占49%）；其次，是口碑推荐（占37%）；再次是价格合适、包装好、方便购买、品牌知名度高。这有力地说明消费者选择农产品时，将产品的质量和味道摆在第一位。也说明口碑的力量极大，甚至超过了价格选择，可见现代社会口碑的力量巨大。而品牌排在第五，说明湖北品牌消费的意识还不强。但是调查结果表明，购买过湖北品牌农产品的消费者回头率较高。在179位购买过湖北品牌农产品的消费者中，有174位消费者愿意再次购买，只有5名消费者表示不愿意购买，这说明湖北品牌农产品具有很大的吸引力和购买潜力。因此，增大初次购买率对于湖北品牌有着极大的影响力。据调查显示，超市购买和网上购买成为销售的主渠道，占比达67.55%。

第三，价格包装适度，消费潜力巨大。调查结果显示消费者非常在意农产品质量而不是价格。当前消费者在消费农产品时首要考虑的是质量问题，特别关注绿色无公害产品，也就是无污染的高质量农产品。品牌被放在了第五，这说明消费者增强品牌意识，还有很大的空间。而价格包装则被放在倒数第三的位置，说明随着人们生活水平的提高，消费者在消费农产品时不再将价格作为主要因素考虑，消费观念有所转变，更加注重品牌质量，调查结果也显示湖北省品牌农产品消费潜力巨大。而从消费者购买品牌能力来看，每月购买品牌农产品的花费在300元以下的占比64.44%，更说明购买我省品牌农产品的消费还有巨大的潜力可以挖掘。

第四，消费需求差异扩大，精准营销要强化。农产品消费存在显著的性别差异和年龄差异。调查结果显示，女性比男性更注重产品营销和服务的感受，更青睐有好包装、有档次的农产品，更注重购买的便捷度。而男性购买农产品时则更考虑的是产品的文化内涵以及合适的价格。随着年龄的增加，质量对于其选择的影响更大。品牌的影响随着年龄的增加逐渐加大，除了21-30岁阶段，口碑的影响随着年龄的增加逐渐缩小。高学历更注重产品的包装，低学历更注重产品的价格和品牌。学历在初中以下的消费者在购买品牌农产品时不太注重产品的营销和服务及其文化内涵，但注重的是品牌、口碑和价格。好看、有档次的包装随着学历的增加对消费者的吸引力也更大。高收入者高度关注品牌价值和营销手段。年收入越高的消费者在购买品牌农产品时越注重产品的质量、营销、服务及口碑，也注重产品价格合适度。

第五，品牌认知有偏差，宣传力度需加大。消费者对湖北品牌农产品的数量和知名度认知有偏差。湖北省"三品一标"数量在六省中排名第二，但是在大多数被调查的消费者的心目中，湖北的品牌农产品却与其他五省市数量相差不大，这说明消费者对湖北省的品牌农产品质量和排位不熟悉，知之甚少，出现认知偏差。长此下去，将导致不被消费者所认识和关注的农产品滞销，影响湖北农产品品牌培育和发展的力度与效果。

四、推动湖北农产品品牌做大做强的具体思路

2019 年初湖北制定了"湖北省农产品品牌三年培育方案"，提出了要按照"市场主导、企业主体和政府引导"原则，加大全省农产品品牌培育工作，实施农产品品牌培育"222"行动方案，提升全省农产品品牌竞争力和附加值。但是，品牌建设不是一蹴而就的事情，必须按照"久久为功"的理念，筑牢农产品品牌建设发展的基石，循序渐进地加大品牌建设的力度。

一是精准高端设计，重塑品牌形象与声誉。应重点抓好四大工程。

其一，坚持规划先行，狠抓品牌设计与策划工程。湖北应建立专项基金，采用市场运作方式，重点扶持一批经济实力强、富有创意的农产品品牌形象设计公司，激励其提升我省农产品品牌形象，增强时代感、前瞻性和特色性，改善湖北农产品品牌包装简陋、不注重特色的弊端，通过创新、艺术、科技等包装设计策略把湖北农产品绿色、生态、健康、无添加、无污染的特点体现出来，并充分利用我省高校众多的优势，设定特定活动日，推进企校合作，联合举办农产品品牌包装设计大赛活动，加强交流合作与策划，共同增强包装意识、提升包装设计水平和产品辨识度。

其二，充分利用"互联网＋口碑"的方式，打造湖北品牌农产品"网红"工程。在当前移动互联网快速发展的新时代，信息碎片化、媒体多元化、用户个性化已是发展现状及趋势，分享、互动、体验成为营销传播热点。如能利用"互联网＋口碑"的方式，能够引发链动反应，容易将品牌农产品打造成"网红"。如：通过手机 App 平台，开通农产品品牌账号，利用微信、微博等自媒体平台发布品牌农产品的质量、价格和特色等信息，发布购买方式，与网民产生良性互动；通过在抖音、快手等视频 App 上发布品牌农产品的拍摄视频，拉近生产者和消费者之间的距离，引导消费者全面了解体验品牌产品，从关注热点到购买消费，逐步提升品牌对客户的黏性与认知忠诚度；还要讲好品牌故事，选择重点品牌打造成纪录片、影像视频，使品牌故事充满温度、产品更富有感染力。

其三，适应需求需要，完善乡村旅游基地建设工程。充分利用乡村旅游蓬勃兴起的契机，完善乡村旅游基地建设内容，引导游客通过体验、品尝等方式提升对农产品的品牌热度和价值效应，实现自身对乡土的眷恋之情和个性化要求，进而提升品牌价值的效应，加快推进全省乡村旅游基地建设，扩大口碑效应，带动当地特色优质农产品品牌的传播与销售。

其四，深化多种途径，强化传统品牌推广工程。应坚持线上线下，多种形式与途径，加大传统品牌推广工程。要继续高质量举办武汉农博会、荆州渔博会等规模性的重大农业博览会、推介会，让更多湖北品牌产品能够上会亮相，提高其知名度与声誉。要积极组织和支持各品牌农产品、农业企业参加全国各类农业博览会、发展论坛、展销会、交易会、论坛等，与全国各地的农业经营者进行产品、营销、技术、包装等各方面的交流和沟通及品牌价值评选，提升产品价值和企业声誉。

二是强化科技支撑，提升品牌质量与附加值。要认真学习和落实习近平总书记关于"创新是第一动力"的科学理念，发挥我省科研院所集中、人才集聚的优势，提升农产品科技含量、附加值及竞争力。

其一，要打造产学研合作平台，实行科技联合攻关。要创新农业品牌企业与科研院所的产学研合作方式，激发双方的积极性和创造性。坚持优势互补、信息互通、成果共享的原则，联合开展技术研发、质量提升、营销和管理攻关模式。如：采取技术人员投资入股、企业挂职指导等多种方式，联合开展农产品冷链物流、保鲜技术等研究；继续实施专家下乡工程，定期邀请农业专家，开展技术咨询、难点诊治、技术培训指导等，拓展农业企业和农民等市场主体的科技视野及品牌意识。

其二，要培养壮大过硬的科研队伍，不断提高科技水平。湖北省应立足于科教资源密集、科技人才密布的人力资源优势，打造一支素质过硬、业务精通的农业科技创新队伍，建设农业科技创新研究中心和孵化基地，开发新技术、新产品，推广新经验、新品种，引导生产经营者尽快适应、掌握和使用新技术、新方法。要着力完善和延伸农产品链条，引导品牌农业向精、深、细加工产业及配套服务业的方向发展，通过发展生产、精深细加工，物流、仓储、电子商务、销售服务等系列，将一二三产业有机融合起来，形成完整的产业链、生产链、销售链和服务链。

其三，健全激励与约束机制，发掘科研人员活力与动力。省政府要设立专项资金，并鼓励农业企业建立奖励资金，采取多种激励方式，对为农产品品牌提升和质量创新做出突出贡献的科技人员给予收入分成、股权激励和品牌奖励等多种方式的激励，以充分发掘科技人员的积极性和创造性。

三是政府引领助力，扩大品牌市场与影响力

其一，要着力深化"农产品品牌三进"工程。要坚持示范引领，开展"农产品品牌进社区、进学校和进工厂"活动。针对当前我省农产品品牌认可度不高和品牌购买力不足的客观现实，各级政府应与新闻媒体、网络机构协同合作，推进湖北农产品品牌进社区、学校和企业，举办农业品牌安全推广的线上线下活动，引导居民、学生和公民逐渐树立品牌意识，青睐名优特品牌，通过工会、妇联、共青团等群团，组织大规模购买，实施订单农业等方式，支持品牌农业建设，提升购买湖北品牌农产品力度，扩大湖北农业品牌的市场规模与影响力。

其二，要着力完善"农产品品牌三优先"工程。要结合我省农产品品牌建设发展实际，完善重点品牌优先发展战略。针对我省农产品品牌数量众多、同质化竞争严重、品牌价值不高等问题，建议设立财政专项资金，优先培养支持重点农产品品牌，有选择地集中资金、技术、人才着力打造3－5个全国性示范品牌，强化品牌设计，创新品牌质量，提升品牌的辨识度和影响力。要完善品牌建设人才优先发展战略。针对我省各农业企业和合作社品牌建设人才缺乏的客观现实，政府可采取财政补贴等形式，鼓励品牌企业与各大专院校合作，加大人才培训力度，提升其品牌人才技术水平与质量创新水平。要完善品牌企业主体优先发展战略。针对新型农业经营主体在品牌建设上"搭便车"、投入不足的问题，各地应通过财政奖励、企业激励等方式激发经营主体积极主动注册商标、申请"三品一标"等品牌标识，加强特色农产品地理标志等方面的保护与支持力度。

四是狠抓质量建设，提升品牌口碑与保障。质量是关键，是品牌的渊源与生命。我省要狠抓农产品的源头管控和标准建设，不断提升农产品质量保障。

其一，要完善农产品标准化体系建设工程。要针对农产品产前、产中和产后的各个环节，强化技术规范与流程，健全统一标准体系，强化标准化管理和检测评估，提高标准化建设水平。要加快制定各类农产品的栽培、养殖、加工技术规范，完善检测评估机制、平台与体系建设，健全生产、加工、仓储、物流等全产业链的标准体系。要加强源头管理、监测、检查，防止各类污染，促进产品无公害化、绿色化、环保化和安全化。应适当增加乡镇基层的农产品质量综合检测机构人员和运行经费，提升检测人员综合素质、监管服务部门能力和监管水平。

其二，要高标准完成农田示范建设工程。要树立农产品质量是品牌第一生命的意识，积极推进高标准农田示范建设工程，根据各地区资源条件和产品特色，加强农产品生产基地质量管理，大力推进良种、土壤改良优化。根据产品发展需要，建立良种培育推广基地、土地改良轮种示范基地，大力推广病虫害生物防治和有机氮肥，提升农产品品质。

其三，要推进全省农产品质量安全可追溯平台建设工程。全省要将农产品检测机构、农产品市场、超市零售店、电子商务等纳入统一管理平台，实现全省特色农产品优化整合。要健全落实农产品质量安全可追溯机制与平台，完善监测与评估制度，强化责任追究，确保产品质量安全。要充分利用互联网技术，以 RFID 及二维码标签为载体，打通食品、农产品、物品生产、检验检疫、监管和消费各个环节，为消费者提供全面、透明、统一的溯源信息服务，实现网售的农产品"源头可溯、去向可查、责任可究"，解决消费者维权难、退货难、产品责任追溯难等问题。同时，农产品消费市场要引导消费者在购买农产品时优先购买、主动使用可追溯农产品，运用物联网一码多用的特点，实现产品防伪、防窜货、植入营销、积分营销、电商引流等多维度服务方式，让消费者由不扫码、被动扫码变为主动扫码，实现消费者与生产者的无缝对接。

重塑与活力

——乡村振兴战略、人才资源与流动人口的返乡决策

王　丽*

一、引言

改革开放四十年余来，流动人口的迅速发展深刻地影响和改变着传统城市和乡村的经济发展、人口结构、社会文化、生活方式及相应的社会政策设计和调整。伴随东南沿海城市经济发展、制造业快速扩张对劳动力资源的迫切需求和人口城乡流动迁移政策的逐步调整完善，由乡村到城市、由中西部地区到东部地区的人口流动迁移日益频繁，城乡文化交流、区域经济互动、基本公共服务资源共享的程度不断加深、方式不断创新，优秀人才、商业投资、产业落地聚集在东南沿海城市，东南沿海地区经济发展迅速、城镇化水平不断提升、人口结构不断优化；而中西部乡村地区面临人才流出、劳动年龄人口减少、经济发展活力不足、留守老人照料资源缺乏、留守儿童家庭支撑不足等困难，老龄化、空心化、贫困化问题日益严峻。

伴随人口流动迁移的过程，新型城镇化顺利推进与乡村建设动力不足同时并存。新型城镇化战略实施和推进，常住人口基本公共服务水平不断提升，落户准入条件逐步放宽，流动人口居留意愿分化状况凸显。[1]新生代流动人口平均受教育水平提升，留城工作生活能力远高于老一代流动人口。[2]人口由乡村到城市的流动迁移，为城市经济发展注入新活力、为社会文化变迁提供新元素，促进了中国新型城镇化建设人口因素积极效益的发挥。[3][4]与此同时，乡村地区老龄化问题凸显，农村老年人口赡养照料失衡，留守妇女家庭团聚愿望强烈，留守儿童养育照料问题突出，老年人自杀、儿童失学等由传统家庭"同住"到"异地"居住安排变动引起的家庭

---

* 王丽，公安部户政管理研究中心，助理研究员。

功能失调现象频发，且乡村经济发展状况、家族姻亲观念和社会服务业难以补充相应家庭功能的缺失。农村土地收益相比城市的工业体系周期长、回报率低，部分乡村地区出现土地大量荒芜、劳动年龄人口大量流出现象，乡村经济建设的紧迫性逐渐凸显。

乡村振兴战略的实施是新时代国家促进城乡协调发展、提升融合水平的重要举措，农民工返乡创业就业政策的连续出台和农村建设财政投入的持续增长都为流动人口返乡创业就业提供了支撑。流动人口返乡人群特征早期以年龄偏大、健康状况较差的失败无奈型返乡务农赋闲为主；中后期乡村周边小城镇经济的发展和流动人口综合能力的提升提供了返乡就近在非农产业就业机会，创业创新政策体系的完善和新生代流动人口价值观念生活方式的变迁提高了青年人返乡创业热情，流动人口返乡就近就业尝试创业的规模开始扩大。返乡创业就业人员成为加速乡村生活方式转型、加入科技力量重塑乡村文化的重要技能人才，成为创新乡村经济发展模式、引进商业模式增强乡村经济活力的重要创业人才，成为缓解乡村人口结构问题、补充家庭功能失调的重要社会服务人才。但如何搭建人才资源的交流、互动平台，拓展人才资源供给渠道，创新人才资源获得方式，实现高效率的可持续发展，有待进一步的研究和分析。

二、文献综述及研究假设

人口流动迁移一直以来是经济学、管理学、社会学等多学科研究讨论的重点问题，主要集中在"成本－收益""成功－失败""个人－家庭""年龄－健康"等议题。[5][6][7][8][9][10][11]新古典经济学从宏观和微观两个方面解释人口迁移的动力系统，宏观理论认为劳动力供给和需求分布的不平衡引发劳动力在不同地区间的调整，其核心要素是工资水平，并将人口流动迁移进一步细分为劳动力流和人力资本流；微观理论认为个体作为理性人从预期收益和迁移成本的计算中选择预期回报最大的地区，迁移可能会伴随着"成本－回报"的"刘易斯转折点"的出现而终止。同时，每个流动迁移都会因迁入地和迁出地推拉力量均衡的打破和个体生命周期的影响发生反向的流动迁移潮。迁移新经济学不仅关注迁移决策中个体利益的最大化，更关注家庭整体收益的最大化和风险最小化，尤其是在经济状况一般、社会保障和福利缺乏、没有贷款支持的情况下通过迁移决策获得家庭经济支持和资本基础。[12]

20世纪80年代以来，人口流动由单人流动迁移模式到多类家庭流动迁移模式的转变推动了流动人口返乡决策意愿、影响因素及趋势的差异、变动和发展。

单人流动迁移模式阶段，个体特征的影响显著，年龄、健康状况成为主要影响因素，年龄较大、健康状况较差不能在流入地顺利实现就业维持生活是返乡的主要方式，"失败返乡"特征明显。[13]夫妻共同流动迁移模式阶段，家庭特征的婚姻状况、子女状况、父母状况是主要影响因素，幼年孩子照料和家庭老人赡养需要专人养育照料是返乡的主要原因，且女性返乡的比例高于男性。[14]由此而形成新的夫妻团聚困难。核心家庭流动迁移阶段，家庭特征依然是主要影响因素，但影响的方式和具体选择出现分化，子女教育成为第一需求，子女接受优质教育地点的选择成为举家流动迁移的第一优先顺位，子女能在流入地顺利入学的家庭选择继续留在流入地生活，返乡意愿较低，子女必须返回老家或邻近城镇上学的家庭会考虑举家返乡就近就业创业。[15][16]这部分返乡人群是推动乡村振兴战略顺利实施的主要力量。[17]近年来，返乡就业创业的政策支持力度逐年加大，尤其是关于大学生返乡创业、推动家乡发展、建设美好家园的政策吸引力不断增强、试点不断增多，但对流动人口来说，返乡意愿如何、返乡的主要影响因素及徘徊犹豫的原因等还有待进一步分析。[18]特别是考虑到流动人口平均受教育水平相对较低、且年龄分化明显，深入探讨不同受教育水平流动人口返乡决策的差异及影响因素，对建立和完善乡村振兴战略人才资源支撑体系具有重要意义。[19]流动人口平均受教育水平由小学及以下逐渐提升为初中及高中，但大学专科及以上规模相对还较低。[20]城镇产业转型升级和就业岗位对学历、技能水平要求的上升，提高了大学专科及以上或有一定技能积累的流动人口的经济收入水平；同时，加剧了高中及以下受教育水平或缺乏一定技能积累的流动人口的就业困难，间接影响到不同受教育状况流动人口的社会保障、住房保障、户口和居住证等获得其他服务及返乡决策对农村"三权"状况、个体特征、家庭特征依赖性的差异；具有受教育程度越高，相应各项权益的可获得性越高，返乡决策对农村"三权"状况、个体特征、家庭特征的依赖性越低的发展趋势。[21]由此，提出以下假设。

假设1：受教育程度越高，流动人口返乡意愿越高，不返乡意愿越低。

假设2：不同受教育程度流动人口返乡决策的影响因素差异显著。农村"三权"状况改善显著提升流动人口返乡意愿，受教育程度越低，提升作用越大。就业和社会保障状况改善显著提升流动人口不返乡意愿，受教育程度越高，提升作用越大。

已有研究文献中较少涉及流动人口没想好意愿状况及其影响因素的研究，集中讨论个体资源禀赋和农村各项权益改革未落地对流动人口返乡决策犹豫徘徊心态的影响。[22]但没想好意愿是流动人口返乡决策的重要组成部分，通常存在于某一方面的需求既不能完全在流入地得到满足，也不能完全在流出地得到满足的两难状况。以不同受教育程度流动人口没想好意愿的状况和影响因素差异分析，探索乡村振兴战略人才资源政策框架的有益路径，受教育程度越高，流动人口解决各类困难的能力越高，返乡决策对某些传统因素的依赖性越低。由此可提出假设3。

假设3：受教育程度越高，没想好意愿越低，且影响因素差异显著。农村"三权"状况、个体特征、家庭特征显著影响流动人口没想好意愿，受教育程度越低，影响作用越大；就业和社会保障状况显著影响流动人口不返乡意愿，受教育程度越高，影响作用越大。

三、数据与变量

（一）数据来源

本文使用2017年天津市流动人口动态监测调查数据，该数据由国家卫生和计划生育委员会组织和实施，采用分层、多阶段、与规模成比例的PPS抽样方法，以在调查地居住一个月及以上的、2017年5月年龄为15－59周岁的、非本区（县、市）户口的流动人口为调查对象，以了解流动人口的生存和发展为主要目的，包括流动人口的家庭成员与收支情况、就业情况、流动及居留意愿、健康与公共服务、社会融合等内容，共获得5000个样本。

（二）变量及测量

1. 因变量

以流动人口返回家乡、不返回家乡、没想好三种决策作为因变量。流动人口返乡决策是综合体系，包含确定返回家乡、确定不返回家乡、还没有想好、去往其他城市等多种态度，结合数据结构，本文选取流动人口返回家乡、不返回家乡和没想好作为因变量，每一类别均为虚拟变量（是＝1，否＝0），确定不返乡的比例较高，确定返乡的比例相对较低，没想好状态居中（表1）。

表1　研究与控制变量

变量名称		均值或比例（%）	频数（人）	变量名称		均值或比例（%）	频数（人）
因变量				男性		50.44	2522
不返乡	是	86.26	4313	年龄		36.90 (10.26)	5000
	否	13.74	687	户口性质	非农业户口	27.42	1371
返乡	是	1.58	79		农业户口	72.58	3629
	否	98.42	4921	健康状况		1.17 (0.431)	5000
没想好	是	11.72	586	流动时间		7.83 (6.77)	
	否	88.28	4414	家庭特征			
受教育程度				婚姻状况	不在婚	12.74	637
小学及以下		16.44	822		在婚	87.26	4363
初中及高中		67.26	3363	同住家庭成员规模		3.21 (1.071)	5000
大学专科及以上		16.30	815	家庭月收入水平		7062.71 (5412.89)	4999
农村"三权"情况				就业和社会保障特征			
承包地	无	52.42	2621	就业身份	稳定雇员	54.63	2240
	有	47.58	2379		雇主	4.90	201
宅基地	无	42.40	2120		自营劳动者	32.85	1347
	有	57.60	2880		其他就业身份	7.61	312
集体分红	无	98.40	4920	个人月收入水平		4348.33 (3494.41)	4097

续表

变量名称	均值或比例（%）	频数（人）	变量名称		均值或比例（%）	频数（人）
有	1.60	80	个人社保卡	没有	39.88	1994
个体特征				有	60.12	3006
性别	女性	49.56	2478			

注：承包地数量、宅基地数量、集体分红收益、年龄、个人月收入、健康水平、流动时间、同住家庭成员规模、家庭月收入是平均值，其括号内为标准差；其他各项均为百分比。

2. 自变量

以流动人口的受教育程度为主要自变量。改革开放以来，得益于教育领域政策措施的完善，流动人口整体受教育水平提升较快，尤其是新生代流动人口接受大学专科及以上教育的比例远高于老一代流动人口。[23]同时，受到户籍制度的改革、各大城市的"抢人大战"等因素的影响，大学专科及以上流动人口将户口迁入就业地的规模逐渐扩大，成为全国流动人口总量下降的重要转折点。新型城镇化和乡村振兴战略的协调推进进一步提升了流动人口返乡决策的重要性，较高受教育程度的流动人口是实施乡村振兴战略的重要人才资源，由此，分析不同受教育程度流动人口返乡决策的差异及决策形成的影响因素是探索构建乡村振兴战略人才体系的重要参考。此外，流动人口的农村"三权"情况、个体特征、家庭特征及就业和社会保障状况对流动人口返乡决策也具有重要影响（表2）。

3. 研究方法

因变量流动人口三类返乡决策为虚拟变量，所以使用二分类 Logistic 回归模型进行分析，模型表达式如下：

$$\ln\left(\frac{p_i}{1-p}\right) = \alpha + \sum_{k=1}^{k} \beta_k \cdot x_{ki}$$

其中，$p_i = p\left(y_i \mid x_{1i}, x_{2i} \cdots\cdots x_{ki}\right)$ 是系列自变量为 x_{1i}，$x_{2i} \cdots\cdots x_{ki}$ 时流动人口三类返乡决策为是的概率；x 是流动人口的主要特征，包括农村"三权"特征、个体特征、家庭特征、就业和社会保障与基本公共服务特征等五个方面；k

为自变量个数，α 为常量，β_k 代表偏回归系数。

四、实证分析

（一）描述性统计分析

不同受教育程度流动人口返乡决策差异显著，受教育程度越高，流动人口返乡决策差异越大（图1）。通过方差分析发现，小学及以下受教育程度者返乡意愿最高，大学专科及以上受教育程度者返乡意愿最低（F = 9.35，P < 0.01）。与之相反，大学专科及以上受教育程度者不返乡意愿最高，小学及以下受教育者程度不返乡意愿最低（F = 26.06，P < 0.01）。同时，小学及以下受教育程度者没想好意愿最高，大学专科及以上受教育程度者没想好意愿最低（F = 17.46，P < 0.01）。总体来看，受教育程度越高，流动人口返乡和没想好意愿越低、不返乡意愿越高，且具有不返乡意愿、没想好意愿、返乡意愿的逐渐降低的变化特征。

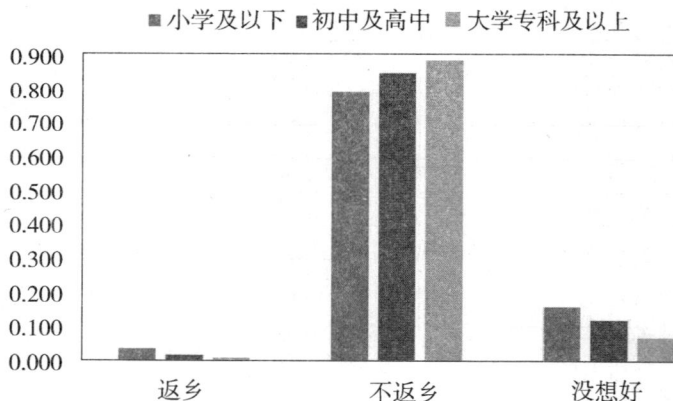

图1 不同受教育程度流动人口返乡决策状况

（二）实证研究

因变量流动人口的返乡决策是虚拟变量，所以采用二元 logistic 回归模型，分别分析流动人口受教育程度对返乡决策的影响和不同受教育程度流动人口农村"三权"特征、个体特征、家庭特征、就业和社会保障特征对返乡决策的作用方向和程度。表2的回归模型结果汇报了受教育程度对流动人口返乡决策的单独影响和综合影响，表3的回归模型结果汇报了不同受教育程度流动人口的农村"三权"特征、个体特征、家庭特征、就业和社会保障特征对返乡决策作用方向和程度的异同。

第一，受教育程度显著较高会提高流动人口留城能力和机会，增强流动人口对居住地经济发展、产业布局、职业晋升、薪酬结构等宏观环境的依赖性，对流动人口的返乡决策影响显著。受教育程度越高，流动人口不返乡意愿越高、返乡和没想好意愿越低。受教育程度越高的流动人口，长期居留城市工作和生活的稳定性越高、持续性越好、保障越全面。受教育水平与获得工作机会，获得居住证或户籍，获得就业、医疗、住房、社会保障等基本公共服务的能力和机会紧密相关，各大城市基于大学专科及以上学历特征的"抢人大战"、高新技术产业集聚与特定区域的地域性特征、就业单位学历越高薪酬越高的制度设计都不断提升着宏观环境因素对大学专科及以上受教育程度流动人口长期居留城市的重要影响和吸引力。[24] 与此同时，大学专科及以上受教育程度流动人口就业身份主要以稳定雇员为主，与居住地经济发展水平、产业规划布局、行业发展程度、就业岗位供给紧密相关，就业实现对地区环境的依赖性较高。与小学及以下受教育程度、初中和高中受教育程度者相比，大学专科及以上受教育程度对流动人口返乡决策的影响差异最大，其返乡和没想好意愿最低、不返乡意愿最高，并且在单独影响和综合影响中，流动人口受教育程度对返乡决策的影响程度和方向具有一致性，受教育程度越高，流动人口返乡和没想好意愿越低、不返乡意愿越高。

同时，受教育程度在一定程度上会改变其他因素对流动人口返乡决策的影响方向和程度。受教育程度对流动人口返乡决策影响的程度高于农村"三权"状况，尤其是对不返乡和没想好意愿的影响差异较大。与农村"三权"状况相比，受教育程度对流动人口返乡决策的影响程度相对较低且影响方向差异较大。流动人口返乡意愿中，受教育程度的影响小于农村"三权"状况。有宅基地、集体分红显著提高流动人口返乡意愿、降低不返乡意愿，且具有影响程度由集体分红、宅基地逐渐降低的特征；缘于土地收益较低和周期性较长及与其他就业状况薪酬水平的鲜明差距，仅有承包地显著降低流动人口返乡意愿，对流动人口不返乡意愿的提高作用和没想好意愿的降低作用不显著。此外，综合影响中受教育程度较高在提升流动人口长期居留城市的意愿和能力的同时，消解着"老龄－不健康"失败返乡的传统模式，构建起新的以个人和家庭发展为核心的返乡决策体系。小学及以下受教育程度、女性、低龄、健康状况越好、流动时间越短的流动人口返乡意愿越高，初中及高中、大学专科及以上受教育程度、雇主、流动时间越长、个人月收入水平越高、同住家庭成员越多、有社保卡的流动人口不返乡意愿越高，小学及以下、男性、其他就业者、个人月收入水平越高、流动时间越短、同住家庭成员越少、无社保卡的流动人口没想好意愿越高。

表 2 受教育程度与流动人口返乡决策的单独和综合影响的回归结果

变量名称	返乡	不返乡	没想好	返乡	不返乡	没想好
初中及高中（参照：小学及以下）	0.443 *** (0.109)	1.534 *** (0.155)	0.714 *** (0.078)	0.615 * (0.179)	1.469 *** (0.170)	0.722 *** (0.090)
大学专科及以上（参照：小学及以下）	0.189 *** (0.093)	3.034 *** (0.484)	0.374 *** (0.064)	0.375 * (0.191)	2.72 *** (0.520)	0.382 *** (0.078)
有承包地（参照：无）				0.597 * (0.158)	1.114 (0.107)	0.959 (0.097)
有宅基地（参照：无）				2.476 *** (0.832)	0.799 ** (0.086)	1.083 (0.123)
有集体分红（参照：无）				2.723 * (1.620)	0.594 * (0.183)	1.402 (0.474)
男性（参照：女性）				0.655 * (0.153)	0.902 (0.082)	1.190 * (0.117)
年龄				1.031 ** (0.013)	0.996 (0.005)	1.000 (0.005)
非农业户口（参照：农业户口）				0.749 (0.306)	1.143 (0.172)	0.884 (0.141)
雇主（参照：其他）				0.809 (0.856)	2.128 ** (0.717)	0.460 ** (0.161)
稳定雇员（参照：其他）				1.468 (0.441)	1.172 (0.134)	0.800 * (0.097)
自营劳动者（参照：其他）				1.482 (0.482)	1.042 (0.126)	0.886 (0.114)
月个人收入水平				1.000 (0.000)	1.000 * (0.000)	1.000 * (0.000)
健康水平				0.569 * (0.182)	0.930 (0.093)	1.139 (0.118)
流动时间				0.934 *** (0.020)	1.052 *** (0.008)	0.955 *** (0.007)
在婚（参照：不在婚）				1.841 (0.778)	1.144 (0.161)	0.823 (0.121)
同住家庭成员规模				0.888 (0.119)	1.206 *** (0.058)	0.823 *** (0.043)

续表

变量名称	返乡	不返乡	没想好	返乡	不返乡	没想好
家庭月收入				1.000 (0.000)	1.000 (0.000)	1.000 (0.000)
有社保卡 (参照：无)				0.787 (0.178)	1.372 *** (0.122)	0.737 *** (0.071)
常数	0.033 *** (0.007)	0.007 *** (0.357)	0.190 *** (0.018)	0.034 *** (0.031)	1.051 (0.340)	0.839 (0.287)
LR chi2	16.9 ***	49.5	33.5	66.9	204.0	171.9
log likelihood	-397.5	-1974.2	-1788.1	-373.1	-1884.0	-1712.5
Pseudo R2	0.021 ***	0.013 ***	0.010 ***	0.081 ***	0.058 ***	0.052 ***
N	5000	5000	5000	4999	4999	4999

注：（1）显著性水平"*""**""***"分别表示 P<0.1，P<0.05，P<0.01；（2）表中显示的是 Odds Ratio，括号内为标准差。

第二，不同受教育程度流动人口返乡决策体系的内容差异较大。受教育程度越高，返乡决策的主要影响因素从个体特征、家庭特征、就业和社会保障特征逐渐扩展，具有个体特征影响逐渐降低、家庭特征逐渐凸显、就业和社会保障特征影响不断提升的特点，返乡决策的博弈由生存层面逐渐扩展到发展层面，从个体、家庭层面逐渐扩展到社会层面。小学及以下受教育程度流动人口返乡决策的主要影响因素为性别、健康、流动时间等个体特征，女性、健康水平较高流动人口返乡意愿较高，健康水平较差、流动时间较长、有社保卡流动人口不返乡意愿较高，流动时间较长、同住家庭成员较多、无社保卡流动人口没想好意愿较高。初中及高中受教育程度流动人口返乡决策的主要影响因素为农村"三权"状况和就业状况，无承包地、有宅基地、有集体分红、年龄越大、稳定雇员、流动时间越短、已婚、家庭月收入水平越高返乡意愿较高，无宅基地、雇主、个人月收入水平越高、健康状况越好、流动时间越长、同住家庭成员越多不返乡意愿较高，雇主、稳定雇员、个人月收入水平越低、健康状况越好、流动时间越短、同住家庭成员越少没想好意愿较低。大学专科及以上受教育程度流动人口返乡决策的主要影响因素为户口性质、家庭状况、社保卡等，有宅基地、农业户口、自营劳动者、健康状况较差、流动时间越短、同住家庭成员越少、家庭月收入水平越高返乡意愿较高，男性、非农业户口、同住家庭成员越多、有社保卡者不返乡意愿较高，农业户口、同住家庭成员规模越多、无社保卡没想好意愿较高。

表3　不同受教育程度流动人口返乡决策的影响因素的回归结果

变量名称	小学及以下			初中及高中			大学专科及以上		
	返乡	不返乡	没想好	返乡	不返乡	没想好	返乡	不返乡	没想好
有承包地 (参照：无)	0.777 (0.393)	0.971 (0.188)	1.037 (0.212)	0.552 * (0.184)	1.187 (0.136)	0.898 (0.109)	0.703 (1.437)	0.927 (0.459)	1.505 (0.807)
有宅基地 (参照：无)	1.917 (1.022)	0.845 (0.185)	1.039 (0.243)	2.575 ** (1.116)	0.797 * (0.104)	1.077 (0.146)	13.323 *** (13.187)	0.759 (0.353)	1.091 (0.547)
有集体分红 (参照：无)	2.881 (2.851)	0.706 (0.526)	1.157 (1.031)	3.751 * (2.761)	0.598 (0.210)	1.344 (0.513)	1.000 (0.000)	0.349 (0.369)	3.433 (3.736)
男性 (参照：女性)	0.355 ** (0.172)	0.984 (0.189)	1.224 (0.253)	1.223 (0.378)	1.083 (0.119)	0.881 (0.104)	4.836 (5.364)	1.730 * (0.565)	0.588 (0.198)
年龄	1.016 (0.020)	0.990 (0.009)	1.005 (0.009)	1.043 *** (0.016)	1.000 (0.006)	0.996 (0.006)	0.728 (0.143)	0.983 (0.020)	1.026 (0.021)
非农业户口 (参照：农业户口)	1.000 (0.000)	0.825 (0.436)	0.966 (0.516)	0.738 (0.401)	0.968 (0.185)	1.086 (0.220)	0.084 * (0.113)	2.145 * (0.882)	0.403 * (0.187)
雇主(参照：其他)	4.810 (5.868)	0.591 (0.381)	1.316 (0.908)	1.000 (0.000)	3.573 *** (1.715)	0.305 ** (0.146)	1.000 (0.000)	1.599 (1.470)	0.694 (0.629)
稳定雇员(参照：其他)	0.676 (0.355)	1.194 (0.283)	0.892 (0.227)	2.233 * (1.030)	1.181 (0.166)	0.769 * (0.114)	1.934 (2.169)	1.130 (0.450)	0.858 (0.364)

续表

变量名称	小学及以下			初中及高中			大学专科及以上		
	返乡	不返乡	没想好	返乡	不返乡	没想好	返乡	不返乡	没想好
自营劳动者 (参照:其他)	0.906 (0.469)	1.138 (0.261)	0.771 (0.193)	1.948 (0.925)	0.966 (0.143)	0.981 (0.154)	7.557 *** (7.650)	2.559 (1.997)	0.269 (0.241)
月个人收入水平	1.000 (0.000)	1.000 (0.000)	1.000 (0.000)	1.000 (0.000)	1.000 ** (0.000)	1.000 ** (0.000)	0.999 (0.001)	1.000 (0.000)	1.000 (0.000)
健康水平	0.244 ** (0.165)	1.377 * (0.257)	0.855 (0.163)	0.658 (0.255)	0.738 ** (0.092)	1.411 *** (0.182)	13.012 ** (16.279)	1.699 (0.804)	0.503 (0.263)
流动时间	0.928 ** (0.029)	1.049 *** (0.013)	0.959 *** (0.013)	0.940 ** (0.027)	1.051 *** (0.010)	0.956 *** (0.009)	0.910 (0.084)	1.034 (0.037)	0.970 (0.037)
在婚 (参照:不在婚)	0.364 (0.292)	1.647 (0.585)	0.765 (0.288)	4.179 ** (2.642)	1.048 (0.186)	0.862 (0.157)	0.378 (0.347)	1.112 (0.423)	0.770 (0.300)
同住家庭成员规模	1.212 (0.251)	1.141 (0.109)	0.841 * (0.088)	0.803 (0.139)	1.193 *** (0.072)	0.835 *** (0.053)	0.224 *** (0.128)	1.596 *** (0.286)	0.660 ** (0.119)
家庭月收入	1.000 (0.000)	1.000 (0.000)	1.000 (0.000)	1.000 * (0.000)	1.000 (0.000)	1.000 (0.000)	1.000 ** (0.000)	1.000 (0.000)	1.000 (0.000)
有社保卡 (参照:无)	0.646 ** (0.276)	1.540 ** (0.287)	0.700 * (0.141)	0.724 (0.217)	1.179 (0.124)	0.861 (0.264)	1.000 (0.000)	4.393 *** (1.516)	0.199 *** (0.073)

续表

变量名称	小学及以下			初中及高中			大学专科及以上		
	返乡	不返乡	没想好	返乡	不返乡	没想好	返乡	不返乡	没想好
常数	0.582 (1.026)	1.070 (0.945)	0.747 (0.688)	0.004*** (0.006)	1.773 (0.724)	0.614 (0.264)	1.830 (10.809)	0.269 (0.296)	3.089 (3.648)
LR chi2	41.95	37.65	27.5	38.12	113.15	106.02	447.51	55.93	51.59
log likelihood	-101.04	-389.147	-347.21	-229.614	-1279.472	-1169.283	-15.618	-189.737	-171.334
Pseudo R2	0.116***	0.046***	0.037**	0.079**	0.052***	0.048***	0.464**	0.125***	0.138***
N	787	822	822	3206	3362	3362	630	815	815

注：(1) 显著性水平"*""**""***"分别表示 $P < 0.1, P < 0.05, P < 0.01$ ；(2) 表中显示的是 Odds Ratio，括号内为标准差。

综合来看，不同受教育程度流动人口返乡决策的主要因素差异较大，教育回报率在一定程度上能够消解部分个体特征、家庭特征对返乡决策的消极影响，增强部分就业和社会保障特征对返乡决策的积极影响，并且受教育程度越高消解和增强作用越大。反之，较低的受教育程度会凸显部分个体特征、家庭特征、就业和社会保障特征对流动人口返乡决策的约束性。性别仅对小学及以下受教育程度流动人口返乡决策影响显著，较低的受教育水平加剧了就业机会、收入水平及家庭决策的性别不平等；农村"三权"状况对初中及高中受教育程度流动人口返乡决策影响较大，相对居中的受教育水平形成长期居留城市机会和能力有限与返乡创业就业资源和政策支持有限的双重困境；户口性质仅对大学专科及以上受教育程度流动人口返乡决策影响显著，较高的受教育水平凸显了各大城市"抢人大战"对学历门槛的政策影响。

五、结论与讨论

人才资源是重塑乡村文化、提高乡村经济活力的重要力量。流动人口返乡决策对推进新型城镇发展、乡村振兴战略实施及提升城乡融合水平具有重要意义。流动人口返乡决策的形成和发展既是流入地和流出地经济发展和收益回报的博弈，也是个体能力、家庭发展和已获得的各项基本公共服务的博弈，不同受教育水平流动人口各类因素对返乡决策的博弈结果差异显著。受教育程度越高，流动人口返乡和没想好意愿越低、不返乡意愿越高。[25]但不同的受教育状况在一定程度上会改变流动人口其他特征对返乡决策的影响，个体特征、家庭特征、就业和社会保障特征对流动人口返乡决策的作用方向和程度差异显著。小学及以下受教育程度流动人口返乡决策受限于个体特征的局限明显，性别、年龄、健康状况的影响显著；初中和高中受教育程度流动人口返乡决策徘徊于流出地农村"三权"状况和流入地家庭发展的多重困境，承包地、宅基地、集体分红、同住家庭成员规模的影响显著；大学专科及以上受教育程度流动人口返乡决策对较高受教育水平的收益性和社会政策的调整较为敏感，户口性质、就业身份、社保卡、收入水平的影响显著。[26]流动人口返乡决策影响因素的多样化对推进乡村振兴战略人才资源的政策设计具有重要意义。不同受教育程度流动人口的返乡决策并不是简单的"是或否"问题，而是涉及社会性别文化、家庭发展策略、社会政策效应等深层次因素的"谁返乡、为什么返乡、返乡做什么"的多重博弈问题。[27]

首先，受教育程度较低者返乡意愿较高，因此建立和完善匹配乡村振兴战略人才资源需求的继续教育、培训制度是保障人才资源供给的基础。[28]受教育程度较低者,尤以小学及以下受教育程度流动人口最为明显,其城镇就业没有给予预期的教育回报率,城镇定居的艰难性、归属感的缺乏、较高的婚育成本和住房经济压力及乡村建设财政投入日益加大、政策支持逐渐完善、家庭团聚愿望共同提高了受教育程度较低流动人口的返乡意愿。同时,这部分人群的返乡有利于缓解乡村地区子女养育、老人赡养、夫妻团聚困难,有助于推动乡村经济发展、就业创业、家庭发展、养老医疗、教育社保等多个领域的城乡互动、区域共享和资源互联互通,为新时代的乡村建设和发展注入新科技、拓展新渠道、提供新活力。此外,推动乡村振兴战略的人才体系完善,不仅来源于返乡意愿较高的流动人口,还应包括返乡意愿低、没想好意愿高的流动人口。由此,要加强返乡流动人口的职业培训、技能培训、创业培训,提供返乡流动人口继续教育、技能升级、人力资本积累的机会和资源,建立长效机制和可持续政策,最大限度地培养、开发和利用好返乡流动人口的人力资本价值。

其次,初中及高中受教育程度者处于较低受教育回报率和较高发展期望的双重困境,就业身份和流动时间对返乡决策影响显著,对农村"三权"状况依赖性较强;加快农村基本权益制度改革,增强乡村地区经济活力、提升基本公共服务水平是吸引初中及高中受教育水平流动人口的基础。就业对地区经济发展水平、产业布局、企业单位的需求和农村基本权益改革未落地是影响初中及高中流动人口返乡决策的两大因素。农村基本权益的完善对提升流动人口返乡意愿的作用明显,尤其是宅基地和集体分红的作用超过承包地;但稳定雇员对就业单位、雇主对经济环境的依赖性和流动时间积累对城镇生活的适应性,会增强流动人口不返乡和没想好意愿。较高受教育水平和相对较大的年龄决定了初中及高中流动人口面临更多的经济和家庭压力,局限于较低的学历水平和技能水平,流动人口大多会面临一定的经济收入和职业发展瓶颈,返乡决策对既有财富和职业路径的依赖性较强、突破能力较弱。[29] 由此,完善就业创业培训体系,增强乡村经济发展活力,为流动人口返乡提供提升经济收入水平、获得职业发展能力的机会,保障其稳定可预期的生活水平;加强乡村基本公共服务设施建设,提升教育均等化水平,拓展优质医疗资源流动交换互动渠道,增强社会养老服务业辅助功能,更好地满足流动人口返乡就业创业和家庭发展的双重需求,能最大限度地发挥返乡流动人口的人力资本优势。

最后,大学专科及以上受教育程度流动人口返乡意愿较低,良好的职业发展、完善的社会保障状况和优质的公共服务资源是主要因素。要建立灵活性较高、循环性较好的返乡就业创业政策,人才资源的供给不能局限于长期性和稳定性,更要着眼于高效性和可行性,创新完善城乡互动、区域协调、人才资源互联互通的模式。[30]流动人口返乡决策是宏观经济发展、产业布局、社会政策等多项因素影响下最优配置的结果，城镇地区与受教育程度匹配度较高的就业机会和优质的公共服务资源是吸引大学专科及以上受教育程度流动人口的重要因素，受教育程度的提高有利于突破传统社会性别、年龄、户口等因素的局限，有利于减弱农村"三权"状况、就业状况、社会保障状况的依赖性，提升返乡决策的自由度，最大化享受各类相关社会政策红利。人才资源是乡村振兴战略顺利实施的关键，遵循专业对口、资源匹配、供需优化的原则，农村大学生、乡－城流动人口是乡村振兴战略人才资源的重要来源，突破人才资源工作生活固化理念，结合乡村振兴战略、精准扶贫工作、基层工作经历等相关政策与实践，搭建完善城乡互动、区域共享的人才资源交流平台，探索"循环返乡、流动返乡、合力建设乡村"的人才资源供给模式，完善短、中、长期自由度相对较高的人才循环体系，充分发挥不同停留时间、不同需求类型人才的价值和效益，为推进乡村振兴战略提供有力的人才支撑。[31]

参考文献：

[1] 杨雪，魏洪英. 流动人口长期居留意愿的新特征及影响机制 [J]. 人口研究，2017，41（5）：63 – 73.

[2] 刘新争，任太增. 农民工回流意愿的影响因素与农民工分流机制的构建——基于二分类 Logistic 模型的实证分析 [J]. 学术研究，2017（7）：95 – 102.

[3] 李郇，殷江滨. 劳动力回流：小城镇发展的新动力 [J]. 城市规划学刊，2012（2）：55 – 61.

[4] 任远，施闻. 农村外出劳动力回流迁移的影响因素和回流效应 [J]. 人口研究，2017，41（2）：71 – 83.

[5] Bogue D. 1969. Principles of Demography. John Wiley and Sons.

[6] Lewis W. 1954. Economic Development with Unlimited Supplies of Labor. The Manchester School 2：139 – 191.

[7] Lee E. 1996. A theory of Migration. Demography 1：47 – 57.

[8] Borjas G. , Bratsberg B. 1994. Who Leaves? The Outmigration of the Foreign – Born. Review of Economics & Statistics 1：165 – 176.

[9] Wang W. and Fan C. 2006. Success or Failure：Selectivity and Reasons of Return Migration in Sichuan and Anhui, China. Environment & Planning A 5：939 – 958.

［10］Zhao Y. 2002. Causes and Consequences of Return Migration：Recent Evidence from China. Journal of Comparative Economics 2：376－394.

［11］景晓芬，马凤鸣．生命历程视角下农民工留城与返乡意愿研究——基于重庆和珠三角地区的调查［J］．人口与经济，2012（3）：57－64.

［12］Stark O and Levhari D. 1982. On migraion and Risk in LDCs. Economic Development & Cultural Change 1：191－96.

［13］石人炳，陈宁．经济"新常态"下农民工再迁移决策研究——基于全国流动人口动态监测数据的分析［J］．学习与实践，2017（7）：98－108.

［14］孟宪范．回流农民工的变化——基于对返乡打工妹的考察［J］．江苏社会科学，2010（3）：85－92.

［15］秦芳，李晓，吴雨，李洁娟．省外务工经历、家庭创业决策及机制分析［J］．当代经济科学，2018，40（04）：91－100.

［16］李敏．大众创业背景下农民工返乡创业问题探究［J］．中州学刊，2015（10）：79－82.

［17］周宇飞．新时代乡村文化与农民工返乡创业意愿［J］．求索，2017（12）：122－130.

［18］戚迪明，刘玉侠．人力资本、政策获取与返乡农民工创业绩效——基于浙江的调查［J］．浙江学刊，2018（2）．

［19］苏海泉，武书宁，乔松．大学生返乡创业的现状分析及社会支持构建——以辽宁省101个县区862名创业者调研为例［J］．中国青年研究，2017（6）：12－16.

［20］郑真真．中国流动人口变迁及政策启示［J］．中国人口科学，2013（1）：36－45.

［21］杨巧，李鹏举．新生代农民工家庭发展能力与城市居留意愿——基于2014年"流动人口动态监测调查"数据的实证研究［J］．中国青年研究，2017（10）：50－56.

［22］梁海艳，李灿松．为何流动人口徘徊于农村与城市？——基于我国中西部地区六省数据的分析［J］．人口与发展，2015，21（1）：32－40.

［23］马红旗，陈仲常．我国省际流动人口的特征——基于全国第六次人口普查数据［J］．人口研究，2012，36（6）：87－99.

［24］景再方，陈娟娟，杨肖丽．自雇还是受雇：农村流动人口人力资本作用机理与实证检验——基于CGSS数据经验分析［J］．农业经济问题，2018（6）．

［25］李强，龙文进．农民工留城与返乡意愿的影响因素分析［J］．中国农

村经济，2009（2）：46 - 54.

[26] 叶静怡，李晨乐. 人力资本、非农产业与农民工返乡意愿——基于北京市农民工样本的研究 [J]. 经济学动态，2011（9）：77 - 82.

[27] 王西玉，崔传义，赵阳. 打工与回乡：就业转变和农村发展——关于部分进城民工回乡创业的研究 [J]. 管理世界，2003（7）：99 - 109.

[28] 宁泽逵，宁攸凉. 区位、非农就业对中国家庭农业代际传承的影响——基于陕西留守农民的调查 [J]. 财贸研究，2016（2）：75 - 84.

[29] 马建富，吕莉敏. 返乡农民工创业资本积累的职业教育支持策略选择 [J]. 教育发展研究，2017（21）：67 - 74.

[30] 盛亦男. 流动人口居留意愿的影响效应及政策评价 [J]. 城市规划，2016，40（9）：67 - 74.

[31] 陈芳，程贤文. 中部崛起的人才战略思考 [J]. 管理世界，2007（11）：160 - 161.

返乡创业中存在的困难、问题及建议

赵　曼　程翔宇　朱丽君

空心村里百事哀。乡村振兴需要各路人才。此前返乡创业者是乡村振兴"新四军"——新型职业农民、专业人才、科技人才和乡土人才中的生力军，也是先行实践者。课题组针对湖北省大别山和秦巴山连片贫困地区的部分返乡创业者进行了实地调研，得出如下研究结论。

一、创业风险：多险叠加

自然风险——农业是高风险弱质产业。2016 年严重洪灾，一些创业者资产"归零"：颗粒无收，猪场淹没，网箱冲垮，鱼儿跑光，至今还没有将亏损补过来。

市场风险——游资炒作的"猪周期""蛋周期"等，使商业化种养殖业不像做实业，而像炒股票或是"击鼓传花"游戏，一旦倒下，难以爬起来。养殖户中有"凡是长嘴的都不要养"之说。

选择性执法——有些地方人际关系复杂，没路子的人"一拳打在棉花上"，一脑门子的无奈感，而某些有路子的人则借创业之名，低价拿地，或凑个项目作为"油套子"套取补助。

隐形成本——引用一位创业小业主的话："税费减免，缴得不多""吃拿卡要也没有，政府查得严""一个电话，干部上门服务"，但是，他一年接待了 13 批参观者，付出了一些饭局、送礼、"支持"等隐形成本：村里修路开工仪式"表示"了 1 万元，村里挖塘"主动"捐了 3 万元。一年毛利不过 10 余万元，光是"支持"就去掉了 8 万多元。

二、政策执行："四重四轻"

重大轻小——拥有千万元资金的返乡创业者是少数，拥有 50 万元 – 500 万元资金的大有人在。由于小额资金难以批到土地，个别胆子大的创业者谎报投资金额，由于一些地方验资核资不严，反而在开发区多拿到了工业用地。

重呼轻诺——有个别地方政府号召返乡创业时，说好的优惠政策在兑现时变卦。如已经按照招商政策减免了的税，掉转头又追溯补征。

重虚轻实——个别的地方政府大多重视"门好进、脸好看"等服务态度改善，而对于有点技术含量的"实事"，往往做不了、没有做或者是个"摆设"。例如，自然和地质灾害等，事前评估体系、预警体系和不同等级的预案在许多县是空白。灾害来了，干部再身先士卒也于事无补。

重招轻安——招商重要，"安商"和"护商"更重要。政策执行存在"中梗阻"和"末梢壅塞"。上级答应了的事情，下级要"再考虑"，要么是"小鬼难缠"，要么是个别领导在玩"人不得罪、事也不办"的心计。大项目可以找主要领导，小项目不知道该找谁。

三、存在问题："九有余、九不足"

普惠性有余，针对性不足——一些地方政策扶植和资金分配"撒胡椒面"，乃至将资金拨给村委会进行"大平均"分配。主要原因是摆不平，部分干部群众对本村人返乡创业能够认同，而对于早年外出的成功人士回乡创业"不待见"，认为这些人回来就是占便宜和圈资源的。

一些地方政府"特保"有余，市场主导不足——政府花巨资举办的创业园，集合了多种政策优惠，未进入创业园的企业不能够享受，而"温室创业"企业，进入市场则"见光死"。

同质化"追风"有余，错位发展不足——创业项目雷同"多、小、散"。某项目刚刚赚钱，一些地方政府就广泛推广，这对初创者是致命打击。农产品销售半径短，供求变化快，一多就跌。如鼓励大面积种植香菇时，鲜菇 6 元钱一斤，集中上市时，2 元钱一斤超市都不收，老天爷不给太阳，就烂在棚子里。

一窝蜂上产业有余，集群配套不足——返乡创业项目多集中于苗木、林下经济、农家乐和商业化的种养殖业等。但是，农村的加工、物流配送以及水电路气网等公共基础设施配套不足，无法形成自循环的产业链，更遑论起码的规模经济性，往往是"拍脑袋上马，拍屁股下马""头年一哄而上，来年一拍两散"。

用工岗位有余，适用人工不足——空心村里没人气，缺年轻人和能人、缺组织资源、缺劳动意愿。（1）人工费贵，还没人愿意干。家中有男人在外打工汇钱回家，许多留守妇女除了"陪读"，就是打麻将，企业想在赋闲劳动力中聘个养老护工都难。（2）职业农民奇缺。如发展苗木业，当地找不到懂得扦插、嫁接、修剪和病虫害防治的人员，只能从浙江等地高价聘请。（3）创业找不到合伙人。如罗田县的90后创业明星、"大学生牛倌"贺某创业5年来，不断有年轻人慕名加盟，但是农村文化生活荒漠化，能够坚持半年的一个也没有。

项目孵化有余，"体检"甄别不足——许多项目先天不足，也缺乏一个将创意"打磨"成公司的孵化平台。创业孵化园"拎包入驻"，但是入驻前缺乏专业"体检"，入驻后缺乏项目辅导和平台支撑，成活率不高。

资源禀赋优势有余，盈利空间不足——眼下赚钱的逻辑变了，资源禀赋只是一篮子青菜，要做成一盘菜肴并且卖出好价钱，需要有盈利模式，要看得到现金流，必须涉及技术、渠道、营销、品牌、客源及客户关系维护等，缺了这些，只能以亏损收场。

各自为战有余，抱团创业不足——返乡创业的企业，绝大多数是由各级领导、各个部门、各个乡镇乃至行政村分散引进的，往往各自为战、相互杀价、恶性竞争，很难抱团、联手打造一个信息共享、资源共享的物流和销售平台。

"草根金融"喊口号有余，贷款可获得性不足——银行"风控"程序严格，而创业者往往是没有任何信用记录的"空白户"，也找不到合适的担保人，加之农村拖欠贷款、税费和金融官司判决胜诉后执行难等问题频发，一些银行认为农民缺乏信用、还贷能力低，而不敢放款。

四、对策建议

成功创业，是一种艰辛的事业，是需要付出代价的，它绝对不是就业的替代品，而是一场激烈的竞争，失败也是一种常态。

（一）应站上乡村振兴大平台，做到"四个突出"

乡村振兴，以城乡融合和城乡贸易为平台。返乡创业应顺应趋势，争取政策资源的帮扶落到实处。（1）突出特色。依托当地的资源禀赋、产业基础和生态环境，选择特色产业。（2）突出盈利模式。返乡创业绝不是"一根网线，山货卖出大山"那么简单，产生不了持续的现金流，一切免谈。（3）突出融合。促进一二三产业的融合，把产业链连贯拓展。（4）突出绿色。遵循"生态资源化、资源资产化、资产产业化、产业资本化"路径，走生态农产品高端市场路线，进行持续的品牌打造提升、维护管理。

（二）应坚持"政策 + 市场"，构建创业环境

创业环境是基础，也是集成，要靠各方面共同打造。不管是什么行业，首先要能收支平衡，过了盈亏平衡点，才是赢家。（1）应把握好"放"和"扶"的界限。政府帮扶应帮到点子上，不添乱。对前期出台的文件应进行重新审视、修改，去虚留实，应删去那些含金量低、操作性低、没有承办单位和责任人的政策条款，有的应交给市场去平衡。（2）应把握"准入"和"禁入"的边界。评估并制定"正面清单"和"负面清单"，低端、低效、不节能、不环保的创业活动禁止"入场"。

（三）应前移创业服务链条，降低创业准备期成本

（1）实施创业项目"预孵化"扶持政策。政府及其有关部门，应加强创业项目征集与推介，编制科技成果招商项目册，通过政府购买服务，聘请专业机构、协助项目团队撰写商业计划书等方式，为科技成果招商提供优质项目源和综合创业服务。（2）实施"创业导师共享"和"创业导师下乡"计划。应采取政府资助与志愿者志愿服务相结合的方式，推动城乡共享创业导师资源。但创业导师必须要有成功创业经历和丰富的经验，在业内有一定知名度。创业导师应以咨询、策划类为主，评审类为辅。

乡村文化振兴探讨

以文化复兴助推湖北乡村振兴

吴理财　　解胜利 *

实施乡村振兴战略，是党的十九大做出的重大决策部署，是全面建成小康社会的助推器和全面实现农村现代化的新引擎，也是新时代"三农"工作的总抓手。2018 年中央一号文件聚焦乡村振兴，提出要"坚持把解决好'三农'问题作为全党工作重中之重，坚持农业农村优先发展，按照产业兴旺、生态宜居、乡风文明、治理有效、生活富裕的总要求，建立健全城乡融合发展体制机制和政策体系，统筹推进农村经济建设、政治建设、文化建设、社会建设、生态文明建设和党的建设，加快推进乡村治理体系和治理能力现代化，加快推进农业农村现代化，走中国特色社会主义乡村振兴道路"。乡村振兴，文化先行，乡村文化振兴理应是乡村振兴的题中之义和发展之基。而从文化治理的视角审视乡村文化建设，会发现乡村文化除了文化本身的功能之外，还具有政治、经济、社会等多重价值和功能。因此，乡村文化的全面振兴，不仅可以有效地统筹推进农村经济建设、政治建设、文化建设、社会建设、生态文明建设，还能有力地助益于"产业兴旺、生态宜居、乡风文明、治理有效、生活富裕"总要求的实现。

一、文化治理与乡村文化建设

文化治理在很多国家已日益成为现代治理的一部分，中国在提出国家治理体系和治理能力现代化的宏观目标之后，关于文化治理体系和治理能力现代化的研究也渐成热潮。文化治理作为一个新概念，目前还没有形成一致认可的定义和内涵。学界对于文化治理的研究主要有以下几种路径：一是将文化作为治理工具，也就是以文化进行治理，这种理念既可追溯到中国"文以载道"和

---

* 吴理财，华中师范大学政治与国际关系学院教授。

"以文化人"的文教传统，又可对接以主流文化意识形态引导社会风气和塑造精神境界的社会主义新传统。当然，这种路径也有一种内在要求，即引导和管控文化建设及其内容的健全完善与发展。二是把文化作为治理对象，也就是将治理理念引入文化领域，这主要是对治理理念应用的延伸，把治理运用到文化领域。三是综合主义的路径，认为文化既是治理的对象，又是治理的工具，并在新的历史情境下拓展了文化治理的维度，丰富了文化治理的内涵。从文化治理的各种实践形态来反思文化治理概念，可以抽离出文化治理的政治、社会和经济三种形态，并从实践中发现文化治理的几种形态总是交融在一起，呈现出形态多样性。综合来看，文化治理就是多元主体以合作共治的方式协调治理文化，并利用文化的功能来达成政治、社会和经济等多重治理目标的过程。基于综合的文化治理内涵来考察研究乡村文化建设是一条可行之路。

现代化进程中，传统文化往往被视为落后、腐朽的文化，在新文化运动话语体系中，以乡村文化为代表的旧文化被批判为阻碍中国通往现代化的绊脚石。在革命话语体系中，乡村传统文化也多被冠以封建的污名而被"破四旧"。反观东亚发达国家与地区，在工业化和城市化进行到一定程度以后，都转向传统文化复兴为主轴的乡村振兴运动，譬如日本的"造村运动"、韩国的"新村运动"和我国台湾地区的乡村社区文化营造运动。这些运动都是在经济发展之后，重新认识到本国传统文化对于发展文化经济和塑造社区认同乃至国民精神的巨大作用。当中国进入城市反哺农村的新阶段，乡村振兴战略的适时提出不仅给乡村传统文化提供了新的发展机遇，也为乡村文化赋予了新的时代内涵。文化治理视角下的乡村文化具有政治、社会、经济三种形态和潜在的生态面向，也就是说从文化治理的视角审视乡村文化建设，可以发现乡村文化发展具有经济、社会、政治和生态的多重形态和价值，而从乡村文化体系中又可以离析出乡村文化产业、伦理文化、自治文化、农耕文化四个子系统，这四个方面的发展将有力推进"产业兴旺、乡风文明、治理有效、生态宜居"的振兴目标的实现。因此，在乡村振兴背景下，不仅要强调乡村文化的全面振兴，而且要注重乡村文化全面复兴所产生的多重价值与乡村振兴战略的多重目标之间的耦合与发展，建构乡村文化振兴的体系和具体机制，为乡村文化振兴提供制度供给和技术支持。

二、乡村文化振兴与乡村振兴战略的目标契合

乡村文化的全面复兴对于农村经济建设、政治建设、社会建设、生态文明建设具有积极的促进作用，而乡村文化复兴与乡村振兴内在价值目标的契合将

会有力推动"产业兴旺、生态宜居、乡风文明、治理有效、生活富裕"总要求的实现。

（一）乡村文化产业建设与乡村振兴中产业兴旺的目标契合

乡村文化在经济与文化相互嵌入融合发展的时代能够促进乡村"经济文化化"和"文化产业化"的共同提升。乡村文化深厚的文化内涵和独特的文化价值可以推动乡村经济产业文化，是对乡村经济赋予文化价值的丰富资源。乡村文化可以实现乡村产业化的内容丰富多彩，包括各地特有的农作物、生产工具和技术、不同地方的乡村特色建筑、山水田园景观及地方独特的娱乐习惯、生活方式等，还可以通过文化发展促进乡村旅游、乡村文化创意产业发展，并激活这些宝贵的乡村文化资源，真正使资源变资金。因此，加快发展乡村文化产业，优化乡村产业结构，实现乡村一二三产业的有效融合，将有力推动乡村产业兴旺。

（二）乡村农耕文化复兴与乡村振兴中生态宜居的目标契合

农耕文化崇尚自然，与万物和谐相处的生产、生活理念和注重循环的耕作技术可以为新时期发展生态农业提供理念和技术支持，也是形成生态宜居和美丽乡村的文化基础。农耕文化是一种和谐的生态农业文化。所谓乡村文化精髓，就是延续、传承至今的"应时、取宜、守则、和谐"的哲学内涵及协调和谐的"三才观"（天、地、人），以及趋时避害的农时观、主观能动的物地观、变废为宝的循环观、御欲尚俭的节用观。积极吸收和借鉴农耕文化的生态技术和节用理念，促进传统农耕文化的技术、理念与现代农业技术、理念的融合发展，有利于建立生态农业模式，保护生态环境，打造生态宜居的新乡村。

（三）乡村伦理文化复兴与乡村振兴中乡风文明的目标契合

乡村伦理文化内涵的礼俗活动和道德规范，可以成为新时期营造乡风文明和孕育村庄共同体文化的基础。在传统村落中，持久的和真正的共同生活，经由礼俗维护和道德教化，使人们生活在友爱相助、温馨和睦的共同体中，淳朴的乡风民风激励人们对传统乡村生活的经典想象与追求。通过复兴乡村文化的礼俗活动，重建人们之间的公共生活，既可以有效弘扬传统道德规范，也能传承古朴的乡风民风。因此，乡村伦理文化具有营造文明乡风、传承古朴民风、再造乡村社区共同体的社会治理价值。

（四）乡村自治文化重建与乡村振兴中治理有效的目标契合

乡村文化传统中所内嵌的自治和德治文化能够融合于当代乡村治理体系之中，为简约治理和基层民主治理提供文化心理基础和传统智慧经验。在古代农耕社会中形成了"皇权不下县，县下皆自治"的简约治理传统，传统乡村社会的治理就依赖于乡村文化的自治和德治传统，以及由此形成的乡村文化权力网络，通过文化进行柔性治理和简约治理也成为中国传统社会长期有效的治理方式。因此，乡村自治文化可为建立简约高效、治理有效的乡村治理新体制、新机制提供精神和文化资源，必然和乡村振兴的治理目标相契合。

三、乡村振兴战略下湖北乡村文化发展体系的建构

目前湖北乡村文化的发展还存在文化产业实力不强、乡村文化的教化作用弱化、乡村文化生态治理效应式微等现实问题。在新的时代背景和新的发展视角下，全面振兴湖北乡村文化需要多维创新，而乡村文化建设与乡村振兴战略目标的多维价值耦合也为乡村文化发展体系的建构确定了方向，规划了路径。总体而言，湖北乡村文化建设与复兴，需要四大体系的支撑，即要优化乡村公共文化服务体系、完善乡村农耕文化传承体系、提升乡村现代文化产业体系、创新乡村现代文化治理体系，进而推动乡村文化全面振兴和持续发展。

（一）优化乡村公共文化服务体系

1. 健全乡村公共文化服务设施网络。公共文化服务设施网络是提供公共文化服务的载体和平台，而乡村公共文化设施网络一直是我国现代公共文化服务体系建设的短板。这不仅影响了农民文化权益的实现，也不利于乡村振兴战略的实施。在乡村振兴的背景和要求下需要加快推进乡村公共文化服务标准化建设、乡村公共文化服务数字化、信息化建设，城乡公共文化服务均等化建设，实现乡村现代公共文化服务体系的跨越式发展。

2. 优化乡村公共文化服务供给体系。为了满足人民群众日益增长的多样化的文化需求，向不同群体以多样化的方式提供不同层次的文化产品和服务，需要不断优化乡村公共文化服务供给体系，积极构建供给主体多元化、供给内容多元化和供给方式多元化的乡村公共文化服务多元一体供给体系。通过激发多元主体活力，融合多元文化内容，创新多种服务方式，进而推动乡村公共文化服务的精准化、均等化、高效化、便捷化发展，使乡村居民有更多的文化获得感和文化幸福感。

3. 统筹城乡公共文化服务融合发展机制。乡村振兴中的公共文化服务体系建设，不能单靠乡村社会独立完成，它需要以市县为统筹，建立城乡文化人才的保障和交流机制。因此，需要加快构建优化公正、便捷的城乡文化人才的保障和交流机制、城乡文化互融内容的学习和互动机制、城乡文化学习和提升机制、城乡文化场馆的支持和指导机制，以促进城乡文化资源互动，优势互补、

信息互通，进而提高城乡公共文化服务多样化的水平，推进城乡公共文化服务均等、融合发展。

（二）完善乡村农耕文化传承体系

1. 活态化保护。对农耕文化遗产的活态化保护，就是让文化真实地展示在人们的世界里，让文化生态在流传中继承、在展示中保护、在利用中发展、在活化中实现社会效益与经济效益和文化生态效益的最佳融合。一是要大力保护农耕文化赖以生存的文化生态空间，把农耕文化遗产尽量原真地保护在它生存的环境空间，维系其生态平衡；二是要积极推进"活态"传承，健全职业学校培育、传习基地培育和家庭作坊培育的多样培育体系，确保农耕文化相继传承和后继有人；三是充分挖掘文化遗产的现代价值，保证乡村文化遗产传承者能够不断从乡村文化遗产保护中获得经济、生态和社会效益，激励农民不断积极参与乡村文化遗产的保护工作。

2. 开发式传承。对农耕文化进行产业化开发传承是市场经济背景下保护和传承农耕文化的必由之路。通过产业化开发，既可以让更多人体验农耕文化的魅力，也能为农耕文化的传承带来活力之源。一是要建立健全科学的农耕文化资源评估指标体系，加强对农耕文化资源进行评估，创新农耕文化的开发模式，为区域农耕文化产业化开发提供精确的资源数据和条件；二是要积极地把现代科学技术融入农耕文化产品开发中去，充分利用现代信息科技拓展农耕文化新的表达形式；三是要确立区域农耕文化主导产业，打造区域农耕文化品牌。

3. 整合式创新。没有创新的农耕文化，不仅在文化市场上没有竞争力，也将会对青年一代失去吸引力。因此，对农耕文化进行整合式创新，是确保农耕文化获得持久生命力的关键。第一，加强农耕文化的内容整合创新，在充分挖掘传统农耕文化资源的基础上积极汲取其他文化有益的内容与营养；第二，建立多元主体协同创新机制，引导高校、文化团体和农耕文化传承人、发掘者协同协作，对农耕文化进行有组织有计划的整合创新；第三，强化对农耕文化的价值整合创新，把农耕文化内涵的多样有益价值整合，创造性地融入农耕文化产品的开发和保护之中，真正实现农耕文化价值开发的最优化、最大化。

（三）提升乡村现代文化产业体系

1. 健全文化产业发展政策。科学的文化产业发展政策是引领支撑乡村文化产业发展的关键。因此，一是要加快完善与乡村振兴战略相配套的乡村文化产业发展专项政策，包括税收优惠政策、人才培养政策、激励创新政策等，以政策引领、推动落实；二是要加快建立支持乡村文化产业发展的专项资金与平台，包括乡村文化产业引导基金、乡村文化产业双创基金等及交流协同创新平台，以扶持推动文化产业发展；三是要把乡村文化产业政策实施及实效纳入县、乡政府考核指标之列，并建立相应的激励与约束机制。

2. 创新文化产业发展机制。创新文化产业发展机制是激活乡村文化产业发展的内在要求，事关乡村文化产业建设全局。因此，一是要进一步创新乡村文化产业发展的主体培育机制，通过内部孵化和外部引入，培育多元文化产业发展主体；二是要创新乡村文化产业的政府引导机制，构建合理的收益回报机制和风险规避机制，创新宣传引导和示范引导机制，引导多元资金和优秀人才投入乡村文化产业创新与发展；三是要创新乡村文化资源整合机制，通过创意整合、技术整合、信息整合、资金整合、资源整合，打造地方文化产业品牌。

3. 优化文化产业发展路径。湖北乡村文化产业发展还依赖于粗放式发展、封闭式发展和单一式发展的路径，阻碍了乡村文化产业的层次提升和效益提高。因此，需要优化文化产业发展路径，丰富乡村文化产业发展模式。首先，应实现由文化资源驱动向文化创新驱动的路径转变，把文化创新作为乡村文化产业发展的持续动力，打造壮大文化品牌；其次，应实现由单一型发展向融合型发展的路径转变，把乡村文化资源融入现代农业发展和乡村振兴之中，促进农村一二三产业融合发展，开发新的文化品牌、文化形态；最后，应实现由依靠内生文化资源发展向吸收多元文化资源发展的路径转变，以地域特色为体，多元文化为用，精品名牌为的，积极吸收内外多元文化的有益营养，把乡村文化产业和数字技术、互联网技术、科学技术相结合，使地方乡村文化产业不断提升层次与水平，走向国际前列。

（四）创新乡村现代文化治理体系

1. 促进乡村文化治理多元主体合作。文化治理内在地要求治理主体的多元化和多元主体的有效合作。因此，需要建立乡村文化治理多元主体的培育机制、合作治理机制，建构乡村文化治理多元主体的合作治理平台。积极主张支持党委政府、企事业单位、文化自治组织、专家、公民之间在平等合作的框架下共同参与乡村文化事务民主依法管理和综合服务。尤其是在乡村文化治理中，要进一步健全完善党委领导、政府负责、文化企事业单位做主体、社会协同、公众参与、法治做保障的文化治理体制，借鉴传统的文化组织形态、传承方式，利用现代的文化理事会、策划咨询中心、研究会等治理机制与平台，构建适应乡村社会发展的多元文化治理机制、组织与平台。

2. 优化乡村文化治理技术。乡村文化治理的效果最终体现于微观的文化治理技术。文化治理技术关系到文化内容的生产、文化组织的发育和文化方式的创新等，直接影响文化受众的文化体验和文化治理的效果。因此，一是要加快乡村文化空间的建设，在乡村文化空间的日渐拓展优化中赋予文化治理的内涵；二是优化乡村文化组织孵化技术，加快孵化更加多样化的乡村文化组织；三是优化乡村文化内容展示技术，以更易于群众接受的方式展示文化内容；四是优化乡村文化传习技术，让优秀的乡村文化得以传承和弘扬，让乡村人民在传承和弘扬中感受和体验到优秀乡村文化的魅力和价值。

3. 提升乡村文化治理能力。乡村文化治理，关键在于不断提升稳定持久的文化治理能力。文化治理能力是文化治理主体通过文化治理机制和文化治理技术的科学运用所产生出来的文化能力，它连接着文化主体与文化客体，贯穿于文化形式与文化内容始终。乡村文化治理能力的培育和再生产，是乡村文化治理体系建设的重要内容。为此，需要不断提高乡村文化价值的先进性以提升文化引领能力，不断提高乡村文化价值的凝聚力以提升文化认同能力，不断提高乡村文化治理的包容性以提升文化共治能力。

总之，在湖北乡村文化振兴中，应以文化治理的理念指导乡村文化的发展，使乡村文化成为国家整合和治理乡村社会的有效机制；以乡村文化复兴为湖北乡村振兴提供文化推力和精神动力，促进乡村文化与乡村社会在新时代的耦合发展；以乡村文化治理体系和治理能力现代化助推乡村治理现代化。一方面需要政府引导建立健全乡村公共文化服务体系、乡村农耕文化传承体系、乡村现代文化产业体系和乡村文化治理体系，为乡村文化振兴建立体系框架，加快缩小城乡发展差距，使乡村居民共享文化发展成果，共沐文化繁荣之光，在文化体验中学习现代规则理性、科技技术和伦理道德，实现自我治理和自我提升；另一方面也需要加快培育多元文化发展主体，并为多元发展主体合作共治搭建平台、建立机制，使多元主体在合作治理中增强自主性和公共性。特别要注重通过文化的浸润和熏陶，发掘和培育农民的主体性和创造性，真正形成乡村社会自我发展、不断创新的内生力量和文化能量，从而促进乡村振兴。

农业经营模式改革与创新

乡村产业振兴必须以家庭经营为基础

李谷成*

党的十九大正式提出乡村振兴战略，并将其作为七大战略之一写入中国共产党党章，明确提出了"产业兴旺、生态宜居、乡风文明、治理有效、生活富裕"的总要求。这是党中央从党和国家事业全局出发，着眼于实现"两个一百年"奋斗目标、顺应亿万农民对美好生活期待做出的重大决策。这一过程中，人多地少始终是中国农业的最大国情，并且在相当长的一段时间内都不会发生根本性变化。小农户占农民群体的大多数，实现好小农户的发展和福祉，让广大农民有获得感、幸福感、安全感，关乎党执政群众基础的巩固。所以，习近平总书记进一步强调，走中国特色社会主义乡村振兴道路，必须积极培育新型农业经营主体，促进小农户和现代农业发展有机衔接。

40 余年前，家庭联产承包责任制开启了中国改革开放的大门，极大地解放了农业和农村生产力，但这种以家庭联产承包责任制为基础的统分结合的双层经营体制也留下了"地权分散化""耕地细碎化"和"规模细小化"等后遗症，对这一基本经营制度的质疑和争论自其实施之日起就一直没有停止过。当前，随着生产力发展和经济形势的新变化，例如新型城市化的快速推进、耕地流转的蓬勃发展、各种新型经营主体的异军突起、工商资本"下乡"等，针对这一问题的讨论又重新热起来。

一、农业生产的特殊性质

从本质上看，农业具有与工业、服务业等完全不同的产业性质。农业是人

---

* 李谷成，男，汉，1982 年 5 月生，湖南长沙人，华中农业大学经济管理学院农业经济系教授、博士生导师、副院长，农业经济管理博士，主要从事农业经济学方面的研究。

类利用自然环境条件，依靠生物的生理活动机能，通过劳动来强化或控制生物体的生命活动过程以获取所需物质产品的社会生产部门。其劳动对象是有生命的动植物有机体，本质上是经济再生产与自然再生产的有机结合，具有不同于一般只是单纯经济再生产过程产业部门的不同特征。

首先，土地作为农业不可替代的生产资料，其空间位置的不可移动性、肥力的可变性和收益的级差性等独特特征，使得农业经营具有空间的分散性、土地集约经营等特殊经济问题，这要求农业劳动者能够充分了解本地自然资源条件，因地制宜实行精耕细作及充分发挥比较优势等。其次，农业劳动对象是有生命的动植物，必须结合自然条件，使得农业具有周期性、季节性等特点，生产时间与劳动时间出现一定分离，因此农业劳动者面临着自然和市场双层风险，必须遵循经济规律和自然规律的双重作用。再次，农业生产周期长，劳动成果必须在最终产品中才能反映出来，加上土地收益的级差性，使得农业劳动成果的计量和分配非常复杂，容易产生激励失效问题。最后，在各生产环节上，农业生产不能完全集结，劳动分工和专业化程度不可能像其他产业那么细致，这对单个农业劳动者的人力资本提出了更高要求，要求其掌握更多的生产技能。

上述农业与其他产业不同的特殊性质，使得农业存在监督和计量的先天困难性，监督成本较一般产业要高得多，更容易因为信息传导机制过长和生产过程复杂而产生信息不对称、失真及委托—代理问题。因此，农业的特殊性质对农业生产的经营组织形式提出了更高要求，现实中农业生产也是极少采用完全意义上的企业经营等形式。

二、家庭经营的特殊优势

新古典经济学主要关注市场，将企业简单视作一个生产函数或"黑匣子"，以科斯为代表的新制度经济学主要关注企业这种组织形式。但家庭作为一种特殊组织形式也经常参与生产和市场交易，这在农业领域尤其普遍。新家庭经济学开始将家庭及家庭内部组织分工纳入经济分析的范畴，其一个常用假设就是家庭内部的利他主义假设，即家庭内部各成员之间会存在一定的互惠性质。正是家庭内部的这种互惠性质使得其作为农业生产经营单位具有得天独厚的优势。

首先，家庭作为一个特殊的紧密利益共同体，维系其存在的不仅仅局限于一般的经济利益，还包括血缘、感情、婚姻、文化、伦理等一系列超经济的纽带。对于家庭成员而言，更容易在家庭内部产生各种利他主义行为，包括共同的家庭目标、强烈的认同感和行为一致性。其次，家庭内部上下代之间存在自身特殊的继承机制，维持了世代交替的稳定性，这会使得家庭经营存在长期而稳定的预期，并在这种预期下自愿协作，家庭内部具有其他组织形式不具备的特殊机制来实现激励相容。最后，家庭内部成员因为长期共同生活的缘故，不存在明显的信息不对称和失真问题，各家庭成员更容易根据性别、技能和年龄等差别实行有效的劳动分工，无需精确的劳动计量及"剩余权"机制等。总之，家庭作为一种特殊的组织形式，劳动激励形式多样，高度灵活，基本不存在委托—代理问题，一般无须监督，管理和计量成本小，是农业先天的最适组织形式。

三、农户规模经营问题

对农户家庭经营最流行的一个认识就是其无法实现规模经济，或者获取规模报酬，丧失了参与社会化大分工的机会而损失了效率。实际上，这其中有许多似是而非的概念需要得到澄清。

首先，需要澄清的是规模经济或规模报酬的概念。人们常倾向于用农户耕地面积来定义农户规模，包括耕地面积大小的最适规模、经济性等问题，因而得出的结论大多与土地政策有关，例如规模经营、耕地流转等。但这就很容易将农户耕地面积大小与农户整体经济规模相混淆，并造成与经济学意义上的纯粹规模经济概念含混不清。微观经济学理论中一般将规模报酬定义为所有要素投入按同一比例同时增减所产生的规模收益变化，许多研究证实这种理论意义上的农业规模报酬是不变的。纯粹经济学意义上的规模经济概念在农业上除了更多理论内容，并非实用知识，因为农业投入中所有要素按同比例变化基本上不可能，例如土地的相对固定性等。但是，我们经常发现农业实践中的规模经济概念与经济学理论意义上的规模经济概念被混淆在一起，这必然会带来农业政策及舆论上的误导。

其次，农户规模的概念与将农户作为一个整体看待的由于资源不可分性而产生的成本节约的最优经济规模概念也存在一定的区别和联系。理论上，最优经济规模是指厂商理论中"U"型平均成本曲线的最低点，这种意义上的农户最优规模，必然要求特定农业技术条件下农户实现最低平均成本上生产点所对应的耕地面积，而这个生产点上所确定的耕地面积才是我们一般强调的农户最优耕地面积。所以，严格意义上讲，农业规模经营并不等于耕地规模经营，扩大农户规模与扩大耕地规模是两个不同的概念。当然，不可否认的是，耕地由于其空间位置的不可移动性、短期调整刚性和难度大等因素，其在短期内更多地被视为一种固定或不变投入，常作为农户规模经营的"短板"出现，是实现农业规模经营的重要制约因素。但是长期看，耕地投入也是可变的，我们更重要的是去寻找一种与农户整体最优经济规模相匹配的最适耕地规模。在完善的要素市场条件下，农户作为理性的经营主体，其会自发地去寻找或实现这样一种可以实现利润最大化的耕地规模。而不是倒过来，先去人为地设定一个农户最优耕地规模，特别是武断地划定一个具体的耕地规模数字作为判定农户是否实现规模经营的标准，因为这样显得更加本末倒置。

最后，从理论上讲，一个产业之所以具备规模经济，主要是因为该产业会用到不可分割的要素投入。例如支持农业规模经济的重要依据就是农业存在大量不可分性要素投入，特别是农业机械包括拖拉机等具有不可分性。但经典作家舒尔茨等早已证明了农业机械不可分性的虚假性。例如，日韩等人多地少的东亚国家通过走中小型机械化的道路同样实现了农业现代化。就目前中国农业的生产技术而言，绝大多数要素投入都是可分割的，即使就机械化而言，中国农业也在家庭联产承包责任制条件下通过服务"外包"等方式走出了一条有中国特色的机械化道路。而且，现代农业许多农艺与生产环节是可以分离的，比如育苗、整地、植保、收割等环节都可以独立出来，进行专业化分工协作，由专业化的社会化服务组织统一提供，这些都极大地拓展了农业的分工空间。中国农业中大量出现的各种形式的服务"外包"现象，一方面说明了农业生产也是可以实现有效分工的，另一方面进一步说明了农业可以通过生产环节的有效分工来获得规模经济，耕地集中只是规模经营的充分条件，而非必要条件。总之，农业规模经营与农户家庭经营并不冲突。

四、农户家庭经营效率问题

谈到农户家庭经营，就必然要讨论其效率问题。因为否定家庭经营的一个重要依据就是其效率低下。但是在当下的讨论中，对"农户效率"的定义本身并不是十分清楚。

因为从农户土地生产率、劳动生产率、成本利润率等角度全方位来看，农户效率与农户耕地规模的关系结论并不相同。例如，国际农经界一个经典的假说就是农户规模与农业效率之间存在反向关系，并将其作为传统农业的重要特征，这实际上指的是农户耕地规模与其土地生产率的关系。重要的是，小农户与大农户对成本的衡量并不尽相同。大农户的成本较容易通过市场价格来衡量，包括小农户的物质投入成本等，但两者成本核算的难点主要在于劳动力成本。理论上，因为恰亚耶夫意义上自我剥削机制的存在，在缺乏外部就业机会及资本的情况下，小农会投入过高的劳动时间成本以及对资本进行替代，导致其劳动边际报酬率会低于其市场工资。如果我们同样用市场工资来衡量小农的劳动力成本的话，就会高估小农的成本，从而低估其竞争力。"入世"以来包括一些发展中国家的农业实践表明，小农户并不是人们所想象的那样缺乏竞争力，其维生能力是相当强的。

从生产效率的表现来看，就土地单产而言，因为自我剥削机制的存在，小农户的单产要高于大农户，这已经为发展经济学和农业经济学文献所证明，即所谓的反向关系假说。从利润率来看，关键是如何核算总成本尤其是劳动力成本。如果全部按市场价格来核算的话，大农户肯定会优于小农户，但如果按劳动边际产出来核算劳动力成本，小农户未必就会劣于大农户。当然，就劳动生产率而言，因为大农户倾向于雇佣劳动和多使用机械，而小农户倾向于扩大劳动投入强度，所以小农户的劳动生产率水平一般要低于大农户。从综合反映要素使用状况的全要素生产率指标来看，因为资本与劳动存在相互替代的关系，许多实证表明大小规模农户在全要素生产率指标上并不存在显著差异。

所以，经济学说史上也不缺乏小农优势的案例。舒尔茨就曾提出"效率小农"的观点，认为小农在资源配置上体现出的经济理性并不逊色于任何资本主义企业家，发展现代农业依赖于引入新的生产要素。恰亚耶夫基于大量事实数据详细论述了小农农场相对于资本主义发达农场的优越性，指出农业的未来主体应当是小农农场而不是"农业工厂"。黄宗智认为中国农业的现实和未来方向是资本—劳动双密集型的小规模家庭农场，而不是资本主导的"横向一体化"。总之，农户家庭经营的效率问题仍然是一个值得明确的问题。这主要取决于整个政策导向上需要优先考虑的政策目标。从保证食物安全、确保农产品有效供给的农业政策角度出发，小农户相对于大农户享有土地生产率上的比较优势，目前的基本经营制度仍然是有效的制度安排。从提高劳动生产率、促进农民农业收入增长和提高农业经济效益的角度出发，大农户相对于小农户享有劳动生产率和市场利润率上的比较优势，应该积极发展多种形式的规模经营，扩大农户农地规模。

五、小农之殇与家庭经营

家庭经营很好地解决了农业生产的内部组织问题，比如传统农业阶段，家庭经营就焕发出了旺盛生命力。但随着社会化大分工生产方式的出现、市场经济的蓬勃发展及市场交易形式的日益复杂，传统小农与现代市场经济不匹配的问题越来越突出。这主要体现在规模狭小、分散化的小农无法克服高昂的交易成本融入千变万化的大市场，即使融入也很容易产生"羊群效应"，再就是小农的抗市场风险和自然风险能力很弱，导致其无法分享到社会化大分工和市场交易的收益，只能长期简单地处于一种维生状态，我们称之为"小农之殇"。因此，无论是在斯密的自由经济论中，还是在李嘉图的国民分配论中，都是没有小自耕农经济的历史地位的。诸多观点更是直指超细小的农场规模是改革开放以来我国现代农业建设成效不显著的"罪魁祸首"，不改变这种状况，就无法实现乡村振兴和产业兴旺。

　　那么，中国的小农问题到底是家庭经营这种组织形式带来的，还是中国特有的刚性资源禀赋条件或自然环境所决定的？这是一个根本逻辑，但很多政策方案实际上将两者相混淆，似是而非。我们不禁要反问：采用其他组织形式的农业制度安排，就不会产生劳均耕地规模"分散化""细小化"的问题吗？我们这里特别想强调农业发展所面临的刚性资源约束条件——人多地少问题。如果考虑到这样一个大前提，我们就可以提供一种"制度无关论"：当今农业因为规模狭小而产生的各种问题，与家庭经营这种具体组织形式无关，以家庭经营为基础的广大小农所面临的尴尬境地只是由于我国人地关系紧张以及相关地理环境所决定的。进一步推论的话，那么这种状况就会存在显著的地区差异，比如人地比例压力相对不大的东北地区与南方丘陵地区应该会存在较大不同。

　　从平均意义来看，人多地少作为我国的基本国情，在未来相当长的一段时期内不会发生太大改变。根据国家第三次农业普查数据，截至2016年底，全国2.3亿农户，其中2.1亿农业经营户，平均每户承包8亩地；自2008年以来土地流转速度加快，到2016年，流转土地面积占到全部承包耕地的35%，经土地流转后30亩以上规模的农户为1052.1万户，50亩以上的农户为356.6万户，仍有65%的承包耕地依然由原承包农户耕种。到2050年我国全面实现现代化，预计城市化率达到70%的最优水平，按人口总量15.34亿的最高值计算，农村4.6亿，劳动力至少1亿，按18亿亩耕地红线计算，每户大约也只有18亩耕地。这不仅仍然长期远低于美澳等国的农场规模，也要低于日韩约30亩的平均规模。按世界银行30亩以下农户为小农户的定义，小农生产模式仍将长期占据我国农业生产的主要地位，要实现乡村振兴和产业兴旺，不可能离开广大小农户的广泛参与。

　　因此，当今农业出现的所谓"小农之殇"，并非家庭经营这种组织形式所造成的，先天的刚性资源禀赋条件和地理环境才是根本原因。无论我们是否愿意，无论采取何种组织形式的制度安排，如公司农场、订单农业、集体化农场等，在本质上，都无法从根本上解决人地关系紧张的问题，也就无法解决劳均耕地规模狭小而产生的小农经营问题。恰恰相反，其他各种制度安排却可能因为农业生产的特殊性而产生各种各样的激励问题，例如监督成本过高、信息不对称与失真、委托—代理问题等。也正是因为农业生产的特殊性，家庭经营才成为其最适的生产组织形式。另外，从国际经验来看，即使在以美、加、澳等为代表的资本主义大规模农场中，家庭经营也仍然是最基本的组织形式——家庭农场，其中虽然会引入雇佣劳动，但无论是土地国有基础上的集体化生产还是完全公司化运作的公司农场基本上都没有发育起来，或者并没有占据主流形式。在其他发达国家如欧洲的法、德和亚洲的日、韩等的农业经营中，家庭农场也都占据了主流形式，并没有发育成为完全工商资本雇佣劳动的公司农场或者其他组织形式。

六、结论性述评

总之，基于农业生产的特殊性质和家庭经营的特殊优势，农业家庭经营具有旺盛的生命力，它不仅可以包容不同的生产力水平和所有制形式，也可以为不同社会制度所接纳。无论是"贫穷而有效率"的传统农业，还是高度商品化、规模化和社会化的现代农业；无论是公有制条件下的社会主义家庭联产承包责任制，还是私有制条件下的资本主义发达国家的家庭农场、家族公司等，都显示出了强烈的家庭经营性质。全世界农业市场的最大份额都由家庭小农场来承担。陈锡文同志就曾指出："不是家庭选择了农业，而是农业选择了家庭，世界各国概莫能外。"因此，当前农业规模的过度细小化并非家庭经营的产物，而是农业先天资源禀赋和地理环境条件的自然结果，尤其与人地比例失衡有关。

诚然，农场规模是农业竞争力的重要影响因素，但在长期无法获得根本改观的刚性资源禀赋条件下，依靠扩大单个生产单位的规模来获取农业内部规模经济基本上是不现实的，那么就只能寄希望于通过生产经营单位之间的联合来获取农业的外部规模经济。要解决这一问题，就必须给农户家庭经营提供一个良好的外部制度条件——现代化的农业社会化服务体系作为配套。通过社会化服务体系建设刚好可以为小农发展提供合适的外部条件，实现小农户与大市场的顺利对接，而且可以通过获得农业外部规模经济来提高农业竞争力，避免小农"衰落"的命运。这具体是指由社会上各类服务机构尤其是各类专业化市场化服务组织为农业生产提供产前、产中、产后过程的综合配套服务。因为随着现代农业技术的发展，许多农艺和生产环节是可以分离的，可以由专业化的社会化服务组织统一提供，其中最为典型的就是蓬勃发展的农机跨区作业等服务"外包"模式。

所以，当今农业面临的问题仍然是考虑"动人"，再考虑"动地"的问题，还远没有到考虑"动家"的地步。这就必然依赖于整个宏观经济的总体增长过程，需要工业化、城市化和社会保障体系的完善为农业规模经营创造条件。实际上，这一过程中，相信农户家庭经营本身也会随着生产力的不断发展而进行适应性调整。农业社会化服务体系则不仅有助于适度规模经营的发展，更重要的是其不存在规模偏向，不排斥小农，可以同时兼容各类新型经营主体与小农户，让千家万户分散的小农能够分享到规模经济和市场分工的收益。在新的历史条件下实施乡村振兴战略，实现产业兴旺，就必须立足于我国农业仍然是以小农经营为主的基本国情农情，以建设现代农业社会化服务体系为抓手，实现小农户与现代农业的有机衔接，补齐小农户这一占据农民大多数群体的发展短板，让亿万小农户共享农业农村现代化的发展成果，这也正是以人民为中心的发展思想的集中体现。

推进农业适度规模经营，助力乡村振兴

——农业规模经营发展现状、瓶颈与对策

聂　艳　吴红霞　宋尚峰*

农业规模化经营是我国农业现代化发展的必然方向，是改变我国农地碎片化耕种、转变农业生产方式、提高农业生产效率和农民生活水平、实现农业现代化的重要途径。随着我国新型城镇化和农业现代化深入推进，农村劳动力大量向城镇转移，新型农业经营主体不断涌现，农地流转和适度规模经营已成为发展趋势。加快发展湖北省（尤其是江汉平原）农地适度规模经营，关键是要紧扣协同、创新这一主线，着力推进体制机制改革，减少政策差异及利益障碍，逐步形成"政府引导、市场调节、农民自愿、流转有序、管理规范"的农地流转新格局，发挥农地规模经营效益，助力乡村振兴战略实施。

一、农地流转和农业规模经营的发展现状

（一）流转概况

近几年来，我国农地流转规模逐年扩大。数据显示，1996年全国耕地流转比例仅有2.6%，到2010年流转比例增加到14.7%，到2016年底，流转耕地面积占比已达到35.0%。这意味着全国流转耕地已超过1/3。而作为农业和产粮大省的湖北，2016年底耕地流转面积达1633万亩，只占到全省耕地面积7867.9万亩的20.75%，大大低于全国耕地流转水平，规模化经营仍有较大的发展空间。但江汉平原地区，更适宜农业规模化经营的发展，在这方面走在了全省之先。据调研组先对潜江市农地流转的调查，截至2017年11月底，潜江市农户家庭承包土地面积69.94万亩，流转土地面积35.18万亩，土地流转率达50.3%，远超全国平均水平。土地流转规模的扩大与新型农业经营主体的发展壮大也是

---

* 聂艳，华中师范大学城市与环境科学学院副教授。

相辅相成的。目前潜江市已拥有龙头企业、农民合作社、家庭农场和专业大户等新型农业经营主体 4300 余家，其中龙头企业 60 余家，农民合作社 1072 家，家庭农场 469 家。

（二）流转模式

潜江市农地流转主要有四种模式：

1. 专业大户经营型

专业大户经营者大多是具有专业种植、养殖能力的农民，他们大多生于农村，长于农村，拥有良好的群众关系，对周围农民能起到较好的示范作用。专业大户生产经营灵活，但专业素质参差不齐，稳定性较差，抵御自然风险和市场风险的能力较弱，需要外界更多的专业技能培训和技术成果支持。

2. 专业合作社经营型

专业合作社属于典型的"小农户，大服务"经营模式，通过向农民提供产、供、销服务，一方面减少了农户与企业之间产品交易的中间环节，降低生产成本，另一方面深化了社员之间的劳动分工，提高了劳动生产率，增加了产品产出率。调研组先后调查了潜江市虾香浓对虾养殖专业合作社、农耕园种植养殖专业合作社、龙鹏果蔬种植专业合作社等 20 多家专业合作社，发现专业合作组织主要采取转包、出租、互换、转让及入股等方式进行土地流转，在农民增收和农业产业化发展中发挥着重要作用，但其内部的合作机制有待进一步完善。

3. 家庭农场经营型

家庭农场规模相对较小，产权明晰，便于管理，经营方式灵活，能够针对市场变化及时调整农业产业结构和产品类型。目前，潜江市家庭农场基本按照"政府引导、家庭组织、市场运作"的要求，以追求效益最大化为目标，通过创新技术和多样化的产品来拓宽农业种养模式。潜江市早丰王家庭农场围绕"田园变景区"这一主题，坚持农业经济与观光旅游相结合的规模经营发展模式，通过"农户 + 农户"的流转模式进行土地连片整合，累计流转农地达 500 多亩，投资 600 万元。在具体实践中，该模式的新型农场主培育、政府资金扶植以及融资渠道等方面的问题，还有待深入探讨提出解决方案。

4. 龙头企业带动型

以"公司 + 基地 + 农户"的组织形式为主，一方面将土地集中起来进行规模化生产经营，农民不需担心农产品的销路问题，另一方面也可以延伸农业产业链条，利于农业产业结构调整、产业化和规模化经营。目前，潜江市华山水产食品有限公司已经形成水产培育养殖、水产加工贸易、虾壳深加工和四化同步四大主导产业，辐射带动 8 万多户养殖户增产增收，为农户提供产前、产中、产后全程服务，实现"三级（产业化龙头企业、农民合作社组织、股民式农户）利益"联动机制，为农地规模经营模式选择与发展提供了新的实践借鉴和发展思路。但该模式如何更好地稳定农户与企业之间的契约关系，探索共赢共享共同发展的方式，以及有效保障农户的合法权益，仍是有待解决的问题。

二、适度的农业经营规模

中央文件提出，要发展适度的规模经营。何为适度？在湖北平原地区，农业经营规模多大为宜？课题组就此问题进行了研究。

（一）潜江市承包户的经营规模和收益情况

根据潜江市 2017 年统计年鉴提供的数据，按照现行土地承包政策统计的农户经营规模为户均 13.47 亩、劳均 6.28 亩。经营规模较小，具有较大的扩展空间。

抽样调查也反映出类似的情况。根据我们对潜江市 176 户农户进行问卷调查的结果，农户经营面积在 5 亩以下的占有效样本总数的 32.80%，5 - 10 亩的占 36.00%，10 - 15 亩的占 20.80%，15 亩以上的仅占 10.40%。从农户经营的地块数量来看，户均农用地地块数为 3.33 块，平均地块面积仅为 2.25 亩；其中农地块数为 2 块及以下的农户所占比例均小于 15%，而农地块数为 3 块、4 块、5 块及以上的农户比例，分别达到 31.20%、24.00%、16.80%。问卷调查结果反映潜江市当前农户的经营规模较小，且农地分割情况比较明显。

（二）新型农业经营体的经营规模和收益情况

抽样调查结果显示，各类新型农业经营体的经营规模不一，农业大户的经营规模在 50 - 100 亩左右，家庭农场的经营规模在 100 - 500 亩左右，而专业合作社和龙头企业的经营规模都在 1000 亩以上。新型农业经营主体在水稻、油菜等传统种植业领域，亩产等指标与传统分散农户差异不大，但新型农业经营体善于主动应用现代农业科技成果、批量购买生产资料、拥有机械化工具，种子、化肥、农药等生产资料的平均成本降低 10% - 15%，购买农业机械后也不用按亩支付机械耕整费（一般 120 元/亩）、机械收获费（80 元/亩）等费用，同时也会通过发展农产品标准化生产基地、开展无公害农产品产地认证等提高农产品质量，因而新型农业经营主体在传统种植业领域的土地收益比分散经营农户增加 100 - 300 元；如果以鲴鱼、小龙虾等养殖业为主，土地收益每亩增加 1000 - 3000 元。如后湖管理区后湖分场孙先生一家承包鱼塘 50 亩，进行鳜鱼、鳝鱼一莲等的多元化养殖，年毛收入近 35 万元，纯利润达 20 万元；潜江市楚韵家庭农场采用冬蔬菜、秋甜瓜五季轮作、早中晚三季育秧模式、早中晚三季虾稻连作模式，亩平均增收 5000 - 10000 元。

（三）农业经营的适度规模

科学把握好规模经营的度，应结合剩余劳力、资源禀赋等，科学测算农地适度经营规模范围，除大型龙头企业外，应重点扶持土地流转面积为 50 - 500 亩的规模经营主体，防止脱离实际、违背农民意愿、片面追求超大规模经营的倾向。农户最优经营规模是在可利用的土地、劳动力和资金有限条件下进行的资源优化配置所决定的，一般基于农户可耕种能力而计算。借鉴钱克明等对我国粮食作物的适度经营规模计算方法，我们对潜江市农户适度规模进行了简单估算。

为科学测算农地适度经营规模，我们基于 176 户农户问卷调查数据，借助 C - D 生产函数和收入最大化模型，对适度经营规模进行了定量测算，得到户均适度经营规模为 55 - 70 亩，劳均适度经营规模为 25 - 32 亩，其中劳动力产出弹性为 0.6198，说明每增加 1% 的从事农业生产的劳动力，农业产值增加 0.6198%；固定资本产出弹性为 0.1355，说明每增加 1% 的农业机械化投入量，农业产值增加 0.1355%；流动资本产出弹性为 0.2699，说明每增加 1% 的种子、化肥、农膜等生产要素的投入，农业产值就会增加 0.2699%；农地产出弹性为 0.8342，说明每增加 1% 的农业种植面积，农业产值增加 0.4749%。各要素投入之和大于 1，说明潜江市农业生产处于规模报酬递增阶段，在当前农业生产条件和经济发展水平下，扩大农业生产规模将会带来农业产出的增加和经济效益的提高。

以目标收益对上述测算数据进行检验，测算得到适度规模经营目标值为 29 亩，位于测算的适度经营规模范围内；《农民日报》2017 年 2 月 25 日第三版提到，基于劳动力机会成本测算得到中部地区劳均适度经营规模最高标准为 20 - 35 亩，按家庭人均 2.5 个劳动力计算得到中部地区户均 50 - 75 亩，与测算的适度经营规模范围吻合。因此认为劳均适度经营规模为 25 - 32 亩和户均适度经营规模为 55 - 70 亩可以作为潜江市农户适度经营规模的标准，并以此估算不同类型经营主体的农地经营规模。

三、农业规模经营遭遇的主要瓶颈

（一）农地流转合同难敌农民违约，"土地易主"难以控制

土地流转不稳定。由于经济效益较高的特色农业、设施农业等对高租金的承受能力远高于传统种养业，在土地要素价格驱动下，一些农户往往违约，易主流转。调研组在潜江市后湖农场访谈时发现，潜江龙鹏果蔬种植专业合作社就发生了违约易主情况。该专业合作社主要从事粮食、水果和蔬菜种植，2008 年前签订的合同规定每亩土地租金基数为 300 元，合同期为 10 年，而同区域稻虾种植大户、休闲农庄经营者愿意支付的土地租金已上涨至每亩 600 - 1000 元/

年。于是部分农民单方面违约，极大地影响了龙鹏果蔬种植专业合作社的规模经营效益。由于当前对流转农户缺乏实质性的制约机制，又有罚不责众的惯例，当农民违约时，流转合同瞬间就会变成一纸空文。流转土地不稳定，则影响到新型农业经营主体对农地长期持续的投入。

（二）农地流转价格持续高涨，挤压农业生产经营盈利空间

在国家利好政策引导下，土地流转步伐加快，流转费用也不断上涨，对从事规模化种植、养殖的农业经营主体而言，土地租金已经成为经营的主要成本。调研组在潜江市调查发现，该地区的土地流转价格已从 2010 年的 300 元/亩·年，上升到 2016 年的 800 元/亩·年（近郊已经达到 1200 元/亩·年）。调查组在宜都市、武穴市等地调查时也发现存在同样的问题。由于部分农户土地租金要价过高，致使那些想进一步扩大规模的种养大户或合作社最终只能选择放弃。由于新型经营主体的盈利空间不断被流转租金挤压，加上农业规模种植低效、基础设施配套不完善等问题，新型经营主体难以增收，土地流转也就难以发挥其功效。

（三）特色农业经营缺乏配套用地，阻碍农村三产融合发展

当前我国正在推行农业供给侧结构性改革，推进农村一、二、三产业融合发展，助力乡村振兴。潜江市在发展现代都市农业过程中，积极鼓励经营主体发展休闲观光农业、园区农业等新兴业态，但其中也涉及农业产业发展与土地资源管理的矛盾。如农业休闲观光项目、农业园区类项目，不属于设施农业，与项目相关的餐饮、住宿、会议、大型停车场、工厂化农产品加工、产品展销等用地，必须按非农建设用地管理，符合土地利用总体规划，依法办理建设用地审批手续。潜江市的许多休闲农业经营者反映产业发展所需的配套建设用地申请手续复杂、指标紧张、审批难，而目前湖北省在休闲农业建设用地供给上尚未出台相对应的文件或意见，让相关的新型农业经营主体难以在农村三产融合发展方面产生更大引领作用。

（四）农地产权融资能力有限，融资难、融资贵的问题仍普遍存在

1. 农业合作社、家庭农场和专业大户等非企业法人普遍面临融资难的问题。目前湖北省潜江市信贷抵押担保、农村信用体系建设相对滞后，而合作社、家庭农场和专业大户并非企业法人，缺乏金融机构认可的一般抵押物，信用等级低、财务管理不够规范，造成贷款难度较大。虽然现在潜江市大力推行农地经营权抵押贷款融资，但受一系列限制条件的影响，土地产权融资能力依然有限，特别是大额贷款和中长期贷款问题尤为突出。2016 年潜江市新型农业经营主体的银行融资满足率不足四成，其中合作社、家庭农场和专业大户的银行融资满足率均在 30% 以下。

2. 大型农业企业面临融资贵的问题。相对于合作社、家庭农场和专业大户，

农业企业的法人地位明确、有金融机构认可的抵押物，其面临的问题不是融资难，而是融资贵。针对潜江市熊口镇、竹根滩镇等地的调研发现，农业企业的贷款成本最高可达 8 个点，主要包括基准利率上浮、评估费、审计费、担保费等。同时，申请贷款的门槛高、手续繁杂、批贷时间长，难以满足农业生产的季节性需求，不少农业企业经营者明确表示更倾向于民间借贷。

（五）农地长期投入面临政策瓶颈，影响投资与经营预期

1. 新型经营主体在土地整治、基础设施建设的政策实施方面缺乏话语权。以某观光农业基地为例，流转土地后，合作社根据自身种植需求投入资金对部分地块进行农田水利改造，但后来这些土地却必须要按政府主导的土地整治和小农水利建设要求推倒重来，而有的政府投建的部分工程设施并不符合基地农业生产的需求，这就存在双重投资的浪费。

2. 流转期限的不确定性。在农地承包年限方面，虽然中央明确"保持土地承包关系稳定并长久不变，第二轮土地承包到期后再延长 30 年"，但调研组也注意到，由于农村承包地确权登记颁证还未全面完成，许多新型农业经营主体非常关注土地承包到期后的土地流转政策如何落地，包括优先续租的条件、前期投入设施设备的补偿和处置等问题，个别经营者明确表示这种不确定性将影响经营决策。

四、推进农业适度规模经营的对策建议

（一）健全农地流转政策体系，释放规模经营活力

1. 准确定位农地流转中政府的角色。农地流转是一项涉及多个利益群体的复杂、具体和细致的工作。地方政府既要克服强制农民进行土地流转的"越位"行为，又不能对农地违规流转放任自流，产生疏于规范服务的"缺位"行为。地方政府应作为农地流转市场的引导者、农地流转制度的实施者、农地流转规范的管理者和农地流转平台的服务者，要协调处理好农户、新型农业经营主体、集体经济组织以及其他市场主体之间的关系。

2. 加强法制建设，引导农地有序流转。应规范农地流转行为，通过制定统一的书面流转合同，对流转方式、期限、面积、用途、租金及违约责任等内容做出明确约定；科学界定土地流转程序，全过程监督土地流转的各个环节；完善农地流转价格评估制度，合理处理农地流转主体间的利益分配比例；建立健全农地流转纠纷调解仲裁体制，协调化解农地流转纠纷；积极落实第二轮土地承包到期后再延长 30 年的政策，为农地流转奠定法理基础。

3. 创新流转机制，促进农业规模经营。创新土地流转模式，在出让、转租、转包、出租、互换、转让、抵押和入股等现有土地流转模式基础上，探索建立

"土地信托公司""土地股份合作社""土地银行"和"土地管家"等土地流转模式，降低土地流转风险。强化集体所有权作用，在尊重农户、经营主体在农地流转和经营规模中的自主权的前提下，加强村集体对土地流转的指导、监督、协调，形成规范的农地流转管理机制，建立土地流转备案登记制度，加强土地流转档案管理。强化土地流转用途管制，防止农地非农化流转，依据《关于进一步支持设施农业健康发展的通知》（国土资发〔2014〕127号），严格进行设施农业用地管理。加强典型培育和宣传推广，发挥鲜活案例的引领示范作用，减少农户顾虑，引导农户从传统的"守土"观念中解放出来，减少农地规模经营阻力。

（二）创新融资渠道风险缓释机制，助推农业规模化经营

1. 探索农地流转融资模式，拓宽融资渠道。完善金融支农组织体系，建立健全多层次的农村金融市场，围绕区域优势和特色农业产业建立专营服务机构和专业支行。创新金融产品和服务方式，依托政策性银行、商业银行以及民间组织成立的农业投融资平台和贷款担保平台，探索银保合作、财政投入与信贷资金结合的新模式。建立健全农地承包经营权抵押贷款机制，探索"农地抵押＋五户联保""农地抵押＋个人信用"和"农地抵押＋动产质押"等信贷模式，以提高贷款授信额度、降低贷款门槛，创新农地抵押贷款信贷产品，破解规模经营资金难题。

2. 构建多重风险缓释机制，助力金融兜底。建立健全农业经营保险机制，开发种植业、养殖业保险等农业商业性保险产品，逐步建立"低保费、广覆盖"的农业巨灾风险分散机制，形成金融、保险支农合力。创新"风险缓释＋贴息"的机制设计，建立健全"政府风险金＋产权市场风险金＋国有担保公司＋银行＋专业市场处置"等多重组合的风险缓释办法，地方政府给予农地承包经营权抵押贷款一定年限的贴息，缓解融资难题。改革农业补贴政策，优化调整农业补贴结构，探索订单奖励补贴、规模化补贴、农业产业聚集专项补贴等类型，夯实放活农地规模经营的政策着力点。

（三）培育新型经营主体和创新经营模式，提高规模效益

1. 加大新型农地规模经营主体培育力度。创新农业经营主体，依托生产、供销、信用等"多位一体"的方式，探索"农业大户＋专业合作社""家庭农场＋专业合作社""龙头企业＋专业合作社＋农户""家庭农场＋农业社会化服务"等多种利益联结的新型农业生产经营主体，充分发挥农业技术推广机构和供销合作社的作用。加大地方政府对规模经营主体的财政扶持力度，改善农业生产基础条件，推进小农水重点县建设，土地整治、农业综合开发等涉农资金向新型农业经营主体倾斜。以农业园区为平台，都市农庄为载体，加大培育现代高效农业示范园区，优化农业区域化布局、规模化生产、集约化经营，大力

推进特色农业现代化。

2. 拓展创新经营模式，助力适度规模经营。强化供销、技术、机械、金融等作用，创新多元的农地规模经营模式，拓展"土地管家"内涵，关注"耕、种、管、收、储、加、销"等全过程管理，推进现代农业全产业链发展和农村多产业融合发展。鼓励农业经营主体整合土地，集中规模种植各类作物，对连片种植达到适度规模经营的，由地方财政给予适当补助。打造特色农业品牌，树立高新农业典型，培育生态品牌产品。培育壮大龙头企业，借助保底收购、股份分红、利润返还等确保农户最大利益。支持农业龙头企业通过兼并、重组、收购、控股等方式组建大型企业集团创建规模经营产业化示范基地，引导龙头企业集群发展。丰富专业合作社或新型经营主体的组织职能，不仅发挥其在农业技术指导、培训到农产品加工、销售中的重要作用，也要增加其在信用、保险、设施利用与生活指导等方面的职能，探索"土地托管服务＋公司＋农资经营""土地托管服务＋合作社＋为农服务"等新型农业社会化服务模式。

（四）科学把握经营规模，发挥农地规模效率和优势

坚持区域差异，提高农地规模经营效率。流转市场发展的目标是提升流转土地的使用效率，并非流转率的高低。地方政府应加强农地规模经营条件评价与分区划定，将农地规模经营与农地资源空间异质有机结合，重构或优化村域生产空间格局，提高土地使用效率；将农地规模经营与农业产业布局、专业化生产有机结合，以打造特色农产品优势产区及延伸产业链为目标，融合多种农业产业和推行高效种养模式，发挥农地规模经营效率。

（五）健全新型农业社会服务体系，提高综合服务能力

1. 培育多元服务组织，创新社会服务方式。坚持政府扶持和市场引导双重推动，创新服务机制，以公共服务机构为依托、合作经济组织为基础、龙头企业为骨干、其他社会力量为补充，加快发展农业科技推广、测土配方施肥、农副产品流通、农机社会化服务、农村金融服务等生产性服务业组织。基于"互联网＋"，大力发展电子商务，推动在地农业、在场农业、在版农业向在线农业转型升级。开展农业生产全程社会化服务机制创新试点，支持科研教育机构承担农技推广项目，鼓励科研单位和高校与县（市、区）开展合作共建，加快农业科技创新和成果转化。开展政府购买社会服务运行机制试点研究，探索制定政府购买农业公益性服务的指导性目录，健全购买公益性社会服务的程序、交易平台和监督机制。

2. 完善农村社会保障体系，规避失地风险。深化农村产权制度改革，实现三权分置，推动以农村集体经济组织成员身份认定和成员权限界定为核心的农村集体产权制度改革，激发农地流转的内生机制。强化土地承包权的物权特性，

健全多层次、全方位的农村社会保障体系（养老保险、医疗保险、失业保险、最低生活保障、子女教育等），增加失地农民的安全感，弱化对土地的社会保障功能依赖，消除农村承包土地转出方的后顾之忧。加大对农村社会保障的财政投入力度，完善中央财政对农村社会保障的转移支付制度，建立农村集体土地流转基金、流转保证基金和流转风险基金等，加强农村社会保障基金的管理和运营，确保实现农村社会保障基金的保值增值，保障农民权益。

3. 建立健全其他要素市场，提高服务能力。推进农地流转中介服务机构建立，以发挥农地供给主体和需求主体对接职能，推进便捷的多元化服务形式，发掘农地流转市场活力。完善农村劳动力市场，加强新型职业农民培训、教育和认定工作，提升产业技能和经营能力。同时，引导部分务农农民到非农岗位就业，加强对农户非农职业技能培训，增强农民在非农产业就业市场的竞争力。加快农业科技（生物技术、良种培育、丰产栽培、农业节水、疾病防控、防灾减灾等）的应用和新型经营主体的精准培训，完善农业生产科技体系和农户自主创新，为农地规模经营提供原始动力。加强农村经营管理机构队伍建设，提高农村土地流转管理服务能力。

（六）建立健全产权交易平台，助力农地流转市场建设

1. 搭建农地流转服务信息平台，推进农地流转。建立完善县、乡、村三级农地流转服务体系，加快农地流转管理信息化平台建设，公开农地流转信息及相关政策，逐步实现农地流转信息的网络化管理。建立健全县、乡两级土地流转服务中心和交易大厅及村（居）委会土地流转服务站。鼓励各类服务组织和企业参与农村土地经营权流转服务，建立专业的中介服务组织和服务平台，搭建农村土地经营权流转服务市场，逐步实现流转服务的市场化。在"互联网＋"大背景下，加快建立农业大数据平台，构建多元化产品销售渠道，推动农业与其他产业资源整合及农地规模经营与精准扶贫、乡村振兴等多元素跨界融合。

2. 优化农地流转交易平台功能，提升流转效率。完善基础信息数据库，依托农村承包地确权登记数据库，将农地承包地经营权及农户基本信息、新型经营主体基本信息等资料纳入农地流转信息管理系统，为农地流转扶持政策实施提供依据。创建流转合同电子版（含二维码），实施土地流转网签，通过二维码可自动查询合同的流转面积、价格、用途、期限等关键信息，完善到期提醒、诚信度反馈等功能及交易平台。设置农地流转准入门槛，健全农业经营者的经营资格审查机制和土地流转用途管理机制，防止流转土地非农化。加强流转价格的跟踪、检测和分析，平衡土地经营权交易双方的权益，注重保护农业经营者的生产积极性和创造性。

合同契约视角下农业生产托管利益分配机制比较研究

李　乾　王玉斌　敖梓渊*

一、引言

适度规模经营是现代农业发展的方向，也是后发大国农业转型的必由之路。[1]我国土地流转率由 2007 年的 5.2% 上升至 2016 年的 35.1%，土地流转在推动农业规模经营发展中发挥了重要作用。但是，近年来土地流转势头减弱，流转土地面积增速放缓，基于土地流转的规模经营所内含的交易费用不断提高，制约着农业规模经营的进一步发展。此时，以经营权细分及交易为基础的服务规模经营开辟了农业规模经营的新途径[2]，成为土地规模经营的有益补充，推动并逐渐形成了土地规模经营与服务规模经营并存的农业规模经营发展格局。服务规模经营具有不同的实现形式，其中农业生产托管是当前农业生产性服务业服务于农业、农民的重要表现形式，在各地生产实践中产生了良好的经济效益。

农业生产托管能够有效实现服务组织与服务对象之间共赢。2017 年，农业部开展农业生产托管等农业生产社会化服务项目试点，作为项目省之一，河南省项目区内通过开展秸秆还田、深耕深松、统防统治等农业生产托管服务，小麦单产平均提高 5% 以上，亩均节本约 50 元，实现节本增效 110 元/亩左右。就具体农业生产托管服务组织而言，成立于 2009 年的江苏省睢宁县绿农植保专业合作社，是徐州市首家植保专业合作社，合作社通过开展小麦生产全程托管，

---

　*　基金项目：国家社会科学基金项目"农地交易的农户行为响应及福利变动研究"（18BJY145）；农业部委托课题"农业生产托管发展情况调度分析"（21087166）。
　　作者简介：李乾，中国农业大学经济管理学院博士研究生，主要研究方向为农业经济理论与政策；王玉斌，中国农业大学经济管理学院副研究员，博士生导师，主要研究方向为农业生产性服务。

亩均可增加农户收入 253 元、节约生产成本 137 元，其中节约化肥、种子、农药等产前生产成本 55 元/亩，耕地、播种、植保、收割等产中生产成本 47 元/亩，运输、烘干等产后生产成本 15 元/亩，水电费、辅助用工等其他生产成本 20 元/亩，节本增效效果突出，而且合作社能够实现生产托管环节收益 87 元/亩。农业生产托管服务组织与服务对象之间共赢的利益分配格局保障了服务规模经营的可持续发展。

农业生产托管开展的具体形式决定着总体收益的大小，也决定着托管服务供需主体之间的利益分配格局，而合同契约是保障这一共赢利益分配格局得以稳定实现的本质要求。不同合同契约发挥激励作用的大小以及对利益分配的明文要求各异，但其产生的特定背景决定着其存在的合理性。本文基于典型案例分析，从合同契约视角探究不同农业生产托管的利益分配机制，对比分析不同利益分配机制产生的外在条件以及不同利益分配机制中服务监督主要形式、服务监督强度、剩余控制权归属以及利益分配模式普适性的差异，并提出构建完善的农业生产托管利益分配机制的可行方案，阐述推进农业生产托管健康可持续发展的思考，以期推动农业生产托管更好地服务于农业规模经营。

二、农业生产托管中典型的利益分配模式

合同条款表面上是枯燥的文字，但背后包含着很多深层次的内容[3]，最佳的合同契约形式是在保护权利感受刚性与促进事后效率灵活性之间进行权衡取舍[4]。本文根据合同契约的差异将农业生产托管中利益分配模式划分为如下五种类型。

（一）无收益约束型

无收益约束型是指农业生产托管服务组织和服务对象在合同契约中不对产量等收益指标做硬性约束，仅在服务条款中列出常规性要求，如要求服务组织按照服务对象的要求保质保量完成作业服务，并接受服务对象的监督，服务对象则按合同要求支付服务费用等。这是一种理想化、简单化、普遍化的利益分配模式，其运行依靠托管服务供需主体之间的信任，即各自的声誉资本，体现的是一种非正式制度约束。这就决定了初始阶段的农业生产托管服务组织存在于熟人社会关系网络之中，以血缘、亲缘、地缘关系为纽带开展农业生产托管服务。随着农业生产托管服务市场不断发育完善，一些实力雄厚、声誉较好的托管服务组织脱颖而出，跳出以血缘、亲缘、地缘为中心的托管服务半径，在更广范围内开展农业生产托管服务。鉴于该种类型普遍较多，本文在此不进行案例分析。

（二）监督主体介入型

在农业生产托管服务合同实施过程中，服务对象一般有权对托管服务组织的作业服务质量进行监督并提出合理要求。但是从农业生产托管产生的现实背景来看，通过服务对象跟踪监督服务质量不切实际。对于老弱群体而言，购买农业生产托管服务的根本动因在于解决劳动力短缺难题，该情形尚能做到托管服务实地监督。但对于希望通过托管服务实现劳动力长期稳定农外就业的服务对象来说，作业监督与托管初衷相矛盾。第三方监督主体的介入可以有效实现对农业生产托管服务质量的有效监督，尤其是在托管合同没有保底产量或收益约束的情况下，第三方监督起到了有效保护服务对象基本利益的作用（案例1）。

案例1　山东高密宏基农机专业合作社成立于2009年4月，注册资金1015万元，注册成员103人，现有生产合作成员1000余个，连续三届被评为国家级示范社。合作社自购植保无人机、深松播种机等先进农机装备150余台（套），整合社会750余台（套）农机装备，并与科研院所共同研发建立了农机管理云平台和GPS硬件终端，实现农机作业的智能化管理。合作社最初从事农业社会化服务、农机销售及维修，目前其经营范围更加多元化，涵盖职业培训、植保飞防、承接政府采购项目、农资直供、信息化建设、粮食烘储等。合作社为不同农业经营主体提供半托管或全托管服务。2017年，合作社与村两委合作，在24个村组建土地股份合作社，实施整建制村庄土地托管，即由村两委集中全村土地，牵头成立土地股份合作社，由宏基合作社为该土地股份合作社提供耕种、植保、收获、烘储等全程托管服务。小麦和玉米通过全程托管服务可合计实现成本节约260–280元/亩、农药使用降低20%。托管服务过程中，村两委负责土地整合、数据统计、车辆引领等工作，每亩计提服务费40元。

生产托管服务合同（土地托管合同①）包括2份，一是村民（委托方）与村两委（受托方）签订的土地托管合同，二是村土地股份合作社（委托方）、宏基农机专业合作社（受托方）以及咸家工业区管理委员会（监督方）三方签订的土地托管合同，两份合同之间形成二次托管或再托管关系。监督方主要介入第二次农业生产托管合同，其财税金融服务中心代为管理农业生产托管服务费用，土地股份合作社将托管费用交给监督方后，监督方根据托管服务组织工作进展分批次支付托管费用。村两委也在农业生产托管中发挥监督管理作用，对于质量不达标的作业项目，村两委有权提出重新作业直至达标的要求。

----

① 括号内为现实中农业生产托管服务合同的名字，下同。

（三）保底产量型

在农业生产托管发展初始阶段，为赢得服务对象的信任，除依靠自身声誉资本之外，托管服务组织还会通过允诺保底产量的方式给服务对象吃下一颗定心丸，保底产量按照当年粮食市场行情折合成具体货币收入（案例2）。该模式下，农业生产自然风险完全由托管服务组织承担，托管服务产出完全由服务对象占有，风险收益不对等。

案例2　河北定州信联农机专业合作社成立于2011年11月，注册资本600万元，属于国家级示范社。合作社同时成立了供销合作社、农民合作社联合社、为农服务中心等，还是农民日报社惠农服务站点。合作社下设农化服务队3个、农机服务队2个、侧土配方施肥化验室1个，建有5000吨粮库1座，拥有各类农业机械200余台（套）。合作社开展"两为主、三不变、八统一"的全方位托管服务，"两为主"即以玉米和小麦为主要服务对象，以全托管服务为主；"三不变"即土地承包权、经营权以及收益权不变；"八统一"即为服务对象提供统一农资供应、耕种、施肥、喷药、收割、收购、储存和销售服务。通过全程托管实现了"一降、双保、三增"，"一降"即降成本，全程托管实现成本节约10%－15%，"双保"即保障了粮食生产与农民增收，"三增"即增产量、增效益、增收入，通过规模化种植，并引进新品种、新技术，亩均可增产200斤，与粮食加工企业合作，粮食售价提高10%，最终实现节本增收550元/亩。2017年，合作社为周边5个乡镇农户提供耕、种、防、收等托管服务，服务面积达1800亩。

生产托管服务合同（土地托管种植合同书）主要包括托管地块、全托管费用、违约责任等六项内容。托管地块涉及"四至"及长度、宽度、面积；全托管费用同时涵盖小麦和玉米两季作物，合计托管费用为1164元/亩·年，其中小麦559元/亩、玉米605元/亩，同时合同第二条规定服务组织（甲方）向服务对象（乙方）保证小麦450公斤/亩、玉米500公斤/亩的产量，当小麦或玉米产量低于合同产量时，由甲方向乙方提供补偿。

（四）"保底产量＋分红"型

部分托管服务组织在向服务对象提供保底产量的基础之上，还会对超过保底产量的部分收益进行分配界定，超产部分收益在服务组织与服务对象之间进行分配，服务组织享受一定的剩余分配索取权（案例3）。该模式具有激励相容属性，能够进一步激发农业生产托管服务组织的生产积极性。

案例3　河北定州鑫久农业机械服务有限公司，2014年1月由县属农机公司转制成立，注册资金500万元。公司下设农机维修厂、农机销售厂、家庭农场，现拥有大中型拖拉机、青贮机、植保机等农机设备 50 余台（套）。公司为农民专业合作社、家庭农场等提供耕、种、防、收服务，并承担现代农业技术推广、培训服务。由于农户对农业生产托管的认知不高，公司通过村委会集中推进托管服务。2017 年，试点村委托服务面积 296.4 亩，实现农户亩均节本增收 500 余元。

生产托管服务合同（土地托管协议）主要包括托管面积、服务项目、服务期限，其中托管服务项目为服务组织能够提供的服务类型汇总，没有在书面合同中标注具体的服务价格等信息。但是口头协议规定，小麦保底产量为 800 斤/亩、玉米为 1000 斤/亩，全程托管费用为 500 元/亩，服务对象可以先付 20% 费用，粮食收购后用粮食抵消托管服务费用。对于超产部分，按照 3∶3∶4 的比例在村集体、服务对象、服务组织三者之间分配。

（五）合同外附加收益型

2017 年，中央财政安排 30 亿资金支持以农业生产托管为重点的农业生产社会化服务项目，各地区在资金使用要求范围内灵活运用项目资金，创新农业生产托管工作形式。在农业生产托管利益分配方面，部分地区除合同具体要求外，还通过农业生产托管项目资金调剂生产托管参与主体间的利益分配，使托管服务对象享受合同外附加收益（案例 4）。这种利益分配方式具有较强的政策随机性和地区随机性，受政策外生冲击较强，一旦支持政策取消，合同外附加收益失去资金来源，农业生产托管利益分配完全由合同契约决定。

案例 4　屯留县位于山西省东南部，属于上党盆地核心区，辖 14 个乡镇（区）、293 个行政村，耕地面积 70 万亩，属于典型的农业大县。该县是山西省 2017 年农业生产托管项目试点县，当年试点共签订服务面积 82101.8 亩，累计服务农户 6484 户。2018 年 2 月成立"屯留县农业生产托管服务中心"，计划签订"全托管"模式服务面积 35000 亩，"半托管"服务面积 70000 亩，累计服务面积突破 10 万亩，力争 5 年内实现全县 48 万亩粮食生产托管全覆盖。

屯留县提出"断奶式"农业生产托管发展思路，即在农业生产托管初期，拿出一部分项目资金补贴服务对象（主要为小农户），鼓励诱导其参与农业生产托管，在农业生产托管项目补助资金不增加的情况下逐年降低对服务对象的补贴比例，直到服务对象在没有资金补贴的情况下仍然接受农业生产托管服务，该思路体现了诱致性制度变迁的逻辑，但应谨防路径依赖对"断奶"造成的阻碍。该情形下，服务对象不仅获得了农业生产托管的经济效益，也在一定程度上直接分享了农业生产托管的政策红利。但这种合同外附加收益是短暂的，长期收益仍然依赖于农业生产托管服务。

农业生产托管服务合同包括五个部分，其中核心条款为托管地块与服务内容。托管地块信息仅包括总地块数量、总面积、各地块名称和面积；服务内容包括服务项目、数量、单价、总费用、预付费、剩余费用及备注等七项，根据具体服务需求填写。

三、农业生产托管利益分配模式比较及合理构建

农业生产托管源于农业社会化服务和农业生产性服务，其概念范畴更聚焦，在概念层面属于新生事物。农业生产托管的重点在于耕、种、防、收等主要作业环节，各地区均处于积极试点推广阶段，根据地区资源禀赋、经济发展程度等创新农业生产托管方式。从调研来看，当前让农户了解并普遍接受农业生产托管尤为重要，部分地方政府（如山西长治、忻州等地）联合农业生产托管服务组织通过发传单、拉横幅、贴标语、组织宣讲会等方式提高小农户对农业生产托管的认知。宣传只是一种表象手段，真正推动农户认知转变的内在动力是利益驱动，案例4合同外附加收益是最好的例证。

表1　不同农业生产托管利益分配模式对比

利益分配模式	服务监督主要形式	服务监督强度	剩余控制权归属	普适性
无收益约束型	服务对象	弱	服务对象	弱
监督主体介入型	第三方监督主体	强	服务对象与监督主体	强
保底产量型	合同条款	强	服务对象	强
"保底产量＋分红"型	合同条款	强	服务对象与服务组织	强
合同外附加收益型	服务对象	弱	服务对象	弱

注：如上对比结果基于文中具体案例而言，现实中，合同外附加收益型的服务监督主要形式、服务监督强度等特征视具体合同条款而定，合同条款可能是上述前四种利益分配模式之一或其他。

对比如上五种农业生产托管中典型的利益分配模式，如表1所示，无收益约束型主要出现在农业生产托管肇始阶段，托管服务组织凭借自身声誉为农户提供一种无形的服务质量担保，此时非正式制度发挥着至关重要的作用，服务监督强度以及利益分配机制普适性相对较弱。监督主体介入型、保底产量型以及"保底产量＋分红"型属于严格意义上的契约约束，通过合同契约对托管服务委托双方或三方的权利义务进行明确界定，服务监督强度以及利益分配机制

普适性较强。其中监督主体介入型具有其特殊性，同时也具有较好的发展潜力，监督主体一般是村两委，这样可以借助村两委的威信和号召力将土地集中，降低托管服务组织与分散农户单独谈判成本、缔约成本、合约执行和监督成本等[5]，更有利于全程托管、服务规模经营的实现。随着农业生产托管进一步发展，服务组织为争夺更多的客户资源以及分享超额收益，会更倾向于选择"保底产量＋分红"的合同契约形式。合同外附加收益型的目的也在于打开农业生产托管市场，与保底产量型和"保底产量＋合同"型的市场作用机制不同，该模式主要依靠行政调控力量，受外生政策冲击的影响较大，一旦外部政策环境发生变化，农业生产托管利益分配格局将随之发生显著变化，因此其利益分配机制的普适性较弱。

任何一种合约形式都是基于具体约束条件所做出的权宜性选择[6]，如上五种利益分配模式的产生均具有其合理性。当然，现实中农业生产托管中的利益分配模式可能更为复杂，是如上五种利益分配模式中不同属性特征的融合。从托管受益范围（或剩余控制权归属）和利益分配的激励相容来看，监督主体介入型与"保底产量＋分红"型相结合更具发展优势，具体而言，如村两委通过动员将全村土地集中打包委托服务组织提供全程托管服务，或者成立土地股份合作社、对全村土地进行集中整治，托管服务组织向村两委支付中介费用或者托管服务收益，在服务组织、服务对象以及村两委之间合理分配，该模式不仅能够保障服务对象的土地基本收益，还能为村集体创收、强大村集体经济，更重要的是土地集中便于服务组织开展服务规模经营、节约托管服务成本、获得服务规模效益。

四、推进农业生产托管稳定可持续发展的思考

如上五种（确切来说是后四种）利益分配模式隐含着一个假设条件：托管服务为全程托管服务①。因为托管服务质量与产量相挂钩，只有在全程托管服务中才能有效实现。全程托管服务是理想型托管服务，因为它蕴含着更多经营决策权的转移，更有利于托管服务组织施展规模服务的拳脚。

农业生产托管内容的本质是一系列权利束，服务对象将部分生产经营相关权利转移给服务组织，服务组织在法律法规许可范围内行使该权力，创造经济效益，并在二者之间进行利益分配。农村土地"三权分置"属于农业生产经营顶层权利的分割，而农业生产托管是依附于承包地经营权的权利再分割，承包

---

①　此处全程托管服务指包含耕、种、防、收四类及以上种类的服务。

地经营权具体可派生出一系列权利，其中与农业生产经营活动较为相关且重要的是生产经营决策权。

农业生产托管中转移的决策权视具体托管形式及内容而定。从产业链视角来看，包括产前决策权，如种植作物类型选择、作物品种选择、肥料种类及品牌选择、农药种类及品牌选择等；产中决策权，如旋耕还是犁耕、施药时间及次数、收割时是否连带灭茬等；产后决策权，如粮食是否烘干、是否就地销售、是否委托贮藏于合作社或粮食银行、是否订单销售给第三方等。这些决策权转移内含于部分托管内容或模式之中，如当前比较流行的"N统一"模式，统一农资、统一耕地、统一育种、统一插秧、统一施肥、统一机收等，"统"意味着分散的决策权转移集中。"N统一"模式能够有效降低农业生产托管面临的不确定性以及标准化服务的不稳定性。假若在农业生产托管中，相邻田地做出不同的经营内容托管，可能在托管服务时间、托管机械调配、作业服务细节等方面无法实现集中连片规模经营，也会影响产后环节的托管，不能很好地实现节本增效，农业生产托管的经济效益无法有效释放。土地流转意味着农业生产经营决策权的完全转移，一些学者也因此提出，服务规模经营应建立在土地流转基础之上。这种做法在较好地实现服务规模经济的同时忽略了土地流转这一前提所内含的高成本风险，但是，前文案例分析中监督主体介入型与"保底产量＋分红"型相结合则可以巧妙避开土地流转风险，实现服务规模经营。

全程托管所内含的决策权转移更接近于土地流转。决策权转移能够降低农业生产托管交易成本，体现了"统"的思想，实现了农业生产中更多层面的统一。统一生产资料采购能够降低采购搜寻、协商等成本，统一作物或品种种植便于机械化规模经营以及标准化生产经营、提高农产品质量和农业生产效率，产后决策权转移有利于托管服务组织做出合理且统一的农产品处理决策，如与第三方谈判、统一销售农产品、增强市场谈判力量、争取更多的利益空间等。四川崇州的农业共营制在某种程度上体现了较多决策权的转移[7]，当然，这种决策权转移是建立在土地入股的基础之上的，职业经理人和合作社实际上共同行使生产经营决策权，只是职业经理人行使的经营决策权主要体现为管理权能，提供生产经营指导计划并执行该计划，属于间接性决策权。

农业生产托管是一种新生事物，存在循序渐进发展的过程。托管中的利益分配机制随着其发展演进而动态调整适应，具体表现为合同契约形式的变化。虽然前文分析表明，监督主体介入型与"保底产量＋分红"型相结合的合同契约关系更具发展优势，但是农业生产托管要以尊重潜在服务对象的自主选择为前提，不能搞强制性推动，应减少政府的过度干预，由具有较强市场作用属性的利益分配机制去影响潜在服务对象的行为选择，通过诱致性制度变迁推动农业生产托管模式演变，更好地服务农业规模经营。

参考文献：

[1] 欧阳晓. 论后发大国的农业适度规模经营 [J]. 人民论坛·学术前沿，2018 (6)：70 - 75.

[2] 罗必良. 农业家庭经营：走向分工经济 [M]. 北京：中国农业出版社，2017：281.

[3] 王爱群，夏英，秦颖. 农业产业化经营中合同违约问题的成因与控制 [J]. 农业经济问题，2007 (6)：72 - 76.

[4] 邹宝玲，罗必良，钟文晶. 农地流转的契约期限选择——威廉姆森分析方式及其实证 [J]. 农业经济问题，2016 (2)：25 - 32.

[5] 于海龙，张振. 土地托管的形成机制、适用条件与风险规避：山东例证 [J]. 改革，2018 (4)：110 - 119.

[6] 桂华. 土地制度、合约选择与农业经营效率——全国 6 垦区 18 个农场经营方式的调查与启示 [J]. 政治经济学评论，2017 (4)：63 - 88.

[7] 罗必良. 中国农业经营制度——理论框架、变迁逻辑及案例解读 [M]. 北京：中国农业出版社，2014：233.

跨越与分化：家庭农场的行动网络与市场行为分析

——以江汉平原新镇蔬菜种植家庭农场群体为例

郭先举

一、引言

2013 年初颁布的中央一号文件首次明确提出发展家庭农场。按照农业部给出的定义：家庭农场是一种有别于以往的新型农业经营主体，主要有四个明显的特征，即以家庭为基本生产经营单位，以土地适度规模化为基础，以企业化方式进行农业集约化生产，以商品化方式进行经营。

根据以上定义，可以发现家庭农场作为一种新型农业经营主体，从其经济行为来看，不单单是一种集以家庭为生产单位、进行流转土地、雇请劳工并生产产品等方面为一体的农业生产主体；除此之外，还必须注意到家庭农场是一种新的农业市场主体[1]。而需要进一步关注的是，由于家庭农场在形成和生产等方面的独特性，也将使得其在市场中的行为将不同于以往的经营主体（小农户、合作社和农业企业等）而具有一定的特殊性。而在以往关于家庭农场的研究中，学者们主要探讨了家庭农场的生成与发展等方面的问题[2][3][4]，但是或多或少忽视了对家庭农场市场行为的关注和研究。

如果将讨论范围扩大到"农产品市场化"，则会发现这一主题一直是业界和学界的经典命题。通过文献检索，可以发现有关农产品市场的研究主要有两个方向，分别是经济管理学和社会学。

在经济管理学的农产品市场研究中，又可以分为两类，其一是从信息经济学出发对农产品市场中的信息不对称[5][6]、市场失灵[7]、市场安全和农产品的市场风险[8][9]等方面进行研究，认为在农产品市场中充满了各种不确定性。其二是从整体把握，以交易成本理论为基础来探讨农产品市场链和农业生产链[10][11][12][13]。这种思路认为应该发展农业组织中的纵向一体化，提高农业产业化水平，而在具体实践中则应该通过发展农业龙头企业来带动小农户。有学者顺着农业产业链的思路来分析家庭农场的市场定位，认为家庭农场应当在市场交易链中争取到更有利的地位，来促进其发展[14][15]。

而在社会学看来，市场并非凭空而来，除了对其进行功能分析之外，还有必要解释其原委。目前在经济社会学中对于农产品市场的研究主要有两种视角，分别为场域视角与资本视角。在场域视角中所进行的市场交易研究，强调的是在特定的市场结构中各方市场主体在交易过程中的相互博弈，这种视角强调的是市场中的社会结构与市场场域的契合性[16]。有学者借用该视角对山西省李村的李子销售市场进行分析，研究发现中间人机制在市场交易中起了较大作用，而农民在销售场域中始终处于弱势地位[17]。资本视角则主要关注的是在市场交易过程中，市场机制与社会机制的交融，换句话说，也就是社会资本与经济资本的相互转化如何促进市场交易的发展。有学者以北方某镇的农产品市场的兴起与发展为案例，分析了该市场中大规模赊欠交易形式达成的原因，并发现原有的社会基础是这些交易形式得以实现的根本条件之一[18][19]。

本研究则将继续沿着经济社会学中网络分析学派的脉络，来研究江汉平原新镇家庭农场主们如何形成有效的行动群体，该群体在市场信息有限的情况下如何进行市场开拓和完成市场交易以及产生了怎样的后果。案例资料来自笔者于2016年11月与2017年7月两次在新镇的田野调研，共计17天，文中出现的人名与地名均做匿名化处理。鉴于本文中出现的市场主要有两种类型，因此将以集镇为中心的传统市场称为内部市场，而后发展起来的外地商贩前来大批量采购形成的市场为外部市场。

二、新镇农业发展与家庭农场状况简介

通过对新镇政府农业部门的访谈，笔者得知新镇农业发展经历了从规划种植到自由发展的过程。在20世纪90年代，新镇农业主要是规划种植，统一收购。而在税费改革时期，地方农业政策由规划种植转变为引导种植。发展至今，市场经济逐步深入农业产业发展，地方政府基本不对农业发展起行政作用。

新镇家庭农场共有10户，这些家庭农场都是在2013—2014年两年内成立挂牌的；在成立家庭农场之前，都有一些包地种植的经历。在空间分布上，这些家庭农场分布在5个村庄中，值得注意的是，其中有6户是在同一个村庄——河村；但是，规模最大的家庭农场并不在这集中的6户中，而是坐落在红村。大致情况如下：

表一 新镇家庭农场情况简介

农场主名	所在村庄	成立时间	经营年限	规模	品种	加入时间
郭小西	河村	2014	8	36 亩	西瓜、辣椒、茄子等	2010
郭小东	河村	2014	5	10 亩	西瓜	2013
郭小舟	河村	2014	7	20 亩	西瓜、辣椒、茄子等	2011
张铁军	河村	2014	6	15 亩	辣椒、茄子、青瓜等	2013
陈会银	河村	2015	3	10 亩	西瓜	2015
张小明	河村	2015	5	20 亩	西瓜、辣椒、茄子等	2014
简长贵	沙村	2013	20	60 亩	辣椒、茄子、黄瓜等	2012
何传波	砖村	2013	5	130 亩	辣椒、茄子、黄瓜等	2013
敖长平	梅村	2013	6	40 亩	辣椒、茄子、黄瓜等	2012
陈明军	红村	2013	18	150 亩	辣椒、茄子、黄瓜等	2009
刘青五	梅村	2016	2	10 亩	辣椒、茄子等	2017

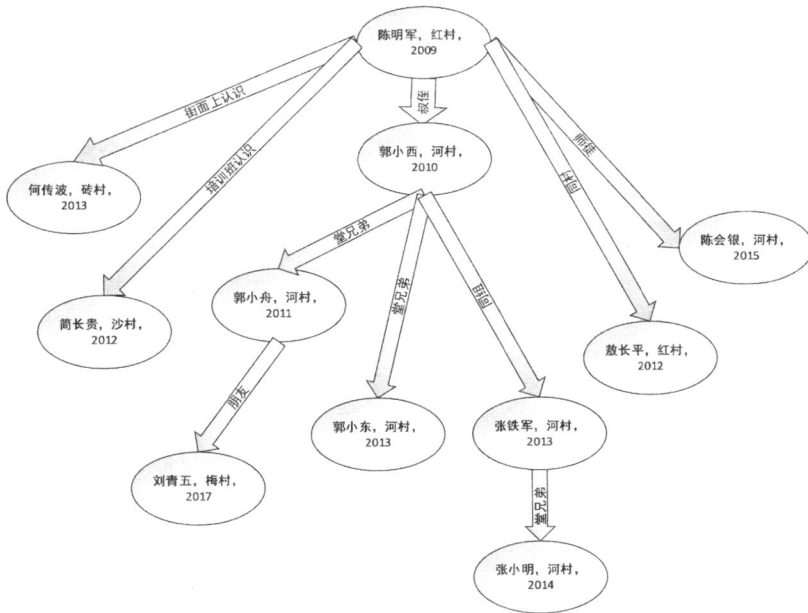

图一 新镇家庭农场群体关系结构图①

---

① 图中箭头指向为蔬菜大棚家庭农场中的技术传播方向。

调研资料显示，在开办家庭农场之前，他们的关系如上图所示：

陈明军与郭小西为叔侄关系，陈明军与简长贵之前共同在县里的培训班参与培训，陈明军与陈会银为师徒关系，陈明军与何传波之前在街面上活动相互认识，陈明军与敖长平为同村组关系。郭小西、郭小东和郭小舟三人为堂兄弟关系，郭小西与张铁军为同村组关系，张铁军与张小明为堂兄弟关系，郭小舟与刘青五为朋友关系。

根据以上的分析，可以发现该关系网络形成的基础主要是亲属网络和地缘关系，兼以业缘和趣缘。这些关系网络相互交错，最终因为家庭农场的开办而彼此熟识；而又因为所从事的同一职业缘故，形成了一个松散的"集镇中心"①行动网络；此外，还可以认定这一行动网络目前仍然以生产为主。

格兰诺威特认为，"一般而言，对人的行为的重要得多的决定因素是一个人在社会网络中的位置"[20]。哈里森·怀特在其著作《机会链：组织中流动的系统模型》[21]中，对其市场网络观进行了阐述，他认为市场是从社会网络发展而来的。首先，生产经营者的社会网络为他们带来了必要的经营信息；其次，社会网络中的信任关系使商业往来得以延续；最后，生产经营者的社会网络使得市场秩序得以形成并延续。从农场主的角度来看，大棚蔬菜的销售，最主要的是市场信息的获取和市场交易关系的建立与稳定。在本案例中，家庭农场主们正是由于处于同一区域并从事同一行业而产生了相互联系，这一行动网络将会在接下来的市场信息获取和交易中发挥重大作用。

三、初入市场：新镇家庭农场的内部市场实践与行动网络

基于惯例，新镇家庭农场的市场销售最初主要在集镇上进行。新镇有四万人，新镇市场能够辐射到周边十几万人口，仅次于县城。就整个镇的市场发展历程来看，由于本地没有大规模种植蔬菜的传统，因此集镇市场规模有限，主要供给周边集镇和村庄；而这一集镇市场往往由本地近镇村落的兼业菜农②所占据。有限的市场不仅使得家庭农场主们的收益受损，同时还使得兼业菜农们的收入减少。

当家庭农场们在传统市场上销售时，他们的销售方式与普通兼业菜农并无

---

① 施坚雅认为传统中国农村人们的生活不是根据行政区划进行经济活动，而是围绕市场来进行。他在地域空间上，划分出了"六边形"的结构，并在这个基础上提出了"中心集镇"的概念。这样的市场系统形成之后，不仅仅是经济生活圈，更是社会生活圈。
② 主要指的是半年种水稻半年种蔬菜和利用自家房前屋后几分空闲地种植蔬菜的农户。

二致。传统销售方式主要有以下三个缺陷：投入劳力过大，菜农要在收获季节的每天夜里一两点开车到新镇的菜市场去批发出自己的蔬菜，一直卖到天亮。效率低，前来购买的商贩主要来自下属村庄及周边村镇，但每个小商贩所对应的消费人口相对有限，因此很多情况下是零散批发。回报率低，就家庭农场的产出而言，由于大棚蔬菜的产出有很强的时间性，往往会在短期内产出大量的产品；如果仅仅在集镇上进行销售，会使家中的蔬菜产生积压。从长期的"投入——产出"收益考虑，大棚蔬菜的投资要比一般小菜农要高很多，如果不能在一定期限内提高销售量和销售价格，那么且不说往后继续扩大规模，就是回本也很困难。

基于这种情况，农场主们开始考虑如何打开新的市场。那么，新的市场从何而来？根据哈里森·怀特的理论，市场是随着社会网络关系而产生的，市场关系随着信任关系而变得稳固；而林南认为，社会资本是嵌入在社会网络中的。但是在本案例中，由于新镇长久以来没有规模蔬菜种植的先例，同样也就不存在外部市场的菜商进镇来大量批发蔬菜的先例，也就是说新镇可以看作是一个长期以来相对封闭的市场。在这样的情况下，农场主群体不得不考虑开拓外部市场，实现将大量挤压的农产品销售出去的愿望。

值得注意的是，经过初始在内部市场的销售，新镇大棚蔬菜家庭农场群体的组织有了明显变化。首先，该群体组织维持的动力与目标发生了变化——从"以生产为中心"转变成为"以销售为中心"。其次，群体组织的基础发生了变化——在传统地缘血缘等形成的非正式关系的基础上叠加了业缘这一正式关系，而这种双重关系的叠加，使得家庭农场之间的关系更为紧密。

四、农场主群体行动与外部市场销售

在对外市场的交易达成和维持中，笔者认为存在一种中间机制才能使得家庭农场群体有效地完成对外销售，而这一机制主要包含以下几个方面：首先，家庭农场主通过有效的组织来获取外部市场销售渠道并组织产品交易；其次，达成交易关系并维持；最后，由于市场销售渠道属于稀缺资源，因此存在一定的准入规则。

（一）市场信息获取、甄别与产品组织

外部市场的获得，首先要注意的是获得市场信息。市场信息的获取与甄选是交易初始阶段的必经过程。对于新镇蔬菜市场而言，市场收购信息只能来自外部市场，而甄选权也掌握在外部市场手中。新镇家庭农场主们在这个过程中所能做的是尽力使自己的产品能够在甄选中脱颖而出。

"2016 年，上半年，菜刚上市。这个时候有不少人都在新镇市场卖菜。大家都比较忧愁销路。正在这个时候，广州潘老板过来了。当时是潘老板过来考察，他过来，看中了这边的品种。当时除了我们之外，也有其他几家在卖，但是是本地品种。潘老板确认我们的（品种）可以在那边卖出去。这个辣椒的品种是陈明军选的。在那天早晨，我们请了潘老板吃早饭。可以说是一锤定音，给了两千的定金，要求回去摘货，摘辣椒。第二天，老板回请了我们。后来，卖菜到广州，就是事先联系。那边需要多少，就在这边调走多少。价格随行就市，但是一般比这边高。"（张铁军，2017 年 7 月 19 日）

在这个案例中，可以发现，潘老板最先看中的是品种，其次是规模。农场主们种植的品种不同于本地的品种①，因此才能在市场上的多种辣椒中脱颖而出。品种只有在市场需求出现分化的时候才会被识别出来，当辣椒只在本地市场销售的时候，即使品种区别于一般小农户的品种，但是由于市场的鉴别能力和消费量有限，因此很难分化出有区分的品种消费市场。在这样的情况下，即使你的辣椒比一般菜农的品种要好，但是由于产品的挤压与价格上的恶性竞争，在销售方面并不存在明显优势。而外部市场经过长期的演变与分化，出现了更加细致的消费市场需求，而这一逐步被分化出来的消费市场恰好对应了新镇家庭农场们的品种。除此之外，能够有较大规模面积提供相对稳定的货源也是重要因素。对于常年多地收购蔬菜批发的潘老板来说，如果能够有一个相对稳定的具有一定规模的货源供给点，将会为他节省很多交易成本；同样，对于新镇的蔬菜农场主们来说，能够有一个大批量收购的买方，亦将非常有利于农场的可持续经营。

在此之后，农场主们逐渐习得如何与外地老板打交道，也开始关注一些比较邻近的市场。在群体内部，大家开始有计划地分工去寻找市场。比如通过已经结识的潘老板帮助对外介绍新镇的大棚蔬菜生产情况，并欢迎外地菜商前来基地考察；比如懂一点网络营销的农场主们会在网络发帖，宣传新镇的蔬菜品种与规模，欢迎外地老板下订单。同样，在内部市场中，在县里有较多社会关系的农场主还积极开拓县超市、学校和机关食堂等销路。在这样的情况下，家庭农场主们开始利用各自的社会资本来为群体带来不一样的销售渠道。在销售渠道逐步增多和部分交易关系趋向稳定之后，家庭农场的种植安排也相应做出

---

① 品种区别主要有两个原因：其一是农场主群体的品种保护，不让内部的蔬菜种子外流；其二是家庭农场的蔬菜主要在大棚里种植，而一般农户的蔬菜通常是露天种植，两者存在生产条件上的差异。

了改变。

总体而言，新镇的家庭农场主们利用群体所具有的社会资本开拓了一些市场渠道，这些市场渠道对农场主们的种植安排也产生了影响。那些可以预定可以走量的"订单"在很大程度上刺激了农场主们的规模发展，而那些较小的或者没有预定的市场渠道则使得农场主们在种植安排上具有一定的灵活性。

新镇的蔬菜大量上市时期往往与外部市场需求量较大时期相吻合，此时由于已经确定了相对大量的市场销售渠道，因此接下来需要考虑的是将农产品有效组织。新镇的蔬菜农场主们在集体讨论之后，决定将"代理人"的职责交给陈明军。首先，陈明军是新镇第一家开始种植蔬菜大棚的农场主，也是诸多家庭农场的技术指导，潘老板去基地考察，去的也是陈明军的农场。基于以上考虑，陈明军被新镇农场主推荐为销售代理。

在具体组织货源方面，当外部市场的老板联系了陈明军之后，陈明军会在农场主内部分发消息，各个农场主根据自己蔬菜大棚的产量和品种，进行采摘，然后在预约时间内将产品送到新镇附近的高速路口统一装车发货。消息发布、货源组织、计件出售和记账结账等流程全部由陈明军负责。对于其他农场主来说，他们只负责采摘与送货到高速路口，其余的事情均由陈明军来处理。

事实上，农产品市场销售的组织化过程，不仅仅存在于最终的市场销售环节，而是从最初的产品种植环节就开始了。对于新镇的农场主们来说，蔬菜在品种和规模两方面都符合市场需求，才是关键因素。出于这两方面的考虑，农场主们做到了"五统一"，即统一规划、统一播种、统一技术、统一种苗和统一销售。

市场化的组织需求将原先比较松散的农场主网络体系整合了起来，他们会在蔬菜产出季节为了市场每天保持联系，相互沟通市场消息。此外，控制了市场信息的人将在网络中占据重要地位。从交易关系来看，可以发现家庭农场被更深地卷入到了市场体系中：从"我们生产什么就卖什么"转变成为"市场需要什么我们就生产什么"。

（二）市场交易达成与风险规避策略

1. 市场权力不平等与市场交易

根据以上分析，可以初步判定新镇家庭农场在外部市场交易中处于买方市场地位，而这种市场地位往往意味着卖家在交易关系中处于劣势。我们可以在市场交易中发现一些非常规市场交易行为，这些行为的常见表现是赊欠和远距离先发货后收款。一般而言，赊欠与先货后款等交易行为达成的前提是交易双方有合同契约作为保障，如果没有契约，那么至少具有一定的信任关系。但是根据新镇家庭农场主们的市场行为来看,他们并未跟对方签订契约,而新镇家庭农场发展时间较短,交易双方信任基础也相对有限。那么,为何这些非常规的市场行为还能发生?

销售案例一

2016 年到达新镇并与家庭农场群体达成交易关系的潘老板在当年年底看准了红菜薹的行情,认为这年如果种植红菜薹会大赚。但是事实上,到了年底春节时,红菜薹价格猛跌。潘老板勉强收购了新镇农场主们的红菜薹,但是还有大部分的账目直到 2017 年 8 月仍未结清。对于潘老板的拖欠账目,负责对口销路的陈明军与其他家庭农场主们有着明显分歧。陈明军认为,潘老板现在的资金没到位,但是还是要同情。困难是暂时的,并不是说赖账。比如说这次已经说好了,再做几批生意就过来结账。而在调查中发现有多个家庭农场主对其有着不少的怨言。

在这个案例中,我们可以发现,在潘老板与新镇家庭农场达成菜薹订单关系之后,虽然完成了收购,但是却使家庭农场主们的收益出现了损失。这种损失从表面来看是正常的市场风险所导致,但是究其原因,笔者认为还有市场权力不平等的因素。首先,家庭农场在买方市场的情况下,不得不接受潘老板的菜薹订单,随着订单而来的还有菜薹价格陡降的市场价格风险。虽然乍看起来这种风险是"一个愿打一个愿挨"的结果,但事实上却是农场主们在开始深度进入市场后的不得已的选择与对"订单农业"可能带来收益的美好愿景。此外,潘老板在菜薹订单交易失败之后,他自己抽身走了,却留下了不少的账单。对于这种赊欠现象,组织人陈明军认为是可以理解的。因为对于他来说,自己的农场规模足够大,菜薹订单只是自己全部规模的五分之一,因而赊欠并不会对其产生很大影响,而且从长期来看,这次结识下的潘老板将有很大可能在未来继续合作。但是其他一些规模较小的农场在这次菜薹订单中投入了本身规模一半以上的种植面积,因此当赊欠开始之后,将会对其持续运转产生一定影响,因而这些规模较小的农场主们表示了不信任。

销售案例二

2017 年 7 月,新镇家庭农场主们面临着大量的小米椒出售问题。农场主何传波通过恩施的朋友知道浙江温州有市场需求,但是却没法与那边的收购商见面。此时小米椒面临着尽快采摘出售的紧急情况,因此,在温州收购方既没有支付定金也没有预先谈好价格的情况下,新镇的农场主们还是决定尽快采摘发货到温州。

在这一案例中,我们会发现进一步发现农场主们在市场关系中的弱势地位。

首先，未曾谋面就发货，虽然是认识的恩施老板介绍的，但是这种介绍而来的渠道很难确保是完全安全的——因为很有可能在货发过去之后对方拖欠甚至不给货款，更何况他们刚刚在上半年有过一次被拖欠货款的经历。但是俗话说"死马当活马医"，能够冒着风险卖出去总比留在自己地里要好。此外，在定价方面，也丧失了自主定价权，甚至也没有协商定价的权利，"价随市走"。这次销售意味着农场主们更加暴露在买方市场的风险之下。

通过以上两个案例，我们可以发现这两种非正常市场交易行为之所以能够达成，其基础是买方市场带来的市场权力不平等。在这种情况下，农场主们为了能让自己的产品售出，不得不接受各种不平等的交易条件：拖欠货款、先货后款和丧失议价权等。如果进一步来看这些非正常市场交易形成的过程，会发现农场主群体所形成的网络机制在其中起了关键作用，而市场渠道的负责人成了新镇农场主群体的市场代理人。这些代理人为了农场主群体的市场销售，努力在外部市场与农场主之间协调；这些工作除了及时提供市场消息和组织货源之外，还需要为一些在信任机制缺乏条件下产生的非正常交易做担保。

综合以上可以发现，由于交易双方不对等的市场权力，使得信任机制在市场交易中起到的作用相对较小，也就使得非正常交易行为经常发生；而在交易行为中农场主群体的内部组织者也将为这种模式担保。也就是说，市场权力的不均等所带来的交易风险通过农场主群体组织过程内化在市场网络共同体中。

2. 家庭农场的市场风险规避策略

当然，所谓"吃一堑长一智"，在农场主们与菜商进行沟通时，也会采取一些非常规的策略。综合来看，主要存在两种应对策略。

第一种应对策略是"信而不约"。例如，外部菜商提出要让农场主们第二年种植 40 亩的辣椒，但是实际上农场主们可能会只种 20 亩；对于要求充足的货运量，也只会断断续续供应，不会一次性满足。按照买方市场的逻辑，当菜商提出供货量的时候，农场主们应该爽快地答应并去完成，但是为什么会出现"阳奉阴违"的现象呢？答应而不按照规模去种植，这一策略可以看作是农场主们对于市场风险的考虑。因为按照要求种植之后，可能在第二年该菜商会因为自己的经营不善等原因而取消或者减少收购量，而这种提前约定种植规模但不按期收购的事件一旦发生，之前的约定对于菜商们没有约束，但是风险却是由农场主们承担。而这种由于菜商自身带来的风险，农场主们会尝试通过内部群体商议来控制规模去规避这一风险传导。但是值得注意的是，他们不会直接和菜商们讲清楚自己的顾虑，而是先答应下来。在此，农场主们给予菜商们承诺，第一是为了能够表达自己的诚意，希望能够达成对方满意的市场协议；第二则是为了给予菜商们一定的市场信心，希望他们能够在第二年的收获季节来收购。

第二种应对策略则是"市场分流"。对于一些菜商提出的一次性大量需求，农场主并非一次性满足，而是分批次出售。这种销售策略是以防其他菜商同时提出购货需求而不能满足。此外，在具体的品种种植方面，也做到了市场分流，新镇农场主们会给每个销路都预种植一些品种。简而言之，这两种分流策略在于减少市场风险的向下传导以及保持对外销售渠道的可持续性和多样性。

在新镇家庭农场的市场交易过程中，我们发现，由于处于买方市场的劣势地位，家庭农场群体不得不接受一些非常规的市场交易，这些非常规的市场交易使得外地菜商通过家庭农场群体的组织机制将市场风险向下传导。这种风险的传导非常明显地显示了家庭农场的窘境——想要打入市场却又不得不接受不平等的交易关系。但是可以发现，农场主群体在多次的市场实践后发展出了一些规避市场风险的策略，比如提供"信而不约"的订单合约和发展多种销售渠道，这些策略使得农场主们在市场交易中的风险相对降低。

（三）内外有别：市场群体的封闭性与准入规则

在该群体不断尝试外部市场并获得发展的时候，本地原先部分从事大棚育秧的家庭农场也打算在大棚的空闲期进行蔬菜种植和销售。但是这些育秧家庭农场主并没有直接向专业蔬菜农场主群体提出合作或寻求帮助的需求，而是通过村委和镇农办来与其取得联系；镇农办举办的座谈会最终促成了这一合作的达成。但是值得注意的是，同为一个集镇的农场主，一些甚至是邻村人，为何不能直接去向对方寻找合作呢？对于专业蔬菜家庭农场来说，主要存在两方面的原因：农场规模有限和不知能否带来新的销售渠道。如果规模不够，那么在统一外销的时候，走的量不够，就很难卖出去；有时也会出现相反的情况，即在产品很难销售时，如果新进者不能带来销路，就很难办。尽管如此，由于镇农办的介入，原先的准入制度不得不被打破。

事实上，在准入机制方面，除了市场销售渠道仅在内部群体共享之外，还有一些技术壁垒也是外部人难以加入群体的原因之一。这一技术壁垒的主要展现形式为蔬菜品种与种植技术的特殊性。这种技术方面的壁垒也是开拓外部市场的有力工具之一，毕竟当初第一位到新镇收购蔬菜的潘老板就是冲着他们的优质品种来的。

新镇蔬菜大棚家庭农场群体所设置的技术壁垒与市场渠道准入策略使得其在一定程度上保证了市场销售渠道的专一。如果将市场销售渠道看作是一种资产的话，那么这里就体现了销售渠道的资产专用性。这种专用性意味着交易关系的持久与稳定。而在本案例中，由于市场销售渠道的相对稳定与专一，可以使得新镇家庭农场主们有计划地去继续扩大生产规模和探索新的技术品种。

五、家庭农场分化与层级跨越

以上市场机制的形成，最终使得家庭农场群体完成了与外部市场的交易。大致结构如下图所示：

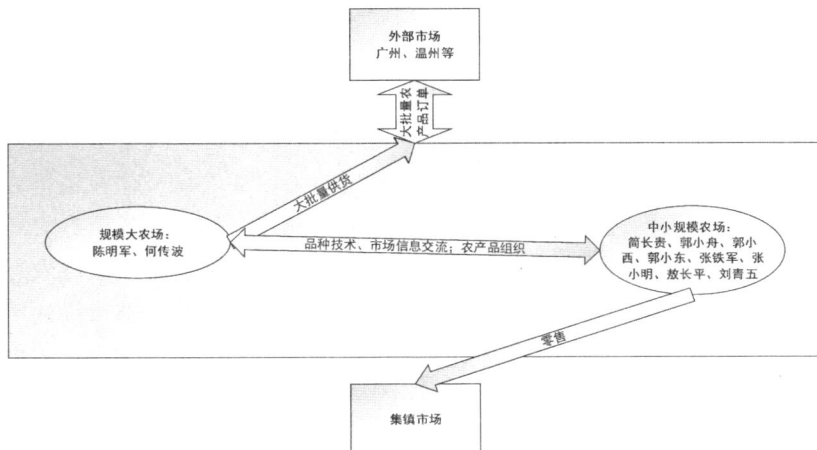

图二　新镇家庭农场市场交易示意图

在这些交易过程中，我们会发现这些代理人虽然来自家庭农场主群体，但是却与其他农场主有较大不同。以陈明军为例，他是农场主群体中的技术骨干与经营规模最大者，同样，他也把握着诸多市场渠道。因此其他家庭农场主们不得不去依附他。当家庭农场群体在市场中进行销售时，不同规模的农场主所获得的回报不同。一般而言，规模越大就越能在市场中抵御风险并获益。因此，能够作为代理人的农场将会在市场交易过程中获得最大利益。

而在向外部市场销售的时候，由于作为中间代理人，会比一般的农场主要更加了解外部市场是如何运行的，也就开始慢慢习得新的经营理念和技术，这些先进技术和理念的应用将会对家庭农场的升级起到非常重要的作用。

但是这些发展理念仅仅对陈明军的家庭农场起了作用，因为其他的农场主缺乏更多的资金来投入技术升级与品牌创立，也缺乏在这方面投入的决心。而一些本来规模就较小的家庭农场在经历了潘老板带来的市场风险之后，选择了独立经营，但是这种独立经营反而有可能使其进一步陷入困境。

农场主们内部形成的网络结构在外部市场的影响下有了新的调整。市场化的来临将会使得规模和品种占优者获得更多收益，同时也会使更多的家庭农场对其产生依附；也有家庭农场在经历市场风险之后开始出现退出外部市场的迹象。而市场机制带来的技术升级和营销理念投入新一轮的生产，将会进一步拉开家庭农场之间的差距。在此意义上，可以将其视为一种马太效应，即本来体量较弱的家庭农场将会在市场化中承受风险，拖欠货款或者市场价格陡降甚至就有可能将这些农场击垮，而那些体量较大的农场则可能会顺势而为，进一步发展。由此将导致的结果是网络内部结构变得更加明显，家庭农场群体出现分化。

如果从家庭农场群体的市场发展历程来看，可以发现这些家庭农场的主要经营市场有一个从内部市场向外部市场转变的过程。此外，外部市场相对于内部市场而言处于更为高级的等级，因此可以说新镇家庭农场群体在销售方面实现了市场层级的跨越。而从家庭农场的发展要素来看，代理人的家庭农场在实现了市场层级跨越之余还实现了生产技能的层级跨越，而大多数家庭农场目前来看仅仅实现了市场层级的跨越，甚至极少数的家庭农场在外部市场的风险影响下出现了发展退缩。从这个意义上来看，家庭农场群体在市场化过程中所获得的机遇与成长能力存在着较大差距。

六、结 论

本研究讨论了江汉平原一个农业镇大棚蔬菜家庭农场主群体的市场交易过程，特别关注了在市场信息缺乏和市场地位不平等的条件下，市场交易如何达成的微观机制。本研究将蔬菜市场形成的一个显著特征概括为"信息缺乏下的市场交易"，核心问题是市场交易如何达成，强调的是网络机制在市场形成中的重要作用。研究表明，市场信息的传达与市场交易的达成主要有三个方面的因素，分别是市场信息的获得与产品组织、买方市场下非常规交易的达成与维持以及交易群体准入规则；这一系列的行动使得新镇家庭农场实现了市场层级上的跨越。

而这一机制之所以能够运行则是基于新镇农场主们形成的行动网络与外部市场之间的互动。同时，我们还注意到，这一行动网络生成与发展的基础是家庭农场主之间不断发展深入的各种非正式关系与正式关系丛；此外，家庭农场主们的行动网络在市场化中出现了一些变化：家庭农场群体行动网络的组织化程度在市场化的过程中不断提高，并由生产主导转变成为由市场主导。

在以往有关于地方性市场的研究中，都会强调"中间人机制"在行动者网络中的重要作用。但是大多数"中间人"在调查者进入田野之前就已经存在，因此虽然在研究结果中会分析这种机制如何起作用，但是没有充分展现出其具体产生过程。在本研究中，我们分析了中间人是如何在家庭农场群体中被推选出来并如何在市场运行中起作用。研究还显示了中间人从农场主群体中被推举出来后，除了发挥中间代理作用外，还会利用自身在网络中独具的地位优势来促进自身发展。但同时需要注意的是，由内部产生的家庭农场中间人会在市场化的浪潮中获得更多利益。换句话讲，就是市场机制重新形塑了家庭农场的网络群体结构，家庭农场群体在市场化过程中不仅得到了组织化程度的提高，同时还出现了一定程度的分化。

此外，我们有必要对农产品的市场化给予一种新的视角。农业经济学往往以全局的视角来审视整条农产品产业链或者市场交易，固然可以很好地搭建起销售的体系，但是无论从现实还是理论来看，都忽视了交易背后的权力关系；可以发现农产品的生产者们——无论是小农户还是家庭农场主们——仍然处于交易链条的最低端。在本案例中，家庭农场主们为了完成销售获得发展采取了形成网络群体的策略，尽管如此，他们仍然要在市场交易中忍受种种不平等交易关系及其所带来的风险，而这些风险正是市场机制顺着农场主行动网络传导而至。如何提高农产品的生产者们在市场中的交易地位值得进一步关注，需要更多的实践创新。

参考文献：

[1] 郎秀云. 家庭农场：主导中国现代农业的新型市场主体 [J]. 湖南农业大学学报（社会科学版），2014（6）：1－6.

[2] 万江红，苏运勋. 村庄视角下家庭农场的嵌入性分析——基于山东省张村的考察 [J]. 华中农业大学学报（社会科学版），2016（6）：64－69.

[3] 万江红，管珊. 无雇佣化的商品化：家庭农场的发展机制分析——基于皖南平镇粮食家庭农场的调研 [J]. 中国农业大学学报（社会科学版），2015，32（4）：110－117.

[4] 赵伟峰，王海涛，刘菊. 我国家庭农场发展的困境及解决对策 [J]. 经济纵横，2015（4）.

[5] 徐金海. 农业产业市场中过度竞争问题的成因及对策 [C]. 中国农业技术经济研究会学术年会. 2002.

[6] 彭泰中，廖文梅. 信息不对称理论下的农产品市场风险研究——从农民承担的风险视角分析 [J]. 农机化研究，2007（5）：8－11.

[7] 叶冠妹. 我国农产品市场信息不对称问题研究综述 [J]. 现代化农业，2013（8）：41－44.

［8］孙兆刚．农产品市场风险传导分析［J］．商业研究，2013，55（9）：186－190.

［9］冯忠泽，李庆江，任爱胜．中国农产品及农产品市场特点分析［J］．中国农学通报，2008，24（9）：99－104.

［10］王凯，颜加勇．中国农业产业链的组织形式研究［J］．现代经济探讨，2004（11）：28－32.

［11］刘金山．市场协调农业产业链：一种探索［J］．上海经济研究，2002（3）：32－36.

［12］叶祥松．国外农业组织理论的新发展及其应用［J］．甘肃社会科学，2015（5）：198－203.

［13］姜长云．农业产业化组织创新的路径与逻辑［J］．改革，2013（8）：37－48.

［14］郭云涛．家庭农场的资本、市场与经济效益［J］．广西民族大学学报（哲学社会科学版），2009（2）：62－67.

［15］庞国龙．家庭农场在"小农业——大市场"的农业产业链中实现创造市场的角色［J］．企业技术开发月刊，2013，32（5）：23－24.

［16］陈林生．作为社会结构的市场——市场场域的应用及其方法论问题［J］．学术论坛，2013，36（10）：66－72.

［17］任守云，潘璐．作为场域的市场：农民销售处境与结构限制以河北李村李子销售为例［J］．南京农业大学学报（社会科学版），2016（2）：15－24.

［18］艾云，周雪光．资本缺失条件下中国农产品市场的兴起——以一个乡镇农业市场为例［J］．中国社会科学，2013（8）：85－101.

［19］艾云．农产品"市场链"：一个经济社会学的分析［J］．社会发展研究，2016（1）：80－101.

［20］马克·格兰诺维特．镶嵌——社会网与经济行动：马克·格兰诺维特论文精选［M］．北京：社会科学文献出版社，2007.

［21］哈里森·C.怀特．机会链：组织中流动的系统模型［M］．北京：格致出版社，2009.

经营环境对家庭农场经营绩效的影响路径分析

——基于浙江宁波的地方实践

陈德仙　张小群*

一、问题的提出

20 世纪末，种田能手通过规模化经营形成了家庭农场的雏形。2013 年中央"一号文件"首次提到家庭农场，从此，家庭农场如雨后春笋般遍布全国各地。浙江宁波、上海松江、安徽郎溪、湖北武汉和吉林延边是家庭农场的"五大样板地"。

多数研究发现，经营环境是显著正向影响绩效的重要外部因素[1][2][3][4][5]。同样，经营环境也直接影响家庭农场投入和交易行为，影响其经营绩效和资源配置效率，进而影响农村社会经济增长。目前，我国家庭农场的实践发展尚为初期阶段，"如何营造良性经营环境提升家庭农场经营绩效"的问题受到普遍关注。关于该题，既有研究成果主要集中在以下三个方面。

一是家庭农场的经营绩效。Govindarajan[6]和谢洪明等人[7]从短期绩效和长期绩效衡量组织绩效。汪兴东等[8]和李星星等[9]提取，经济绩效、社会绩效和生态绩效的三维绩效。何劲等[10]从劳动生产率、土地生产率、家庭人均收入和农产品成本收益率等方面强调其经济绩效。张琛等[11]从经济绩效竞争力、经济结构竞争力和资源禀赋竞争力三个维度构建综合发展评价体系。

二是家庭农场的经营环境。其中，社会化服务环境、金融服务环境和政策支持环境被重点关注。孔祥智等[12]指出社会化服务包括物资供应、生产服务、

---

* 陈德仙（1993—　）男，四川乐山人，硕士研究生，主要研究方向为制度经济与新型农业经营组织；张小群（1996—　）女，四川宜宾人，硕士研究生，主要研究方向为学科历史。

技术服务、信息服务、金融服务、保险服务，以及农产品的运输、加工、贮藏、销售等方面。朱启臻等[13]、高强等[14]、何劲等[15]和朱学新[16]分别从社会化服务人员、服务机构、服务功能、服务规范等多方面对其探究。张照新等[17]和楼栋等[18]指出其面临融资信贷支持门槛高和农业保险投保难的三大问题，并提出鼓励农村内生金融组织，规范农村资金互助组织、多种产权纳入抵质押范围和加大政策性农业保险力度。政策环境则主要从财税支持力度、政策框架和政策匹配等方面考量。

三是经营环境与家庭农场绩效的逻辑关系。朱红根等[19]等和曾福生等[20]指出政策支持环境对经营绩效的直接效果不显著，但可以通过服务环境和金融环境间接影响其绩效。刘畅等[21]指出基础设施、金融支持、政策支持、市场环境、服务环境和地区文化对农村微型企业生存绩效、成长绩效和创业绩效的影响路径存在差异。朱红根等[22]指出金融服务环境、社会经济环境和基础设施环境对创业绩效有直接正向影响，资源禀赋环境对创业绩效影响不显著。

既有研究从不同层面对家庭农场经营环境与经营绩效做了有益的探索，但亦有可拓展的空间。第一，家庭农场经营绩效评价更多的是停留在理论设计层面，缺乏对具体案例的实践应用。第二，缺乏成熟的家庭农场经营环境和绩效分析框架，对家庭农场经营环境的结构缺乏系统梳理，对各种环境的具体情况缺乏深入细致的解析，更重要的是对经营环境结构之间的影响关系缺乏说明。因此，本文以浙江宁波家庭农场为典型案例，并聚焦于以下核心研究问题：什么样的外部经营环境能高效地提升家庭农场经营绩效？为了更好地回答上述问题，首先需要解析家庭农场经营环境的结构，即从政策支持环境、金融服务环境、社会化服务环境、土地制度环境和基础设施环境等方面开展深入细致的分析。比较不同地区的家庭农场经营绩效以及从典型个案研究经营环境对家庭农场经营绩效的影响路径，对于优化外部经营环境和促进农村经济发展显得尤为必要和重要。

二、概念与分析框

（一）家庭农场：定义、特征、类型和比较优势

首先，家庭农场定义中争议最大的是雇工数量问题。虽然实践中存在雇佣劳动力大于家庭劳动力的案例，如浙江宁波家庭农场和荷兰花卉家庭农场。但世界范围内多数家庭农场还是以家庭成员为主要劳动力，以确保家庭经营在农业生产中的主体地位。农业部[23]指出家庭农场是以家庭成员为主要劳动力，从事农业规模化、集约化、商品化生产经营，并以农业为主要收入来源的新型农

业经营主体。其次，家庭农场主要具有家庭经营、商品化经营、适度规模经营和企业化管理等方面的特征。再次，从不同角度可以将其划分为不同类型。从规模化程度将其分为小型农场、中型农场和大型农场；从专业化程度方面将其分为混合型家庭农场和专业化农场；从职业化程度将其分为职业型家庭农场和兼业型家庭农场；从登记类型将其分为个体工商户、个人独资企业、合作企业和有限公司。最后，家庭农场具有显著的比较优势。与传统农户相比，是从"生存经济特征＋细碎化经营"到"市场经济特征＋规模化经营"[24][25]；与农业企业相比，是从"低生产效率（弱生产积极性）＋高组织成本（弱利他性动机）"到"高生产效率（强生产积极性）＋低组织成本（强利他性动机）"[26]；与专业大户相比，是从"粗放经营＋规模化经营"到"集约化经营＋适度规模经营"[27]；与农民合作社相比，是从"高所有权成本（代理人成本、集体决策成本和风险承担成本）＋高市场交易成本（土地交易成本和劳动力交易成本等）"到"低所有权成本＋低市场交易成本"[28][29]。

（二）分析框架

经营环境是显著正向影响绩效的重要外部因素。不同的学者对经营环境有不同的解构，最具代表性的如下：Stevenson Lois et al[30]将其分为促进创业文化、开展创业教育、减少进入障碍、融资支持、商务支持和刺激目标群体；世界银行[31]在开展企业营商环境调查中将其分为产权保护、司法体系、信贷获取、基础设施和政府政策等；朱红根等[32]将农民创业环境分为政策支持环境、社会经济环境、创业氛围环境、科技文化环境、金融服务环境、基础设施环境和资源禀赋环境。基于以上代表性成果并结合家庭农场的具体情况，构建起家庭农场经营环境和经营绩效分析框架，即分别从政策支持环境、金融服务环境、社会化服务环境、土地流转制度环境和基础设施环境开展研究。具体分析框架图如下图1所示。

1. 政策支持环境

North[33]洞察到制度是决定长期经济绩效的根本因素。政策支持属于正式制度的重要部分，其对家庭农场具有政策资金输入和引导规范发展两种核心功能。大量研究证实政策扶持是影响经营绩效的重要因素。张应良等[34]和张益丰等[35]通过实证得出政策支持力度对农民创业绩效有显著正向影响的结论。刘畅等[36]则进一步指出其对生存绩效、成长绩效和创新绩效均有显著影响。曾福生等[37]对湖南省水稻种植家庭农场进行实证，指出政策支持对家庭农场经营绩效的直接影响效果不显著，但是通过社会化服务环境的中介路径的间接效果显著。良好的政策支持环境依赖有力的资金支持和成熟的政策框架等，同时能和社会化服务环境等多路径配合，最终对家庭农场的经营绩效产生多维显著影响。

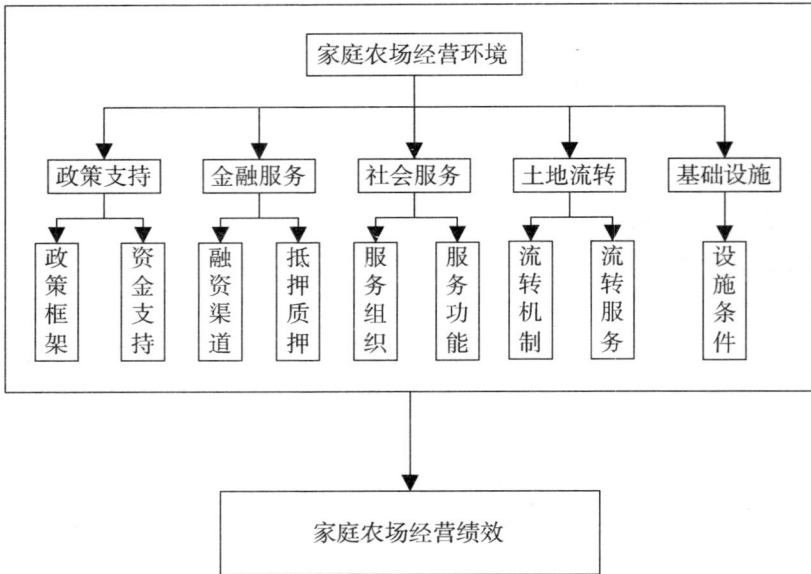

图1 家庭农场经营环境和经营绩效分析框架图

2. 金融服务环境

良好的金融服务环境对经营绩效至关重要。其最本质的功能是输入社会资金，从而与政策资金协同发挥作用。金融服务环境越好，越能降低贷款难度，越有利于经营绩效提升。多数研究也表明，金融服务环境对经营绩效有显著影响[38][39]。刘畅等[40]指出金融服务环境对生存绩效影响显著，但对成长绩效和创新绩效缺乏影响效果。当下，贷款渠道少、信贷门槛高和产权抵押范围小等问题仍是农业经营者面临的实现困境。为进一步优化农村金融服务环境，应鼓励和规范发展农村内生金融组织、农村资金互助组织、贷款担保公司和互联网金融等。金融服务环境对生存绩效产生单维显著影响，并在很大程度上决定家庭农场生存的"命脉"。

3. 社会化服务环境

农业社会化服务环境直接影响人才、技术、农资、信息等要素的获取难易，从而对经营者的交易成本和经营绩效产生深度影响。农业社会化服务是一种产前、产中和产后的服务网络，包括设备与设施服务、市场营销服务、产品生产服务和职业培训服务等。朱红根[41]指出信息资源服务、产品销售服务、法律法规服务和教育培训服务对农业企业经营绩效产生显著影响。曾福生等[42]指出市场信息服务、技术培训服务、土地流转服务和技术专家服务对家庭农场经营绩效产生显著影响。沈茹等[43]指出水稻种植家庭农场对农药改良、化肥改良、道路维护、播种服务、收割服务、供求信息服务等社会化服务需求较为普遍且紧迫。农业社会化服务组织越多元并且社会化服务功能越系统，家庭农场经营绩效越优。

4. 土地流转制度环境

土地流转制度环境的好坏体现在土地能否合理有序流转。若能，农业经营者能有效扩大经营规模，从而实现适度规模经济。家庭联产承包责任制虽然产生过巨大的制度绩效，但也有农地细碎化、生产粗放和与市场接轨不完善等问题。与农业现代化的战略目标相悖。此外，模糊的土地产权制度制约了土地商品属性的充分发挥以及土地资源在市场机制中的优化配置。构建良好的土地流转制度环境一方面要保证土地承包经营权稳定并长久不变，依法完成确权和颁证制度，赋予农业经营者稳定的土地发展权利和资产专用性；另一方面需要创新土地流转机制，充分发挥市场的资源配置作用，保证土地经营权的合法有序流转，实现土地适度规模集中[44][45]。土地流转制度环境越优，家庭农场越容易流转到经营所需土地，经营绩效越好。

5. 基础设施环境

良好的农村基础设施条件有利于提高生产效率、优化生态环境和吸引外部资源等，进而有效提升经营绩效。朱红根[46]指出良好的交通设施、通信设施和水电气设施对农民创业绩效有直接正向影响。刘畅等[47]指出土地基础设施、道路基础设施和生产基础设施对成长绩效具有显著影响效果。完善的农村基础设施应包括旅游和生态农业基础设施、农业生产基础设施、市场营销基础设施和职业教育基础设施等。基础设施条件越好，家庭农场经营绩效越好。

三、家庭农场的经营环境与经营绩效

（一）"五大样本地"：绩差存在

浙江宁波、上海松江、安徽郎溪、湖北武汉和吉林延边是家庭农场的"五大样板地"，而"五大样板地"的实践效果和经营绩效均存在差异。浙江宁波最早采取家庭农场模式，从2003年到现在形成了3000多家。90%以上的种植类家庭农场的经营规模在50－500亩之间，主要种植花卉、苗木和水果等经济作物。年销售额在51万元－500万元的农场有520家，占75.7%；500万元以上的有51家，占7.4%。截至2012年底，实现销售收入13.4亿元，利润2.8亿元，分

别比上年增长 12.6% 和 19.8%，平均每个农场销售收入为 195 万元，利润为 41
万元。上海松江从 2007 年开始探索家庭农场经营方式，到 2012 年底形成了
1206 家，平均经营面积为 100 到 150 亩，主要生产水稻等粮食作物，平均年收
入为 7 万 - 10 万元。安徽郎溪于 2007 年开始发展家庭农场，逐步形成了以粮
食、畜禽、水产、林业和茶叶等为主导产业的 216 户家庭农场，经营规模 50 亩
以上，年收入 10 万元以上的高达 88.6%。湖北武汉在 2011 年开始发展家庭农
场，形成了种植、水产、种养型和循环农业等各类家庭农场 167 家，经营
规模集中在 15 亩到 500 亩，年均收入在 20 元以上，最高的达到 80 万元。吉
林延边从 2008 年发展家庭农场，已设立家庭农场 654 家，主要生产各类粮食
作物，平均年收入 10 万元以上，平均每个农场 1125 亩。由此可见，浙江宁
波家庭农场具有起步早、数量多、规模适度和产业结构丰富等实践效果。更
为重要的是，其具有显著的经济绩效优势。此外，其在社会绩效和生态绩效
方面也具有一定的优势，如家庭农场的社会示范作用、周边带动作用、生态
环境保护作用和绿色食品生产功能等。

表1   "五大样板地"的实践效果及经济绩效表

五大样板	起步时间	农场数量	平均规模	主要产业	平均年收入
浙江宁波	2003 年	3000 个	50 - 500 亩	花卉、苗木和水果等	50 万以上
上海松江	2007 年	1206 个	100 - 150 亩	水稻等粮食	7 万 - 10 万元
安徽郎溪	2007 年	216 个	50 亩以上	粮食、畜禽、水产、林业和茶叶等	10 万
湖北武汉	2011 年	167 个	15 - 500 亩	种植、水产、种养和循环农业等	20 万以上
吉林延边	2008 年	654 个	1125 亩	粮食等	10 万以上

数据来源：马华，姬超. 中国式家庭农场的发展［M］. 社会科学文献出版社，2015：
354 - 359.

"五大样板地"的经营绩效存在差异，其中浙江宁波家庭农场的经营绩效是
最优的，具体体现在经济、社会和生态层面。导致"五大样板地"存在绩差的
原因是多元的。通过比较上海松江和吉林延边，可以发现土地经营规模会影响
经济绩效；通过比较上海松江和安徽郎溪，可以发现产业结构会影响经济绩效；

通过比较浙江宁波和吉林延边，可以发现产业性质（是否是经济作物）会影响经济绩效。由此可见，家庭农场的规模差异和产业差异都是影响其经营绩效的显性因素。然而，还有一种因素在前两者的显著作用下往往容易被忽略，即外部经营环境。那么，浙江宁波家庭农场究竟面临何种特别的外部经营环境，从而使其在"五大样板地"中处于经营绩效最优地位？

（二）绩优解释：经营环境差异

尽管规模差异和产业差异等因素在很大程度上引致了"五大样板地"存在绩差，但是也绝不能忽视外部经营环境在其中的作用。浙江宁波家庭农场表现绩优，良性的外部经营环境对此也能很充分地解释。

1. 成熟的政策框架和有力的资金支持

首先，宁波家庭农场扶持政策经历了有机形成到成熟壮大的过程，最终形成了产业融合政策（休闲农业建设政策和生态循环农业政策等）、设施与设备政策（农业设施建设补贴和农机具购置补贴等）、金融与保险政策（贷款利息和担保费用补助以及政策性农业保险补贴等）、市场营销政策（产品推广宣传补助、品牌创建奖励和电子商务营销奖励等）、农产品安全政策（三品一标认证奖励和农产品安全示范基地奖励）和人才培养政策（职业培训补助）等。其次，其具有较大的政策支持力度。如市级示范性家庭农场给予 10 万元的一次性奖励、农机具购置补贴最高 150 万元。成熟的政策框架和有力的资金支持是良性政策环境的必要条件。宁波不仅具有多样的家庭农场扶持政策，更生成了强弱有序的政策格局，如对产业融合政策、市场营销政策和农产品安全政策的强化，以此形成适宜家庭农场实践需要的政策框架和政策力度。

2. 多样化的融资贷款渠道

宁波家庭农场有多种新型融资贷款渠道。首先，宁波家庭农场广泛通过资金互助会贷款。资金互助会是以农民合作社（联合社）和供销合作社为基础，吸纳农民合作社（联合社）社员等共同参与的，自愿联合、民主管理、为会员提供资金融通服务的新型农村合作金融组织。其通过合法合规筹集和调剂会员的闲余资金，提高互助合作水平，为家庭农场等经营主体提供更好的金融支持。其次，宁波在 2015 年大力发展互联网金融。着重发展传统金融"互联网＋"，并引进培育 1000 家左右的互联网金融相关企业。互联网金融极大地优化了农村金融服务以及家庭农场的融资环境。此外，当地家庭农场能通过房产证、订单和保单质押以及温室大棚和经济作物抵押等，有效地扩宽了抵质押范围。

3. 社会化服务的主角：农业产业化龙头企业与农民专业合作社

农业社会化服务是一种产前、产中和产后的服务网络，包括设备与设施服务、市场营销服务、产品生产服务和职业培训服务等。农业社会化服务组织越多元并且社会化服务功能越系统，家庭农场经营绩效越高。宁波的农业社会化服务主角是农业产业化龙头企业与农民专业合作社，主要提供或者参与土地流转与整治服务、农业设施建设服务、农业机械化服务、贷款与担保服务、保险服务、订单收购服务、电商销售服务、产品展销服务、农资供应服务、生产信息及技术服务、统防统治服务和职业培训服务等。由此可见，宁波的农业社会化服务主角突出并且社会化服务功能系统，从而引致了较优的家庭农场经营绩效。

4. 创新的土地流转机制

宁波具有创新的土地流转机制，为家庭农场的适度规模经营奠定了良性条件。首先，委托村集体实行整村连片流转。流转土地要优先倾向家庭农场等主体，发展适度规模经营。该方式能降低土地流转成本、提升土地流转效率和发挥土地规模集中效益。其次，鼓励以入股方式流转。实行村级股份合作制改革，成立土地股份合作社。鼓励农户以土地经营权入股土地股份合作社，进行保底分配和二次分红。再次，探索农民土地承包权有偿退出机制。通过赎买、发放补贴、补助养老保险等办法，引导有稳定非农就业与收入、长期在城镇居住生活和基本丧失劳动能力的农民自愿退出土地承包权。此外，宁波还建立了县镇村三级土地流转服务组织、规范的土地流转合同签约制度、健全的农村土地承包纠纷仲裁机构和土地流转价格指导机制等。

5. 健全完善的基础设施

良好的农村基础设施条件有利于提高生产效率、优化生态环境和吸引外部资源等，进而有效提升家庭农场经营绩效。宁波家庭农场享受健全完善的基础设施，主要包括休闲旅游与生态农业基础设施（农业休闲观光设施和废物资源化利用设施等）、农业基础设施（机耕路等道路设施、大棚、温室等农业设施、水利与电力设施和高标准农田与土地设施等）、市场营销基础设施（通讯与信息网络设施、电商平台基础设施和农产品展示展销设施等）和职业教育基础设施（职业教育硬件设施等）。目前，农业基础设施环境的优化越来越依靠政策支持的引导规范功能以及社会化服务组织的服务功能，如生态循环农业补助政策引导农民建设废物资源化利用设施、电子商务营销奖励政策激励电商平台基础设施完善。

表 2   "五大样板地"家庭农场的经营环境及经营绩效表

经营环境及经营绩效		浙江宁波的家庭农场	"四大样板地"的家庭农场
起步时间		2003 年	2007 年－2011 年
政策支持	政策框架	政策框架成熟：结构完善且强弱有序	政策框架较为成熟
	政策力度	政策支持力度很大	政策支持力度中等
金融服务	融资渠道	新型渠道：资金互助会和互联网金融等	新型融资渠道较少
	抵押质押	较广	较广
社会化服务	服务组织	主角突出：农业产业化龙头企业与合作社等	服务主角分散
	服务功能	服务功能较为系统	服务功能系统性一般
土地流转制度	流转机制	委托村集体整村连片流转 入股方式流转 有偿退出机制	类似
	流转服务	县镇村三级服务组织、合同签约、纠纷仲裁和价格指导等	类似
基础设施	完备情况	完备	完备
实践效果		起步早、数量多、规模适度、产业结构丰富等	起步晚和数量少等
经营绩效		非常好	比较好

（三）经营环境的影响关系：政策支持、金融服务和社会化服务

从表 2 中可以发现：浙江宁波家庭农场和其他"四大样板地"面临的土地流转制度环境和基础设施环境大体相似。主要的经营环境差异在于政策支持环境、金融服务环境和社会化服务环境。具体来说，浙江宁波的扶持政策框架更加成熟（结构完善且强弱有序）、政策支持力度更大、金融服务渠道更加新颖、农业社会化服务主角更加突出以及社会化服务功能更加系统。然而，这些单方面的因素都还无法精确地解释外部经营环境是如何高效提升家庭农场经营绩效的。对此，只有厘清政策支持、金融服务和社会化服务三种外部经营环境的内在影响关系，才能提供一个更具有说服力的答案。

一些既有实证研究能恰当地支持上述内在影响关系的型构。朱红根等[48]基

于江西省农民工返乡创业企业的调查数据，指出政策支持主要通过服务环境来影响经营绩效，即政策支持环境对经营绩效影响的大小主要依赖于服务环境的好坏，良好的服务环境能促进政策支持更好地发挥作用。朱红根等[49]基于鄱阳湖生态经济区农民创业的调查数据，指出政策支持环境对农民创业绩效影响的大小主要依赖于金融服务环境好坏，通过金融服务环境，政策支持环境对农民创业绩效的影响才能得到充分发挥，或者金融服务环境较好的地区，政策支持环境能促进农民创业绩效的提高。曾福生等[50]基于湖南省 301 个家庭农场的调查数据，指出扶持政策对家庭农场经营绩效的直接效果不显著，但通过社会化服务环境的中介路径能更高效地提升家庭农场的经验绩效。从上述研究结论中可以发现：政策支持环境对家庭农场经营绩效直接影响效果不显著，政策支持环境对金融服务环境和社会化服务环境具有直接显著的影响，金融服务环境和社会化服务环境对家庭农场经营绩效具有直接显著影响。所以，政策支持环境能通过金融服务环境和社会化服务环境的中介路径高效影响家庭农场经营绩效。

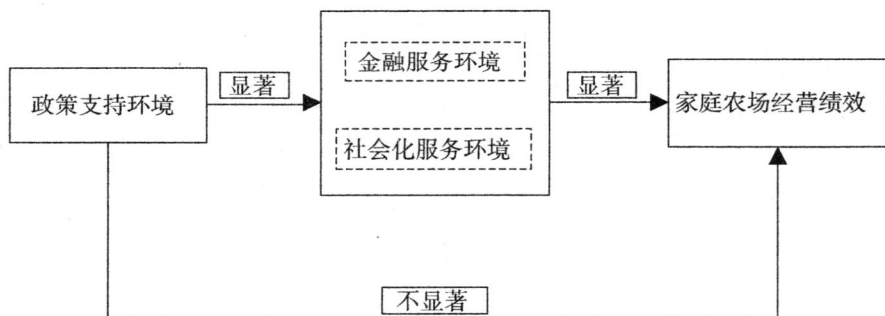

图 2　政策支持、金融服务和社会化服务影响关系图

　　基于上述理论，可以更充分地解析外部经营环境是如何高效提升浙江宁波家庭农场经营绩效的。首先，浙江宁波具有良性的政策支持环境，具体体现在完善的政策框架、强弱有序的政策结构和有力的政策支持力度。其次，良性的政策支持环境在一定程度上提升了家庭农场的经营绩效。浙江宁波的政策支持框架越来越偏向于市场营销政策和农产品安全政策。产品推广宣传补助、品牌创建奖励和电子商务营销奖励等激励家庭农场积极投身于市场、宣传和销售等，从而提升其经济绩效；三品一标认证奖励和农产品安全示范基地政策等激励家庭农场保护生态环境和提升农产品安全质量，从而提升生态绩效。再次，浙江宁波的良性政策环境直接显著提升了金融服务环境和社会化服务环境。结构完善的政策框架催生了多元新颖的金融服务主体和突出的社会化服务主体。设施与设备政策、金融与保险政策、市场营销政策、农产品安全政策、人才培养政策分别对设施与设备服务、金融与保险服务、市场营销服务、产品生产服务和职业培训服务产生了直接显著影响。有力的政策支持力度和政策保障力度有效地降低了金融服务和社会化服务的服务风险和服务成本，从而极大地提升了金融服务主体和社会化服务主体的服务积极性。最终，良性的政策支持环境通过金融服务环境和社会化服务环境的中介路径高效地提升了浙江宁波的家庭农场经营绩效。

四、结论与政策启示

本文聚焦于以下核心研究问题：什么样的外部经营环境能高效地提升家庭农场经营绩效？比较家庭农场"五大样板地"的经营绩效，并基于浙江宁波家庭农场的典型案例，从政策支持环境、金融服务环境、社会化服务环境、土地流转制度环境和基础设施环境五个层面分析经营环境对家庭农场经营绩效的影响路径。结论如下：第一，"五大样板地"的经营绩效存在差异，浙江宁波家庭农场的经营绩效是最优的，其在经济绩效方面具有显著优势。第二，导致"五大样板地"存在绩差的原因是多元的，规模差异和产业差异是其中的显性因素，但绝不能忽视外部经营环境起到的重要作用。浙江宁波具有结构完善且强弱有序的政策框架和有力的资金支持、新颖的融资贷款渠道、突出的农业社会化服务主角、创新的土地流转机制以及健全完善的基础设施等良性外部经营环境。第三，浙江宁波家庭农场和其他"四大样板地"面临的土地流转制度环境和基础设施环境大体类似，主要的经营环境差异在于政策支持环境、金融服务环境和社会化服务环境，且这三种关键而良性的经营环境形成了一种彼此依赖和协同的影响关系。以政策支持环境为出发点，通过金融服务环境和社会化服务环境的中介路径作用于家庭农场是其经营绩效的高效提升路径。

基于上述分析结论，各级政府在为提升家庭农场经营绩效而优化外部经营环境时，应当注意以下两点：第一，塑造良性的政策支持环境，具体包括完善的政策框架、强弱有序的政策结构和有力的政策支持力度。第二，良性的政策支持环境发挥作用离不开优质的金融服务环境和社会化服务环境，因此应该充分发挥政策的激励功能，提升金融服务和社会化服务的积极性。

参考文献：

[1] Stern N H. A Strategy for Development [M] // A strategy for development/ World Bank，2002：88-101.

［2］Johnson S，Mcmillan J，Woodruff C. Property Rights and Finance ［J］. American Economic Review，2002，92（5）：1335 - 1356.

［3］Cull R，Xu L C. Institutions，ownership，and finance：the determinants of profit reinvestment among Chinese firms ［J］. Journal of Financial Economics，2005，77（1）：117 - 146.

［4］Bank W. A better investment climate for everyone ［M］. World Bank，2004.

［5］Aterido R，Hallwarddriemeier M，Pages C. Investment Climate and Employment Growth：The Impact of Access to Finance，Corruption and Regulations Across Firms ［J］. Ssrn Electronic Journal，2007，58（2）：140 - 148.

［6］Govindarajan V. Appropriateness of accounting data in performance evaluation：An empirical examination of environmental uncertainty as an intervening variable ［J］. Accounting Organizations & Society，1984，9（2）：125 - 135.

［7］谢洪明，刘常勇，陈春辉. 市场导向与组织绩效的关系：组织学习与创新的影响——珠三角地区企业的实证研究 ［J］. 管理世界，2006（2）：80 - 94.

［8］汪兴东，刘文兴. 家庭农场运作绩效的主要影响因素分析 ［J］. 商业研究，2013，55（10）：160 - 164.

［9］李星星，曾福生. 家庭农场综合评价指标体系设计——以湖南为例 ［J］. 湖南科技大学学报（社会科学版），2015，18（6）：79 - 85.

［10］何劲，熊学萍. 家庭农场绩效评价：制度安排抑或环境相容 ［J］. 改革，2014（8）：100 - 107.

［11］张琛，黄博，孔祥智. 家庭农场综合发展水平评价与分析——以全国种植类家庭农场为例 ［J］. 江淮论坛，2017（3）：54 - 60.

［12］孔祥智，徐珍源，史冰清. 当前我国农业社会化服务体系的现状、问题和对策研究 ［J］. 江汉论坛，2009（5）：13 - 18.

［13］朱启臻，胡鹏辉，许汉泽. 论家庭农场：优势、条件与规模 ［J］. 农业经济问题，2014，35（7）.

［14］［26］［29］［44］高强，刘同山，孔祥智. 家庭农场的制度解析：特征、发生机制与效应 ［J］. 经济学家，2013（6）：48 - 56.

［15］［45］何劲，熊学萍，宋金田. 国外家庭农场模式比较与我国发展路径选择 ［J］. 经济纵横，2014（8）：103 - 106.

［16］朱学新. 法国家庭农场的发展经验及其对我国的启示 ［J］. 农村经

济，2013（11）：122 - 126.

[17] 张照新，赵海. 新型农业经营主体的困境摆脱及其体制机制创新[J]. 改革，2013（2）：78 - 87.

[18] 楼栋，孔祥智. 新型农业经营主体的多维发展形式和现实观照[J]. 改革，2013（2）：65 - 77.

[19][41][48] 朱红根，解春艳. 农民工返乡创业企业绩效的影响因素分析[J]. 中国农村经济，2012（4）：36 - 46.

[20][37][42][50] 曾福生，李星星. 扶持政策对家庭农场经营绩效的影响——基于 SEM 的实证研究[J]. 农业经济问题，2016（12）：15 - 22.

[21][36][40][47] 刘畅，齐斯源，王博. 创业环境对农村微型企业创业绩效引致路径的实证分析——基于东北地区实地调研数据[J]. 农业经济问题，2015（5）：104 - 109.

[22][32][39][46][49] 朱红根，刘磊，康兰媛. 创业环境对农民创业绩效的影响研究[J]. 农业经济与管理，2015（1）：15 - 25.

[23] 农业部关于促进家庭农场发展的指导意见[EB]. http：//www. moa. gov. cn/hdllm/2014wszb/lsan/，2014 - 02 - 27.

[24] 生秀东. 订单农业的契约困境和组织形式的演进[J]. 中国农村经济，2007（12）：35 - 39.

[25] 郭熙保，冯玲玲. 家庭农场规模的决定因素分析：理论与实证[J]. 中国农村经济，2015（5）：82 - 95.

[27] 温锐，邹心平. 家庭农场定义中存在的问题及其破解[J]. 世界农业，2015（12）：57 - 62.

[28] 伍开群. 家庭农场的理论分析[J]. 经济纵横，2013（6）：65 - 69.

[30] Stevenson Lois, Lundstrom Anders. Entrepreneurship Policy for the Future[J]. Swedish Foundation for Small Business Research, 2001 (1): 372 - 389.

[31] 世界银行集团. 2008 中国营商环境报告[M]. 北京：社会科学文献出版社，2008.

[33] Douglass C. North. Institutions, Institutional Change and Economic Performance[M]. Cambridge：Cambridge University Press, 1900: 83 - 84.

[34][38] 张应良，汤莉. 农民创业绩效影响因素的研究——基于对东部地区 284 个创业农民的调查[J]. 华中农业大学学报（社会科学版），2013（4）：19 - 24.

[35] 张益丰，郑秀芝. 企业家才能、创业环境异质性与农民创业——基于

3 省 14 个行政村调研数据的实证研究 [J]. 中国农村观察, 2014 (3).

　　[43] 沈茹, 王树进. 家庭农场社会化服务需求及其影响因素分析——基于安徽省水稻种植户的调查数据 [J]. 湖南农业大学学报 (社会科学版), 2014 (6): 11 – 16.

农村土地制度改革与深化

农村土地经营制度改革与创新

蒋大国　王敬尧　魏　来

农民问题是中国的大问题。农民最大的问题是土地问题。当前，农村土地制度运行目标实现了由"生存"向"发展"的转换，但在效率与公平的价值取向上仍未找到合适的结合点；农村土地制度的运行格局以稳定为主，地方上的创新面临着一系列约束条件，尚未取得全面改革的整体性方案与广泛性共识；农村土地制度的运行模式在各地不尽相同，但还未能回答如何兼顾一般原则与地方实际、如何在"三条底线"的总体要求下释放活力等问题；农村土地制度的运行载体是农户家庭与集体经济组织，如何理清农民个人、集体组织、各级政府与工商资本的权、责、利仍然是悬而未决的问题；另外，从农村土地制度的运行机制与规模上看，农民的空间流动日趋频繁、农村土地的细碎化和抛荒现象普遍存在，如何稳定承包权、搞活经营权仍是亟待解答的难题。

一、农村土地制度的特征、困境及原因

（一）农村土地制度改革的特征

农村土地制度改革是各项战略的结点、社会矛盾的触点，且处于重大改革时点，也是学界热论的焦点、深化改革的难点，具有综合性、敏感性、紧迫性、复杂性和争议性。

（二）农村土地制度面临的困境

1. 制度层面上面临的问题。其一是产权制度面临问题。我国现行法律制度下的集体产权存在主体虚置的问题，集体产权主体并不明确，具体体现在所有权的主体不明确与所有权的行使主体不明确两个方面。这是现阶段中国农村土地制度面临的真正症结，也是操作难点。如果农村土地产权改革不深化，产权交易就没有效率，市场在农业要素配置中发挥决定性作用就是一句空话，土地

的规模化经营和集约化利用也无从谈起。其二是征地制度面临的问题。一是公共利益界定不明，征地范围过大；二是农户征地补偿偏低，增值分配不公；三是干群关系持续紧张，维权事件频发；四是大量占用农民耕地，危及粮食安全。其三是集体经营性建设用地面临的问题。一是农村建设用地难以入市，小产权房问题突出；二是地方过度依赖土地财政，孕育财政金融风险；三是城市建设用地储备不足，城市房价日益攀升。其四是宅基地面临的问题。一是农民的宅基地使用权权能不够完整；二是使用权的取得、行使和转让不规范；三是宅基地使用权的登记制度有待重建。其五是农业规模经营面临的问题。一是农村土地流转不畅；二是农民主体地位不牢；三是社会保障体系有待完善。

2. 战略层面上面临的问题。从宏观视角看，农村土地制度改革关系到新型城镇化、城乡一体化和农业现代化的实现，而现行农地制度和新型城镇化之间存在着矛盾，农村土地功能对城乡一体化造成了阻碍，农村土地制度与农业现代化充满着张力。

（三）农地制度困境的原因

农村土地制度改革的困境不仅仅表现为制度本身，还存在着宏观体制上的原因。当前农地制度存在的种种问题与城乡二元体制、财税管理体制、土地管理体制、政绩考核体制以及基层治理结构上存在的缺陷密切相关。

二、农村土地制度改革与创新的实践及经验

（一）"要素流动"：成都农村产权制度改革

在农村产权改革中，成都始终坚持农村产权改革的"还权赋能"。"还权"方面，在确权颁证的制度设计与实践中，始终贯彻落实"全口径"的产权要确权到户；运用确权颁证成果，有序开展土地综合整治。探索试行建设用地指标交易制度，发挥市场的价格发现功能，显化农民土地资产的价值；稳步推进土地向农业龙头企业、农村集体经营组织、农民专业合作经济组织和种植大户集中，同时设立投资公司，撬动社会资金。在"赋能"方面，充分发挥农民参与市场的自主性，村组集体经济组织对大家的事不包办、不决断。

（二）"公司＋农户"：仙洪农村土地规模经营

第一，推动农地流转，创新经营方式。仙洪试验区开展了城乡建设用地增减挂钩试点，建立了农村土地使用权流转机制、农村集体建设用地流转制度，在实践中不断探索农村土地节约利用有效途径。通过创新经营方式，实行"公司＋农户"的模式，不仅为农产品找到了销路，同时实现了适度规模经营。第二，开展土地整治，创新项目实施。一是采取相关措施提高土地生产能力。二

是改善村民生产和居住环境。三是通过土地整治，实现占补平衡。

（三）"资源激活"：广西玉林农村改革突破

一是激活产权，"还权赋能"有了保障。玉林市在广西率先铺开农村土地产权确权工作，明晰农村产权权属，把农村"沉睡"的资产变成"活"的资本，整体放大产权改革红利。二是放活市场，要素配置趋向优化。玉林市成立了玉林市农村产权交易中心有限公司，建设了产权交易中心大厅、电子竞价平台等软硬件设施。三是主体培育，解决"谁来种地"问题。玉林大力培育职业农民、专业大户、农业龙头企业等新型农业经营主体，引导发展土地流转、合作、入股等多种形式的适度规模经营，有效破解了"谁来种地"的难题。四是强化金融支撑，破解资金难题。玉林市大力创新农村金融服务产品，重点推进农村产权抵押贷款，取得了积极成效。

（四）"双合作社"：江苏无锡土地流转信托

无锡市桃园村土地流转信托项目采取"土地合作社＋专业合作社"的双合作社模式，首先将拟进行信托的土地经营权确权到村民个人，再由村民以其土地经营权入股土地股份合作社，土地股份合作社作为委托人以土地经营权在北京信托设立财产权信托。北京信托接手后，把这块土地租赁给专业合作社。按照合作方案约定，农户从土地信托中至少获得两类收益：一是每年1700元/亩的固定收益；二是第七年起获得浮动收益的20％。桃园村土地流转信托项目在运作中以户为单位发放股权证，坚持民主协商，并对土地股份专业合作社进行工商注册登记。另外，北京信托和镇政府对专业合作社的经营进行审计、指导和监督。

（五）"连片耕种"：湖北沙洋县探索新模式

近年来，沙洋县抓住新一轮农村土地确权登记颁证机遇，以村民小组内农户之间流转经营权、调整承包地块等方式，整县推进"按户连片耕种"，使近九成农户耕种的土地连片且"不插花"，让农民种田不用东奔西跑，对解决农村土地"分散化"等问题和发展多种形式适度规模经营做出了探索。按户连片耕种改革是通过"一主一辅一不得"来实现的，即在农民自愿前提下，以村小组内流转经营权为主，以互换承包权为辅，不得整村打乱重分。当前，农户分散经营土地和新型主体规模经营将长期并存，"沙洋模式"既公平调整了农民的土地承包经营权，连片后易规模流转，又提高了单个农户分散经营土地的利用效率，让土地创造更大的价值。按户连片耕种有效解决了农村劳动力不足、分散耕种成本过高、水利基础设施难管护等问题，也为规模经营打下了基础。

三、农村土地制度改革与创新的思路和措施

（一）土地制度改革创新的原则与方向

1. 在土地制度改革中应坚持以下原则：一是坚持方向，统一领导；二是理念引领，统揽全局；三是尊重主体，保障权益；四是多种经营，协调发展；五是试点先行，循序渐进。

2. 今后农村土地制度改革的基本方向是：坚持一个核心，兼顾两个重点，完善三权分置，实现五大目标。一个核心即以保护农民集体经济组织成员权利为核心；两个重点即以明晰农村集体产权归属、保护农民合法土地权益为重点；三权分置即落实集体所有权，稳定农户承包权，放活土地经营权；五大目标分别是健全归属清晰、权责明确、保护严格、流转顺畅的现代产权制度，使城市国有土地与村集体土地两种所有制权利平等；建立城乡土地平等进入、公平交易的土地市场制度；建立公平、共享的土地增值收益分配制度；建立公开、透明、规范的土地融资制度；建立以权属管理和规划与用途管制为核心的现代土地管理体制。

（二）土地制度改革创新的思路与侧重

1. 农村土地制度改革的总体思路是：以实施确权和土地登记颁证为基点，为保障土地权益和农业现代化、人口城镇化提供基础制度保障；以土地制度改革为契机，推进消除城乡二元体制改革，促进生产要素在城乡的优化配置与流动，实现城乡发展一体化和可持续的城镇化；以构建两种所有制土地权利平等的产权制度为主线，实现不同主体平等参与和分享经济发展机会。推进征地制度改革和用地模式改革，促进土地收益的更公平分配，实现全社会对土地增值收益的共享。完善土地经营、融资和税收制度，为可持续的城镇化提供资金保障。

2. 实践中应沿用"布局试点—政策完善—全面推进"的思路，侧重于三个改革前提、四条改革路径和五大体制配套。

三个改革前提立足于农村土地制度改革创新的基础层面，包括确地、服务和投入；四条改革路径着眼于农村土地制度改革创新的制度层面，包括明确农民产权主体地位、完善农村土地征用制度、推进建设性用地市场化和探索宅基地市场化流转；五大体制配套则聚焦于农村土地制度改革创新的体制层面，包括推进财政体制深化改革、推动土地管理体制改革、优化农村土地税费体制、健全农民公共服务体系和完善官员绩效考核体制。

（三）土地制度改革创新的策略和措施

1. 基础层面

（1）确地。农民土地经营权的保护、流转以及土地的合理利用，前提是需

要对现存农地进行清产核实，确地确权。土地确权不仅需要对土地产权关系进行清查确权，也需要对土地存量、类型、边界等进行测量、核实。

（2）服务。一是建立土地管理技术和信息平台。二是建立土地流转和交易平台。三是探索农地品质地价评估体系。四是完善土地流转奖励支持政策。五是优化承包经营纠纷调解仲裁制度。

（3）投入。农村土地的确权、确地、流转、改制等都需要大量的投入。必须将这些投入列入财政预算，专项支持。如为了引导、支持和鼓励农村土地流转，构建城乡一体的土地流转市场，建议设立农村土地流转基金，包括流转、评估奖励资金、土地储备资金、土地整治资金和土地市场建设资金。

2. 制度层面

（1）明确农民产权主体地位。改革应指向赋予农民明确、稳定、完整而有效的土地产权，在现有制度框架内，明确土地产权的"责、权、利"，落实集体所有权，把使用权、经营权、收益权和处分权下放给农民，强化承包经营权的稳定性、延续性和物权性，推动土地经营权抵押。

（2）完善农村土地征用制度。第一，必须以立法形式明确界定公益性用地的范围；第二，要建立公开、公平、公正和高效的土地征用管理体制和程序，保障被征地集体和农户的知情权、参与权和申诉权；第三，改革征地补偿制度，公允地确定征地补偿标准。适当提高农民在土地增值收益中的分配比例。此外，还应逐步将被征地农民纳入城镇社保体系，探索留地安置、土地入股等多种模式，确保农民长远生计；完善征地补偿争议裁决制度，畅通救济渠道，维护农民土地合法权益。

（3）推进建设性用地市场化。第一，完善法律法规，依法确立农村建设用地使用权。第二，明确农村集体经济组织、村委会与土地使用方三者之间的关系。第三，明确建设用地流转范围和条件，规范流转形式和程序。第四，规范政府与其他市场主体的竞争行为，减少服务缺位和管理越位。

（4）探索宅基地市场化流转。第一，创新农村住宅制度，维护农民宅基地用益物权，使农民获得完整的使用权权能。第二，坚持相关土地法规原则并且实行严格的土地管控，对宅基地的申请、流转、退出等环节，建立规范而严格的审批程序，完善和加强宅基地登记制度。第三，建立和完善宅基地入市的相关制度，明确宅基地入市的对象、条件、范围、方式，以及流转的主体、程序、收益处置与管理等，为其入市提供法律依据。第四，健全宅基地流转、退出、交易平台机制及评估服务体系，为其流转、退出提供服务。第五，完善农村社会保障体系建设，将宅基地所承载的居住保障职责置换出来，使其使用权还原为生产要素，发挥出宅基地财产功能。第六，理顺国家、集体和个人三者之间的利益分配关系。

3. 体制层面

（1）推进财政体制深化改革。其一，合理界定地方政府的财权与事权范围，规范财政管理体制，积极推进省级以下财政体制改革；其二，建立基层政府基本财力保障机制；其三，建立并完善科学合理、结构优化、公开透明的政府预算体系；其四，还应设立财政专项资金，专门为农地确权、流转、征用、纠纷处理及土地承包经营权退出等提供支持和保障。

（2）推动土地管理体制改革。将政府的土地经营权分离出去，只行使土地管理权，强化政府的社会管理和公共服务职能。土地管理体制的改革也要求建立城乡统一、开放、竞争、规范、公平的土地市场，将现行计划配置式的土地用途管制制度改造为以适应市场配置、弥补市场失灵为主要内容的新型的土地用途管制制度。同时，进一步明确和细化各级土地管理部门的土地管理职能，加快基层管理部门职能和组织的改革与管理机制创新。

（3）优化农村土地税费体制。其一，对城乡统筹的建设用地市场实施统一的土地税制，在充分保护农民合法权益的同时，必须利用与其相配套的税费征缴制度，对流转过程中产生的过高收益进行适当的调整，尽可能统筹、均衡国家、集体及农户三者的利益。其二，改革和完善城乡建设用地市场一体化过程中的土地税费体系，进一步强化土地税收的政策功能，促进土地政策全局性、战略性目标的实现。其三，积极推进"费"改"税"，合理调节土地主体利益和行为关系。可在土地占有阶段，以土地占用税保护耕地；在土地转让阶段，以土地增值税规范交易；在土地保有阶段，以不动产保有税和土地闲置税，惩处土地浪费行为。

（4）健全农民公共服务体系。其一，改革制度体制，破除均等化服务障碍；其二，厘清责任，建立合理的服务分工和财政分担机制；其三，村社独立，还原基层自治空间，发挥社区在公共服务中的应有作用；其四，以民为本，构建民众需求利益表达机制；其五，参与式治理，构建多元生产供给体制。

（5）完善官员绩效考核体制。加大资源消耗、新增债务、民生工程等指标的权重，通过绩效考评机制的改革，加快政府职能和官员理念的转变，树立产业兴农、创新强农、绿色活农、协调惠农、开放促农、共享富农的发展理念，借此缓解"GDP竞赛"下城市建设用地的低效率使用和对农民土地权益保障不力，规制一些地方政府利用土地财政和土地金融杠杆筹集大量资金进行超前建设的政绩观。

农村集体经营性建设用地入市改革：
宜城经验与提升之策

魏　来　黄祥祥*

　　农村建设用地问题是解读乡村振兴战略的关键切口和解决"三农问题"的实践重点。近年来，党中央连连发文，不断推进农村集体经营性建设用地入市改革的试点工作。课题组以湖北宜城为调研地点，对农村集体经营性建设用地入市的体制背景、实践概貌、改革梗阻进行了分析，并提出了针对性的政策建议。

一、体制背景：农村集体经营性建设用地入市的改革环境

　　我国的农地制度具有鲜明的社会主义特色，加之城乡二元结构下的历史背景，造就了独特的土地制度问题。土地问题不只关乎农业问题，更与财政问题、城镇化问题缠结在一起。具体到农村集体经营性建设用地的改革，在现阶段推进农业供给侧结构性改革和乡村振兴战略等新型发展思路指引下，其改革环境需要再次理清。

　　第一个背景是乡村振兴战略下的土地制度创新。乡村振兴战略下农村土地制度改革的主要领域是农村承包地、集体建设用地、宅基地三方面。其中，集体经营性建设用地入市成为本轮土地制度改革试点重大的突破点之一。目前，推广集体经营性建设用地入市的趋势已不可逆，并为农村土地资源整合与农村集体角色重构提供了契机。

　　第二个背景是农业供给侧结构性改革中的土地制度改革。农业供给侧结构性改革的提出对于解决农业经济领域长期存在的结构性痼疾具有全局性的指导

　　* 　魏来，华中师范大学政治与国际关系学院博士研究生，湖北经济与社会发展研究院研究
　　　　人员；黄祥祥，华中师范大学政治与国际关系学院硕士研究生。

意义。促进农地制度改革，既是推进农业供给侧结构性改革的重要手段，也是其既定目标之一。

第三个背景是城镇化背景下的土地供给危机。高速发展的城镇化必然会对建设用地产生快速增长的需求，设计怎样的农地转化为建设用地的体制，已经成为重大问题。推进集体经营性建设用地入市，一方面有利于缓解城市建设用地的紧张，另一方面有利于保护并增加集体和农民的财产性收益。

第四个背景是土地财政模式下的征地制度。破除土地过度征用和城乡土地二元结构下的土地流转不畅弊病，将是改进土地财政的必然路径。同时，现有的土地财政带来的制度惯性及该模式下形成的既得利益集团，可能会对集体经营性建设用地入市改革形成掣肘，使改革面临诸多的体制机制性阻力。

二、实践概貌：农村集体经营性建设用地入市的现实进展

时至今日，农村土地制度三项改革试点已接近尾声，33 个市县区的试点各自取得了相应的显著成果，从其发展实践模式看，个性与共性并存，困境和成果皆现。课题组通过文献研究和实地调研，总结了 33 个试点市县的做法，提炼了实践模式类型，并特别对宜城市的试点情况进行了调查。

（一）农村集体经营性建设用地入市的典型模式

在安徽芜湖、重庆和广东等地的前期探索之后，为落实党的十八届三中全会决定和《关于农村土地征收、集体经营性建设用地入市、宅基地制度改革试点工作的意见》（下称《意见》）的要求，国务院在 33 个市县进行试点，其中集体经营性建设用地入市试点 15 个。在实践中，广东南海注重规划引领、政策供给和项目带动，形成了"规范集约"模式；北京大兴优化土地布局、提高用地质量、完善股权配置和促进农民增收，形成了"镇级统筹"模式；浙江德清在界定入市主体、筛查入市土地、规范入市过程和入市收益分配等方面注重精准，形成了"精准迅捷"模式；四川郫都探索入市方式多元化和入市过程体系化，在产权体系、政策体系和价格体系上不断创新，形成了"多元化体系化"模式；甘肃陇西在确定入市土地抵押融资能力的前提下，通过明确利益划分稳定农民收入，通过制度保证给企业吃定心丸，形成了"内外兼顾"模式；黑龙江安达以"就地入市"为主要入市途径，平衡土地供需总量和政府、集体与个人收益，形成了"新东北式平衡"模式。

（二）宜城市集体经营性建设用地入市的主要做法

2015 年以来，宜城市承担了农村土地制度三项改革试点工作。在进行了一系列的摸底、排查、咨询和调研工作的基础上，稳步推进农村集体经营性用地入市试点工作，通过多途径、多方式入市，走出了一条具有宜城特色的入市改革新路子，取得了实质性成效，相关经验在全国交流推广，获得"湖北改革奖"。

在改革试点中，宜城形成了"阶段性多路径"模式：第一，强调改革的阶段性与递进性。经过"定制度，定规则"步入"试制度，试成效"阶段，以进阶式发展保证改革的平稳和"可复制推广"。第二，夯实基础，立足规范。在"定制度定规则"阶段，两轮筛查一轮核实，对区域内的集体建设用地存量、重点区域进行确定，夯实改革基础。同时，多部门以及群众针对入市过程，共同制定法规，提前做好保障。第三，多条路径，探索最优。探索和实践了就地入市和调整入市两类入市途径；协议出让、拍卖和挂牌三种入市方式；确定商服用地和科教用地两种入市用途；确认村委会和镇政府两种入市主体。通过对以上各个路径的尝试，探索最优实践样本。

在宏观层面，宜城市改革的总体做法可概括为以下几点：一是通过建立基准地价体系、编制"多规合一"规划夯实基础工作，激活改革"原动力"；二是突破主体权益调整、增值收益分配等难点，彰显改革"创新力"；三是突出产业发展与土地制度改革的深度融合，激发改革"内生力"；四是坚持村民自治，增强改革"凝聚力"；五是共享改革成果，汇聚群众"向心力"。

三、改革梗阻：农村集体经营性建设用地入市的困境分析

集体经营性建设用地入市的较为典型的困境包括农地入市确权难、入市利益分配难、入市范围界定难和配套措施效力小四个方面。对宜城市的实地调研发现，该地存在价格形成机制待完善、入市动力持续性不强、改革参与度有待提升和基层干部自主性不足等困境。

（一）集体经营性建设用地入市中的普遍困境

1. 农地入市确权难。据国土部门统计，目前存在争议的土地有 3.9 万宗，面积 2515 万亩，分别占应完成确权总量的 15.7% 和 10.9%。确权难主要表现在两方面：一是集体与国有之间的争议。二是集体与集体土地之间的争议。这些历史遗留问题往往是乡村社会纠纷的爆发点，很难得到彻底有效的解决。另外，在干群关系、确权成本，以及确权效率方面都有着较大发展完善空间。此次确权是理清相关权属的契机，但如若处理不当，也会有激发社会冲突的风险。

2. 入市利益分配难。设置合理的利益分配机制存在诸多困境，我国独特的产权结构所导致的模糊性、集体经济组织结构不完善等现实问题使增值收益分配问题比较棘手。由于在试点阶段，各地政府对收益分配标准的确定具有较大

的自主性，因此很难总结出具有一般意义的分配标准，同时可能会进一步加剧相关争议。

3. 流转范围界定难。我国《宪法》规定城市土地属于国有，因此城市规划的集体经营性建设用地将继续走征地的路子。这一范围的划定将影响此次改革的深度和彻底性。此外，此次试点政府明确集体经营性建设用地入市范围为"存量"用地，不包括新增的集体经营性建设用地。

4. 配套措施效力小。当前的经营性建设用地入市的监督管理、金融服务等尚不完善，与改革紧密相关的社会保障与推进改革的奖惩机制等也需要及时革新。

（二）宜城市集体经营性建设用地入市的实践困境

1. 价格形成机制待完善。同一区位条件和规划用途的相邻宗地，正常情况下会以同等价格进行入市，但在实践中，土地的价格形成往往会更难以确定。

2. 入市内生性动力不强。宜城市在承担"三项改革"的过程中有努力探索的尝试，但是一些硬性的资源和区位约束，导致该地"三项改革"的动力都稍显疲乏，作为其中一环的集体经营性建设用地入市也面临着动力不足的问题。

3. 改革参与度有待提升。在现阶段中部地区的农村集体经营性建设用地入市改革进程中，集体和农民的收益非常有限，农民在入市中的获得感和参与度也并非想象的那么强。

4. 基层干部自主性不足。实地调研发现，一些直接参与此次改革的村干部和部分干部对于改革的认识还是不够到位，对于相关政策并不十分清楚，更多的是在县级有关部门的统筹下参与执行，没有充分地发挥自身"接地气"以完善相关政策的执行细节的优势。同时，相关干部对民主决策的意义和价值缺乏足够重视。此外，一些干部比较强调地方实际，对探索在面上具有一定推行价值的做法缺乏积极性。

四、对策建议：农村集体经营性建设用地入市的困境突破

全面铺开的农村集体经营性建设用地入市改革具有引发其他领域相关改革的潜力。集体经营性建设用地是集体建设用地的重要组成部分，是"三块地"改革的突破口，与农用地领域的"三权分置"改革共同构成我国农地制度改革的整体架构，并且有可能通过对它的改革实现其他改革领域的良性联动。因此，突破当前的实践困境，无论对于集体经营性建设用地改革本身，还是对于其他战略的实施、其他改革的推进，都具有较大的现实意义。

（一）农村集体经营性建设用地入市的原则导向

首先，稳步推进。把实现好、维护好、发展好广大农民的根本利益作为集体经营性建设用地入市改革的出发点和落脚点，坚守法律政策底线，严格遵循中央的顶层设计方案，有计划、有步骤地推进，循序渐进、稳中求进。其次，试点先行。在进行试点入市过程中，首先既要结合实际又要大胆探索创新，从小范围试点入市出发，统筹各个地区，兼顾不同发展阶段和模式。最后，坚持底线。土地制度改革要坚持土地公有制性质不改变、耕地红线不突破、农民利益不受损三条底线。

（二）农村集体经营性建设用地入市的战略设计

1. 理清集体经营性建设用地改革的位序和作用。新形势下农民与土地的关系问题仍然是"三农"的主要问题，也是深化农村改革发展的主线。在这对关系中，集体建设用地改革是重要的组成部分，也是"三块地"改革的重要一环，与农用地经营制度领域的"三权分置"改革共同构成我国农村土地制度改革的整体架构。因此集体经营性建设用地改革有望实现与征地制度改革、宅基地制度、基本经营制度改革、农村集体产权制度改革等领域的良性联动。当然，也可能受到相关改革、配套改革不到位的牵累，因此需要科学的路径规划和完善的配套政策。

2. 探索集体经营性建设用地改革的路径和措施。农村集体经营性建设用地入市改革是一项系统工程，在实践中要对改革路径和措施进行全面谋划、科学设计。综合当前经验、发展趋势和理论分析，改革的路径应包括基础层面的确权登记颁证、程序层面的入市方法进程、利益层面的收益分配机制、管理层面的综合配套服务以及制度层面的法律条例增修等。在此路径指引之下，又应探索具体的操作措施。

3. 完善集体经营性建设用地改革的相关配套政策。农村集体经营性建设用地入市需要与户籍制度、财税制度、社会保障制度等各方面改革共同推进，辅之以综合性的配套服务改革，才能在改革道路上获得长远发展和最终成功。

（三）农村集体经营性建设用地入市的操作路径

1. 落实确权登记颁证，奠定入市权属基础。第一，在法律层面上明确农村集体土地所有权归农民集体所有，农村集体经营性建设用地的使用权归土地使用者，在实践上由农村集体经济组织作为农民集体的法人代表行使所有权；第二，从确权程序出发，在进行农村集体经营性建设用地确权登记时，要坚持先登记集体经营性建设用地所有权、再登记集体经营性建设用地使用权的工作程序；第三，在确权过程中，认真核定土地的地块面积和边界、土地质量等基本状况，对于未进行确权登记的集体经营性建设用地，一律不准进市交易。

2. 坚持民主决策机制，保障入市各方权益。集体经营性建设用地涉及多方利益，并且直接影响农民群体的切实权益，所以其具体政策的产生必须保证民主性，同时还要保证民主范围的广度。第一，遵循村民自治的原则，按照应有民主程序进行商议和评估，最终在保证集体成员的知情权和参与权的情况下做出相应决策。第二，在整个集体经营性建设用地入市过程中，要保证多元主体的民主决策权，保证科学性、民主性和实施过程中的顺畅性。第三，在保证入市主体的民主决策的同时，入市受让方的意愿表达途径也要充分考虑，使入市受让方的权益得到保障，进而使入市主体的增值性收益能有所保证或者增加，实现双赢。

3. 优化入市方法路径，科学推进入市进程。第一，理清入市条件，对本地区的可入市土地存量进行筛查和摸底。第二，入市有着挂牌出让、挂牌竞租、竞拍、招标、出租转让等多种方式选择，以及调整入市和就地入市两种途径选择。对于入市方式和途径的选择，要结合入市条件、入市主体的操作能力、当地的制度环境和传统交易模式，做到具体操作层面的科学性。第三，优选入市用途与项目，全方位的入市用途、多样化的项目选择，能给入市进程注入强劲的持续动力。

4. 完善收益分配机制，协调相关群体利益。一方面，要遵守"初次分配基于产权，二次分配政府参与"的原则。在坚持土地公有制的前提下，农民集体作为农村集体经营性建设用地的产权主体，可以直接参与土地增值收益的分配。政府作为管理者、服务者和监管者可以通过税收手段参与二次分配。另一方面，需完善集体成员内部收益分配机制。集体土地收益一部分纳入集体资产，另一部分直接交给农民。同时，要对收益分配中属于农民集体共有的部分进行统一管理，以实现增值性收益最大化。

5. 健全相关配套机制，完善入市服务平台。第一，健全管理监督机制，严格界定入市范围，完善入市流转监督机制，建立入市咨询和纠纷调解仲裁机构。第二，完善社会保障制度，明确土地权属保障，制度化土地增值保障，进一步完善既有社会保障制度。第三，搭建金融服务体系，在相应入市主体层级设立专门的金融服务机构，做好科学的考察和监管工作，将集体性收益发展长期化、最大化，进一步明确入市土地抵押融资能力。第四，建立考核激励机制，加大培训力度，明确考核奖惩制度，同时以合理的收益分配进行群众激励。

精准施策　精细操作

——湖北省宜城市农村宅基地制度改革的几点启示

袁方成　陈泽华*

宜城市自 2015 年被确定为全国 33 个农村"三块地"制度改革试点县（市、区）之一起，始终以"市场配置资源、集约规范使用、融合保障一体"为原则，以保障农民科学合理享有使用宅基地权益为目的，以完善领导体制、注重要素优化互动、增强村民自治等为途径，充分调动各方力量，积极稳妥推进农村宅基地综合改革，探索出了制度设计精细化、测算标准规范化、权益保障精细化、日常管理有序化、政策激励科学化的改革的新路径，创建了精准施策、精准发力、精细管理、精细运作的宜城宅基地改革的新模式，为全省乃至全国宅基地改革提供了有益的经验。

一、"五大路径"，促成"多赢局面"

经过两年的"宅改"试点，宜城在确权颁证、有偿使用、有偿退出等方面进行了有益探索，既保障了农民"户有所居"，也促进了农民财产收入增长与农村耕地面积增加，提升了宅基地管理水平。

一是制度设计精准化。自承担改革任务以来，宜城以"制度创新"为着力点、以"制度建设"为主线，积极稳妥推进各项改革工作。结合前期调研情况，宜城市汲取其他改革试点地区的先进管理理念和改革经验，聘请高校专家团队进行技术指导，编制《宜城市农村宅基地制度改革试点实施方案》，并根据总体方案，制订出台了《宜城市农村宅基地管理办法》等 9 项试行制度，为试点改革提供制度保障。

二是测算标准规范化。宜城市以 2010 年修订的《湖北省土地实施管理办

---

* 袁方成，华中师范大学政治与国际关系学院教授。

法》确立的户平宅基地法定面积（200 平方米）为标准，超占面积分别按基准地价乘以不同地段的调节系数缴费。基准地价划分为"主城区、副城区和工业园区及镇政府所在地、传统集镇、中心村与普通村"五个等级，实行每年每平方米21、11、6、3、1 元的梯度收费。考虑到农民承受能力，基准价格的调节系数由村委会召集村民代表大会集体研究决策与审议，并纳入村规民约规范管理。

三是权益保障精细化。其一，保障农民居住权利。为保障农民"户户有宅"，宜城市始终以一户一宅、面积法定为前提，以居者有其屋为目标，以探索不同区域农民户有所居、多种实现形式为主要途径，完善宅基地的取得方式，保障农户住房合法权益。其二，创新"显化物权"。在确权颁证的基础上，宜城市把宅基地资源推向市场进行交易，允许宅基地在一定范围内进行转让、出租、抵押，并建立流转机制，赋予宅基地及农民住房财产权，保障宅基地的用益物权。

四是日常管理有序化。宜城市实行土地利用、城镇建设、农业发展、村庄建设等规划统筹，实现了"多规合一"，探索建立规划引导和管理、监控机制，加强宅基地日常监管，在试点镇成立了综合执法局，明确执法主体，建立了镇、村、组三级巡查报告机制，有效地减少了农民乱建房的现象。

五是政策激励科学化。宜城市明确宅基地退出完全由集体经济组织成员出于自身利益考虑，自愿申请，不附加任何强制条件，更不以退出宅基地使用权作为农民进城落户的条件。但对自愿退出宅基地移交土地的，由村委会按其宅基地地段地质给予一定的补偿和奖励，还制定了《宜城市农村宅基地自愿有偿退出办法》予以保障。

二、"精准精细"模式，化解改革阻力

为推进宅改进程、完善宅改运行机制、提升宅改工作效率，宜城市通过综合规划与统筹协调，精准施策、精细操作，化解改革阻力。

一是精准施策，寻求村民利益保障的最大公约数。其一，完善制度设计，规范运行办法。宜城市在深入调研、分析评估的基础上，制定了农房科学准确确权、登记颁证标准、有偿使用费标准细则，有偿退出实践模式、农房抵押贷款等规范与细则。其二，通过村规民约制定与国家法律的衔接统一，寻求维护村民权益的最大公约数。各试点乡镇、试点村，在积极向村民宣传国家土地法律法规的同时，通过制定《宅基地管理村规民约》，引导村民自觉创新宅基地管理方式，有效化解改革阻力。

二是精准发力,坚持政府主导与部门联动做保障。在宅改过程中,县、乡政府切实加强组织领导,建立了县级政府主导、国土资源部门搭建平台、乡级政府执行、村级组织参与的协调联动工作机制,确保宅改工作稳步推进,并通过健全县、乡(镇)宅改试点领导小组,由分管领导及驻(村、社区)干部和村干部为主要成员,组建驻村(社区)工作专班,明确镇(办、区)党委主要负责人为宅改试点工作第一责任人,加强统一领导、决策部署,制定改革目标责任书,落实工作责任制。

三是精细管理,调动农民参与改革的积极性。宜城市政府在深入调查研究的基础上,主导制定有偿使用费的基准价格,并通过村集体召开村民大会研究、审议、确定基准价格的调节系数,引导集体决策。各行政村都建立建房理事会,强化宅基地建设管理,保障村民的知情权和参与权,提高村集体组织的自治能力。村集体经济组织成员,直接参与改革,探讨制定宅基地改革具体方案及具体标准和政策,充分进行酝酿协商,既凝聚了共识,又极大调动了村民参与宅改的积极性。

四是精细运作,坚持因地制宜与因村定策相衔接。在推进宅改进程中,试点镇、村,根据区域地形地貌,分类建设,充分尊重农民意愿,采取统建、自建与联建相结合的方式,有效推进"拆旧建新",实现了宅基地的集约利用。同时,还分别在刘猴镇胡坪村、雷河镇廖河村、板桥店镇罗屋村、流水镇等地积极探索,建立了宅基地自愿退出多种模式与机制及差异化补偿标准,并将有偿退出与聚居区建设、产业支撑、"美丽乡村"和城乡建设用地增减挂钩以及"精准扶贫"相结合。

三、多措并举,争取率先突破

随着改革进一步深入,宜城宅基地制度改革还面临着市场要素互融互动、农民需求科学合理满足、社会组织自觉参与积极性激活等现实困境。当前,应牢固树立精准理念,把精准、精细要求贯穿到宅基地改革的整个过程与各个环节,做到精准把脉、精准施策、精准落地,通过精准的制度设计和精细标准工作的落实,夯实农户宅基地用益物权和住房财产权,建立适合社会主义市场经济要求的土地要素有序流动、平等交换、合理利用的宅基地流转市场与机制,实现土地资源优化配置和农民财产性收入不断增加的目标。为此,特提出如下建议:

一是加强制度规范,提升制度设计精准度。科学严谨的制度规范和程序设计,是农村宅基地改革精细化、高效化运行的制度保障。其一,建议尽快修改自相矛盾法律条文。如《担保法》（法释〔2000〕44号）中规定：农村的房屋可以抵押但是宅基地使用权不可以抵押。根据"地随房走"的原则，建议修改担保法，允许宅基地使用权抵押。其二，加强制度规范，实现土地集约节约利用。应指导乡镇村制定《农村集体经济组织成员资格认定办法（试行）》《村民事务理事会工作制度》等制度，为试点工作的有序推进奠定良好基础。其三，完善农房抵押相关规定。应修订完善《农民住房财产权抵押贷款试点暂行办法》（国发〔2015〕45号），适当扩大农房转让主体范围为农业户口的人，也应适当扩大受让主体，使农房抵押的办法在实践中更容易操作。

二是完善领导体制，增强主体互动的精细化。应强化多元主体关系的科学界定及主体间合作机制的构建。其一，明确相关主体定位，发挥协同力。要充分发挥地方党委领导、政府主导、农村集体经济组织和农户为主体的"三位一体"作用。地方党委政府应注重发挥规划引领、政策制定、重大问题决策、工作统筹、激励引导等作用，农村集体经济组织和农民是改革主体和运行主力，应科学、民主、依法参与，集体协商决策，规范稳妥推进。其二，加强村组干部的培训，强化认知力。应运用专题培训、专家讲座、以会代训等多种形式，加强对村组干部的培训，全面提高其政策认知和业务水平。其三，加大指导力度，增强执行力。针对村组干部对改革持续性存在担忧及业务能力不强和面临的群众配合不力等问题，国土资源部门应加大业务指导和专业培训力度，引导他们消除不利因素，增强执行与创新力。

三是激活市场要素，实现市场培育精细化。应适度突破宅基地使用权制度约束，运用市场机制聚集激活市场要素，促进市场要素优化组合、互融互动。其一，完善土地交易市场。应建立完善农村房地产一级、二级市场，使农村建设用地使用权和住房所有权实现公开竞价交易，逐步与城镇房地产市场体制接轨。其二，搭建指标交易平台。应通过宅基地、土地增减挂钩项目，将废弃、退出的宅基地复垦调剂为城镇建设用地，争取将指标上升到省、全国的交易平台进行交易，以增加增减挂钩项目土地增值收益。其三，引进社会资本。应通过设立产业发展基金、贷款贴息等有效方式，引导激励更多金融资本、社会资金参与宅改，与政府合作合资，打造运营乡村产业，有效发挥宅基地经营功能的作用。

四是满足农民需求，完善权益保障精细化。其一，探索依法公正取得宅基地方式。为实现"户有所居"的需求和目标，应进一步完善措施、健全配套政策，落实具体措施，激励引导农民探索实现"户有所居"目标的多种方式，即转让、出租、抵押、补偿等方式，多途径保障农民宅基地合法权益。其二，调整农民收益预期。应大力宣传《宪法》第 10 条、《土地管理法》第 8 条第 2 款有关宅基地所有权归农民集体所有的规定，纠正宅基地"属于祖产"的错误观念，规范宅基地自愿、有偿退出程序，健全对宅基地增值收益分配与补偿有关的政策、规定与机制，以实现宅基地收益分配与补偿预期。其三，建立利益补偿机制。应利用户籍改革这一契机，通过宅基地改革，主动为进城农民解决城镇住房、养老、医疗等民生问题，由农村的单一住宅保障向医保、社保等多元化社会保障体系建设迈进。

五是坚持村民自治，确保社会参与精细化。其一，强化村民理事会作用。应坚持政府引导与村民自治相结合，进一步健全完善村民事务理事会建设、管理的实施意见等有关规定，由村民理事会民主、依法管理宅改事务，使村民成为决策的参与者和执行者，以调动各方参与宅改的积极性、创造性。其二，扩大村民理事会权能。应通过赋能放权，即赋予村级集体组织和成员部分管理宅基地的权力，发挥其在宅基地申请、流转、退出、收益分配等事务管理中的作用，激发村集体组织内生动力。其三，充分发挥乡贤参与作用。应创新乡贤文化、凝聚乡贤力量，积极构建乡贤参与宅改机制及有关政策，通过乡贤座谈会、恳谈会、论坛等多种交流途径，引导乡贤为乡村宅改献智献策、出资出力。

农村异质性资源禀赋、宅基地使用权确权与农户宅基地流转：理论与来自湖北省的经验[*]

吴郁玲　石　汇　王　梅　冯忠垒

一、引言

伴随着中国城市化的快速发展，农村宅基地的低效利用日益加重了城市化进程中耕地保护的压力，如何促进农村宅基地使用权流转、提高宅基地利用效率已成为学界广泛关注的热点问题之一。政府主导的宅基地退出方案由于对农户宅基地和房屋的补偿不足[1]，使得在纯农区仅有 39.3% 的农户愿意退出宅基地[2]，在城市边缘区，这一比例接近 50%[3]。而农户自发的宅基地流转大多是隐形交易，流转形式以出租为主，也有部分选择买卖、抵押和宅基地置换等[4]。整体上，农户宅基地流转的积极性较低，农村宅基地流转市场尚未建立[5]。

农户是宅基地使用权流转①的决策主体，农户家庭因素、宅基地特征、农户理性预期与生存预期、农户的社会性行为等是影响其宅基地流转行为的一般性因素[6]。伴随着城市化的快速发展，"退有所居"是进城落户农民退出宅基地时关注的核心问题，政府的补偿标准、农户的转户进城意愿对其宅基地退出行为具有正向影响[7]。同时，社会经济的发展促进了农户的分化，第一代农民工与新生代农民工对宅基地财产属性和附带价值的认可度与依赖度的差异[8]、纯农户与兼业农户对流转政策的认知和非农就业能力的不同[9]、农户的职业分化和经济分化程度不同导致的产权预期的差异等[10]，都会影响农户的宅基地流转

　*　本文是国家自然科学基金青年项目"农户对宅基地使用权确权的流转行为响应及福利变化研究"（项目编号：71403095）和湖北经济与社会发展研究院招标课题"三权分置与农户宅基地退出机制研究"（项目编号：2018HBJSY004）的阶段性成果。
　①　"宅基地使用权流转"在下文中将被简述为"宅基地流转"。

意愿及行为。此外，有研究发现，在经济发展水平不同的地区，影响农户参与宅基地流转的因素也不同。在发达地区，农户个体收入中非农收入比例的提升会促进农户参与宅基地流转，已经在城镇购买住房的农户有着更高的宅基地流转参与率[11]；在经济欠发达与偏远农村地区，政府财政投入和集体产权设置是影响农户宅基地退出的主导因素，而农户就业模式及其土地依赖度则是关键的微观因素[12]。从根本上说，中国农村宅基地使用权制度是以城乡二元户籍制度为基础，以限制城乡人口流动为初衷，以宅基地的生存保障为唯一功能而做出的制度安排[13]。这一制度安排使得农村宅基地使用权权能残缺、收益权不被法律认可、处分权限制过严，从根本上阻碍了闲置宅基地的有序流转[14]。

鉴于此，早在 2010 年，中央"一号文件"就提出"对集体土地所有权、宅基地使用权、集体建设用地使用权等进行确权登记颁证工作"。学者们也先后从价值原则、现实困境、治理对策、应用途径等方面阐述了宅基地使用权确权①的意义、原则、程序、法律基础和议事程序等，审视了实践中的现实困境及生成逻辑，形成了相应的确权政策建议和策略选择[15]。理论上，农村宅基地确权登记发证能落实农户对宅基地和房屋的占有、使用、收益和流转等权能，有利于保障农户的宅基地用益物权，从而合理推进农户住房财产性流转，使农户依法获得宅基地和房屋转让收益。然而，在宅基地确权实践中，自上而下的具有行政命令色彩的确权政策由于在一定程度上脱离农村社会实际和农户的需要而遭遇到多方面的抵制[16]。

可见，宅基地确权的产权制度设计仅提供了制度环境，它在实践中能否激励农户将闲置、空闲的宅基地进行合理流转尚未得到有效验证。同时，农村并非均质空间，自然环境、地理区位、经济区位等资源禀赋在不同区域具有差异性。经济地理区位条件好、毗邻城市的近郊农村地区受城市化的影响最为强烈，农户有更多的非农就业机会，房屋租赁市场也最为活跃；远郊风景秀丽的农村地区②尽管在经济区位上没有优势，但农户能充分利用优越的自然环境发展乡村旅游，农户住房的资产属性也能得以体现；而远郊纯农村地区远离城镇，农户以农业生产为主，房屋主要用于自住，资产属性不明显。正是上述 3 类农村地区资源禀赋的差异，才导致农户对宅基地使用权的资产属性认知度不同，价

---

① "宅基地使用权确权"在下文中将被简述为"宅基地确权"。
② 本文中，远郊风景秀丽的农村地区是指远离城镇、毗邻风景名胜、有良好的自然生态环境，有民宿、民俗游等乡村旅游活动的农村地区，有别于以普通农业生产为主的一般远郊纯农村地区类型。

值实现期望也不同。由此，在面对相同的宅基地确权政策时，他们对确权的制度效应敏感度可能不同，继而产生不同的流转响应行为。然而，既有的文献对这方面的关注还比较缺乏。有限的研究指出，农户宅基地流转方式在近郊地区以出售和国家征收为主，在远郊地区以出租为主[17]；区域交通环境是影响农户宅基地流转的重要因素，交通条件发达的村庄受县镇辐射影响大，农户对生活条件的满意度高，从而缺乏退出宅基地的积极性[18]。但也有研究指出，村庄属性，如距离城镇远近、是否属于新农村规划村庄等因素，对农户宅基地退出和未来城镇定居的决策无明显影响，这与近年来国家实施城乡统筹政策带来的城乡基础设施差距缩小有关[19]。可见，有研究已经关注到农户宅基地流转行为在地理区位、交通条件等不同的农村地区具有不同的特点，但对于不同农村地区地理区位、交通条件等方面的差异是否会影响农户的宅基地流转行为尚未达成共识。同时，农村资源禀赋的异质性并不仅仅表现在地理区位条件上，其在自然环境、经济区位等方面也存在较大差异，且这些资源禀赋差异的客观存在将直接影响农户的就业结构和收入构成，影响农户对宅基地财产属性的认知度及其实现预期，并可能进一步影响农户的宅基地流转行为。然而，由于缺乏较系统的理论研究和实证检验，目前尚不清楚农村异质性资源禀赋、宅基地确权政策是否会影响农户宅基地流转行为。若该影响真实存在，其内在的作用机制又是怎样的？为了回答这些问题，本文试图根据农村资源禀赋的差异，将农村区分为近郊农村地区、远郊纯农村地区和远郊风景秀丽的农村地区3种类型，分析宅基地确权对农户宅基地流转行为的影响，以期为完善中国农村宅基地确权管理制度、推进闲置宅基地合理有序流转提供决策依据。

二、理论分析：农村异质性资源禀赋、宅基地确权与农户宅基地流转

宅基地确权具有一定的制度效应，具体表现为产权保障效应、经济效应和社会效应。通过确权，农户能拥有完整、安全的产权权能，且这一权能可分解、可排他、可转让。宅基地确权登记发证能落实农户对宅基地和房屋的占有、使用、收益、流转等权能，有利于保障农户宅基地的用益物权，从而具有显著的产权保障效应、经济效应和社会效应[20]。从法律意义上说，宅基地使用权安全来源于国家法律层面的承认和保护。一旦通过现场踏勘测量、权利登记和产权簿发放，宅基地使用权即被法律所承认，当存在权利纠纷或非法征收时法律可对其进行保护[21]。同时，宅基地确权从法律上保证了农户宅基地的用益物权，允许农户在法律许可的条件下进行宅基地使用权的退出或流转，并获得相应的经济补偿和收益[22]，由此显化宅基地的财产属性，具有较显著的经济效应。此

外，在确权实践中，有政策明确规定，超过宅基地用地标准的使用权人若要继续使用超标宅基地则需要缴纳一定费用，这使得宅基地分配相对合理、公平，有利于减少人际纠纷、和谐邻里关系和干群关系，从而具有一定的社会效应。这些确权制度效应的存在有利于从根本上改变农户对宅基地使用权的产权认知，使得农户知晓合法的产权界定不仅可以保障其进行自由的产权交易，而且能确保其依法取得交易带来的相关收益。这种认知的改变将影响农户对宅基地流转的交易预期，而可能增进其宅基地流转意愿和参与强度。

然而，城市近郊农村地区、远郊纯农村地区和远郊风景秀丽的农村地区的自然环境和经济地理区位条件相异、经济发展程度也不同，农户家庭的非农就业人数占比和家庭收入构成会因所在区域的不同而有所差异。同时，农村异质性资源禀赋也使得农户宅基地流转市场化程度和宅基地财产价值的显化度各异。这将导致不同区域的农户对宅基地财产属性的认知程度不同，并产生差别化的价值实现期望，如宅基地作为财产，其价值量的大小、是否可以交易、收益如何分配等。而这些差异的客观存在也可能进一步造成农户对宅基地确权的制度效应敏感度和认知度不同，并直接影响农户对宅基地的使用、流转和收益预期，最终导致差别化的宅基地流转响应行为（如图1所示）。

在近郊农村，由于毗邻城镇，受城市化影响最强烈，农户非农就业机会多且非农收入占比高，农户对农业生产的依赖性小，农村住房除满足自用外，也用于私下流转，宅基地的财产价值显化度较高。但由于缺乏完整的宅基地产权界定，农户难以在发生产权纠纷时维护自己的权益。宅基地确权旨在还权于民，通过产权登记、产权簿发放等方式彰显和保障农户对其依法取得的宅基地拥有完整的使用权权利和权能，从而能消除农户的后顾之忧。因此，潜在市场交易需求使得近郊农村的农户对宅基地确权的制度效应较敏感，更容易受到政策的引导而提高其流转参与率。

远郊风景秀丽的农村地区虽然不具备经济区位优势，但良好的自然生态环境使得这一类型农村地区的乡村旅游日渐升温，农户宅基地的资产属性也日趋明显。与近郊农村地区相似，农户的宅基地流转多为私下交易，缺乏有效的法律保护，而宅基地确权能够落实和保障权利主体的相关权益，有效减少纠纷和矛盾的产生，从而有助于提高农户流转意愿、增强流转行为。

有别于上述两类农村地区，在远郊纯农村地区，由于远离城镇，农户以农业生产为主，宅基地主要用于满足农户日常居住需要，流转的需求少，流转市场尚未形成。因而，农户对宅基地的财产属性认知度不够，对宅基地价值实现的期望小，也缺乏对确权政策的敏感度。宅基地确权对农户宅基地流转的激励作用可能并不明显。

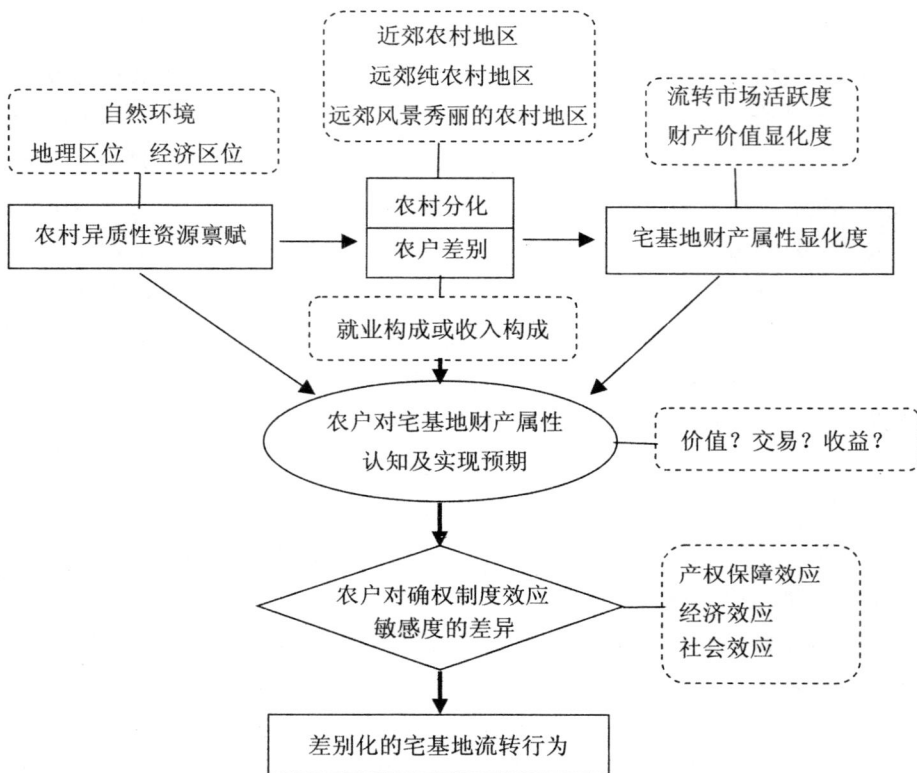

**图1 农村异质性资源禀赋下的宅基地确权对
农户宅基地流转行为影响的理论分析框架**

三、数据来源与描述性统计

(一)研究区域概况

本文选择湖北省作为研究区域。湖北省是中国典型的农业大省,也是中部地区重要的农民工输出省。在城市化进程中,农村宅基地闲置、低效利用的现象突出。同时,湖北省农村宅基地确权完成率较高。截止到2012年8月底,湖北省农村宅基地使用权应发证 1105.24 万宗，已发证 782.60 万宗，发证率达 70.78%①。

在调查区域的选择上，本研究重点考虑湖北省已完成确权的地区，并最终选择武汉市、仙桃市和恩施市作为调查区域。武汉市经济快速发展对周边农村具有较大的辐射和带动效应，农村宅基地的财产价值显化度和流转交易活跃度较高，农户对宅基地财产价值变现的期望值也较高。同时，武汉市于 2009 年成立了农村综合产权交易中心，将农村闲置宅基地使用权、农村房屋所有权等进行市场化交易，交易案例较丰富。仙桃市地处江汉平原，是湖北省直管市，也是国家新型城镇化试点市，建立了城乡建设用地增减挂钩试验区，当地政府也积极组织和推动农村宅基地流转。恩施市地处湖北西南腹地，是重要的历史文化名城，土家族文化浓厚，旅游资源丰富而独特，民宿、民俗游等乡村旅游的发展刺激和带动了农村住房及宅基地的租赁和流转。因此，所选案例区自然环境、地理区位、经济区位等资源禀赋的差异明显，宅基地使用权流转方式多样，对其进行调查分析有助于总结经验，探索促进宅基地使用权合理流转、增加农户福利的有效途径。

（二）调查方法与样本说明

课题组于 2014 年 10 月和 2015 年 8 月各开展了一次农户入户调查②。调查区域覆盖武汉市江夏区和黄陂区、仙桃市陈场镇、恩施市舞阳坝区。其中，武汉市江夏区毗邻主城区，但所辖面积较大，有部分乡镇远离主城区，兼有近郊农村地区和远郊纯农村地区特征。黄陂区为武汉市远郊区，但辖区内有木兰天池、木兰草原、木兰山等风景旅游名胜区，兼有远郊纯农村地区和远郊风景秀丽的农村地区的特征。仙桃市陈场镇为典型远郊纯农村地区。恩施市舞阳坝区毗邻主城区，但所辖五峰山和龙鳞宫是风景旅游名胜区，兼有近郊农村地区和远郊风景秀丽的农村地区的特征。

调查采用随机抽样方法，以面对面访谈的形式进行。调查问卷包括农户户主和家庭特征、农户非农就业状况、农户宅基地拥有状况、确权前后农户宅基地流转行为等方面的内容。调查共发放农户问卷 380 份，回收有效问卷 361 份，有效回收率为 95%。其中，近郊农村地区的调查样本包括武汉市板桥村、红旗

---

① 截止到 2014 年末，湖北省宅基地使用权确权登记已完成所有的外业调查，但同年国家出台相关政策要求将宅基地使用权证和农村房屋所有权证合并为不动产产权证，由于涉及农民住房所有权的确权登记，预计到 2020 年底完成全省两证合一的颁证工作。

② 2014 年的调查主要围绕武汉市开展，2015 年的调查主要围绕仙桃市和恩施市开展。通过第一次调查，调查问卷和组织工作得到了进一步完善，使第二次调查更加成熟。

村等村庄的 67 个农户，以及恩施市柑子槽村、麻场村等村庄的 64 个农户；远郊纯农村地区的调查样本包括武汉市李桥村、劳七村等村庄的 45 个农户，以及仙桃市幼松村、永红村等村庄的 98 个农户；远郊风景秀丽的农村地区的调查样本包括武汉市红十月村、张家榨村等村庄的 68 个农户，以及恩施市谭家坝村、头道水村等村庄的 19 个农户（见表 1）。

表 1　调查农户样本分布表

调查区域	近郊农村地区（户）	远郊纯农村地区（户）	远郊风景秀丽的农村地区（户）	总计（户）
武汉市	67	45	68	180
仙桃市	—	98	—	98
恩施市	64	—	19	83
总计	131	143	87	361

（三）数据的描述性统计

1. 样本农户的基本情况。表 2 显示，调查区域样本农户的户主平均年龄均超过 50 岁，特别是远郊纯农村地区和远郊风景秀丽的农村地区，户主的平均年龄均超过 55 岁。同时，户主的文化程度普遍较低，平均为小学文化水平。从农户家庭的非农就业状况来看，近郊农村地区农户家庭非农就业人数占比平均为 20.08%，非农收入占比平均为 89.45%；远郊纯农村地区虽然农户家庭非农就业人数占比达 32.62%，但其非农收入占比却低于近郊农村地区，仅为 74.04%；而远郊风景秀丽的农村地区农户家庭非农就业人数占比和非农收入占比都较高，分别为 29.01% 和 91.90%。从农户家庭宅基地资源禀赋来看，3 类农村地区的农户家庭都有一户多宅的现象，其平均拥有宅基地宗数均在 1.2 宗左右；户均宅基地面积均超过 160 平方米，特别是近郊农村地区农户宅基地面积平均为 209.95 平方米，明显高于湖北省标准①。

---

① 湖北省《关于加强农村宅基地管理工作的通知》（鄂政办发〔2004〕104 号）指出，农村村民兴建、改建房屋宅基地（含附属设施）总面积，使用农用地的面积每户不得超过 140 平方米，使用未利用地（建设用地）的面积每户不得超过 200 平方米。市、县人民政府可以根据本地人均耕地情况，在此限额内确定本行政区域的农村宅基地标准，并予以公布。

表2　样本农户基本信息统计表

		近郊农村地区	远郊纯农村地区	远郊风景秀丽的农村地区			近郊农村地区	远郊纯农村地区	远郊风景秀丽的农村地区
户主年龄	均值	52.84	55.17	55.66	非农收入占比（%）	均值	89.45	74.04	91.90
	标准差	11.20	9.69	12.15		标准差	25.40	29.41	18.76
	方差	0.21	0.18	0.22		方差	0.28	0.40	0.20
户主文化程度ª	均值	1.76	1.84	1.95	宅基地宗数（宗）	均值	1.23	1.19	1.23
	标准差	0.87	0.75	0.78		标准差	0.61	0.56	0.50
	方差	0.49	0.41	0.40		方差	0.50	0.47	0.41
非农就业人数占比（%）	均值	20.08	32.62	29.01	宅基地面积（平方米）	均值	209.95	164.29	187.06
	标准差	28.89	23.02	26.51		标准差	246.19	115.63	124.64
	方差	1.29	0.71	0.91		方差	1.17	0.70	0.67

注：ª问卷设计的"户主文化程度"可选择项有文盲、小学、初中、高中（中专）、大专及以上。为了统计方便，本文将其分别赋值为0、1、2、3、4，值越大表明户主文化程度越高。

　　2. 宅基地确权前后样本农户宅基地流转概况。调查发现，样本区农户参与宅基地流转的方式主要有租赁、置换和转让3种形式。其中，"租赁"是指农户将农村住房在一段时间内租赁给他人使用。根据"地随房走"的原则，农村住房的租赁意味着附着在房屋上的宅基地也在相应时期内发生了产权让渡。"置换"是指宅基地置换，这里主要是指与城乡建设用地指标增减挂钩项目对应的宅基地异地安置和协同农地流转同步进行的宅基地异地安置，在组织主体上前者以政府为主①，后者以企业为主。"转让"是指在相关法律许可范围内将宅基

① 在一定程度上，政府主导的城乡建设用地增减挂钩类型的宅基地置换在项目设立、建新区选择、置换方式、补偿标准等实施细则上忽略了农户的置换意愿和主观诉求，而侵害了农户的土地经济权益、政治权益和社会权益等，反映了由于农村宅基地产权制度的缺陷而导致农户宅基地使用权权益得不到保障这一客观事实。尽管如此，这种类型的置换作为宅基地流转的一种方式，在现实中也是广泛存在的。因而，在农户宅基地流转行为的描述性统计分析中本研究将也对这一类型的宅基地置换行为进行客观描述。但另一方面，这种类型的宅基地置换实质上是政府行为，可能与宅基地是否确权并无关联，因而在后文分析宅基地确权对农户宅基地流转行为影响的实证研究中，本文将剔除这种类型的样本数据。

地使用权让渡给本集体经济组织其他成员。但调查发现，在宅基地确权前，有农户为了私人利益而私自将农村住房连同宅基地使用权转让给外村人。尽管将宅基地使用权转让给本集体经济组织成员以外的其他人是违法行为，但却客观存在，这也反映了在宅基地确权前，农村宅基地管理中尚存在一定的疏漏，而且村民的法律意识也较为淡薄。

整体上，宅基地确权前后农户宅基地流转行为有所变化，且在不同调查区域之间存在一定差异。由表3可见，相较于确权前，确权后武汉市、恩施市和仙桃市3个样本区中参与宅基地流转的农户比例都有较大幅度增加。同时，在经济发展程度更高、经济优势更明显、自然环境更优越的武汉市和恩施市，参与宅基地流转的农户比例更高，且从流转方式来看，市场化程度更高的租赁占较大比例，尤其是在恩施市，租赁是最主要的流转方式；而在经济发展相对滞后、区位优势不明显的仙桃市，参与宅基地流转的农户比例相对较低，且以市场化程度较低的宅基地置换为主要流转方式。

表3 宅基地确权前后样本区农户参与宅基地流转的概况（%）

	宅基地确权前				宅基地确权后			
	流转户占比	参与的流转方式占比			流转户占比	参与的流转方式占比		
		租赁	置换	转让		租赁	置换	转让
武汉市	17.78	93.75	6.25[a]	0.00	48.33	42.53	57.47[b]	0.00
恩施市	48.19	72.50	27.50[c]	0.00	74.70	70.97	29.03[d]	0.00
仙桃市	4.08	50.00	0.00	50.00	38.78	5.26	94.74[e]	0.00

注：[a]非增减挂钩的其他类型置换，分布在远郊纯农村地区。[b]非增减挂钩的其他类型置换，分布在近郊农村地区。[c]增减挂钩类型的置换，分布在近郊农村地区。[d]增减挂钩类型的置换，分布在近郊农村地区。[e]增减挂钩类型的置换，分布在远郊纯农村地区。

表4、表5和表6分别进一步描述了宅基地确权前后近郊农村地区、远郊纯农村地区和远郊风景秀丽的农村地区农户参与宅基地流转的比例、流转方式、流转对象、流转规模和收益的变化情况。宅基地确权后，3类农村地区参与宅基地流转的农户比例都有一定程度的增加，特别是近郊农村地区和远郊纯农村地区，确权后参与宅基地流转的农户比例有较大幅度的增加。从表4可以看出，近郊农村地区、远郊纯农村地区和远郊风景秀丽的农村地区参与流转的农户比例分别比确权前增加了48.10个百分点、32.87个百分点和3.45个百分点。

表4　宅基地确权前后3类农村地区参与宅基地流转的农户统计表（%）

	确权前参与流转的农户比例	确权后参与流转的农户比例		
		总占比	其中	
			延续确权前流转行为的农户占比[a]	新增流转行为的农户占比
近郊农村地区	35.11	83.21	42.20	57.80
远郊纯农村地区	6.99	39.86	10.53	89.47
远郊风景秀丽的农村地区	22.99	26.44	86.96	13.04

注：[a]指确权前已经参与了宅基地流转，且确权后也参与流转的农户。

　　表5揭示了确权前后3类农村地区农户参与宅基地流转的方式和流转对象的变化。尽管确权后3类农村地区参与宅基地流转的农户比例在上升，但市场化程度较高的租赁方式在农户宅基地流转各种方式中的占比却在下降，而地方政府主导、企业参与的置换方式占比却在上升。但在近郊农村地区和远郊风景秀丽的农村地区，租赁仍然是农户宅基地流转的主要方式；而在远郊纯农村地区，置换方式则在宅基地流转方式中占据绝对优势地位。这说明，在宅基地流转市场化程度较低的远郊纯农村地区，地方政府的有效组织和推动对促进农户宅基地流转具有积极意义。此外，确权前在远郊纯农村地区发生的宅基地私下转让行为在确权后不再发生，说明通过宅基地确权，农户对宅基地产权权利及其权能已经有所了解，并且能够参与合法流转。同时，调查发现，确权后，宅基地流转对象在近郊农村地区主要是外村人和企业，在远郊纯农村地区主要是当地政府和企业，在远郊风景秀丽的农村地区则主要是从事乡村旅游的外村人和本村人。可见，确权前后3类农村地区农户参与宅基地流转的方式都较为单一，流转对象覆盖范围较小，农户缺乏流转交易信息的主动搜寻能力，地方政府的组织和推动在一定程度上促进了农户宅基地流转。整体上，样本区农村宅基地流转市场尚未形成。

表5　宅基地确权前后3类农村地区农户参与宅基地流转的
各种方式占比和流转对象占比（％）

			近郊农村地区	远郊纯农村地区	远郊风景秀丽的农村地区
确权前	流转方式	租赁	76.09	60.00	100.00
		置换	23.91	10.00	0.00
		转让	0.00	30.00	0.00
	流转对象	企业	13.04	20.00	0.00
		本村村民	0.00	20.00	45.00
		外村人[a]	63.04	50.00	55.00
		政府	23.91	10.00	0.00
确权后	流转方式	租赁	60.19	10.00	91.30
		置换	39.81	90.00	8.70
		转让	0.00	0.00	0.00
	流转对象	企业	37.96	15.00	13.04
		本村村民	0.93	3.33	39.13
		外村人	43.52	5.00	47.83
		政府	17.59	76.67	0.00

注:[a]既包括外村村民，也包括非农业城镇人口。

　　表6对宅基地确权前后3类农村地区农户宅基地流转的规模及其收益（以租赁为例）进行了总结。与确权前相比，确权后近郊农村地区和远郊纯农村地区的农户参与宅基地流转的规模增长幅度较大，而远郊风景秀丽的农村地区的农户参与宅基地流转的规模基本不变。在宅基地流转的农户收益方面，以租赁方式为例，确权后，3类农村地区的农户参与宅基地流转的收益均有较大增长，近郊农村地区、远郊纯农村地区和远郊风景秀丽的农村地区的平均租赁收益比确权前分别增加了48.07％、182.50％和53.58％。

表 6　宅基地确权前后 3 类农村地区农户宅基地流转规模及收益（以租赁为例）

			近郊农村地区	远郊纯农村地区	远郊风景秀丽的农村地区
确权前	流转规模（平方米）	最大值	300.00	150.00	350.00
		最小值	60.00	30.00	60.00
		均值	126.69	98.00	164.05
		中位数	120.00	100.00	150.00
	流转收益（万元/年）	最大值	6.00	1.20	18.00
		最小值	0.24	0.06	0.07
		均值	1.81	0.40	9.07
		中位数	1.55	0.16	10.00
确权后	流转规模（平方米）	最大值	500.00	400.00	350.00
		最小值	60.00	60.00	60.00
		均值	168.64	152.11	163.26
		中位数	120.00	145.00	150.00
	流转收益（万元/年）	最大值	6.50	2.40	30.00
		最小值	0.24	0.60	0.60
		均值	2.68	1.13	13.93
		中位数	2.10	0.72	15.00

注：这里的流转规模并未根据流转方式进行区分，而流转收益则主要考察租赁行为的收益变化。因为宅基地置换通常都是"房屋置换＋货币化补贴"，有政府统一政策引导，执行统一的补偿置换政策，因此，农户之间收益的差异仅仅是由其初始宅基地面积决定的。此外，由于无法对租赁收益中房屋和宅基地各自的价值进行剥离，调查得到的宅基地租赁收益可能会高于实际值。

综上所述，直观上，宅基地确权后农户宅基地流转的参与度更高，收益更好。然而，除确权因素外，农户户主和家庭特征、农户非农就业状况、宅基地拥有状况等也可能会在一定程度上影响农户的宅基地流转行为。因此，接下来本文将建立计量模型进行量化分析，以期比较客观地反映宅基地确权对农户宅基地流转的影响。

四、实证分析

（一）模型设定

本文采用倍差法（difference – in – differences estimation）来检验宅基地确权对农户宅基地流转行为的政策影响。倍差法是分析政策绩效的有效方法，是一种准实验方法，其基本思路是用政策干预后个体间差异与政策干预前个体间差异的差来度量政策的效果[23]。倍差法的分析步骤如下：首先，确定实验组，选择对照组。实验组是政策作用对象（即已完成宅基地确权的农户），而对照组是非政策作用对象（即未进行宅基地确权的农户）①。其次，设定估计模型：先构造二元虚拟变量 d_u 和 d_t，设 $d_u = 0$，为未确权农户；$d_u = 1$，为确权农户；$d_t = 0$，表示确权前的时期；$d_t = 1$，表示确权后的时期。估计方程的一般形式是：

$$Y_{it} = \alpha_0 + \alpha_1 d_u + \alpha_2 d_t + \beta d_u d_t + \gamma X_{it} + \varepsilon_{it} \tag{1}$$

（1）式中，被解释变量 Y_{it} 表示农户 i 在时期 t 的宅基地流转行为②；交叉项 $d_u d_t$ 的系数 β 度量的是宅基地确权对农户宅基地流转行为的政策影响。如果确权能促进农户参与宅基地流转，则交叉项显著且 β 为正；若确权阻碍了农户宅基地流转，则交叉项显著且 β 为负；若政策绩效不明显，则交叉项不显著。X_{it} 为影响农户宅基地流转的其他控制变量，主要包括农户户主及家庭特征、农户家庭非农就业状况、农户宅基地拥有状况等。ε_{it} 为随机扰动项。

（二）变量选择及预期影响

1. 被解释变量——农户的宅基地流转行为。本文用流转面积占宅基地总面积的比例来衡量。为了便于进行分析，本文将农户宅基地流转比例值"等于0""大于0但小于100%"和"等于100%"3种情形分别赋值为0、1和2，值越

---

① 本文的调查对象均是已完成确权的农户，但在问卷调查时，调查员向农户说明了调查分为确权前和确权后两个不同时期，分别调查农户在确权前和确权后的宅基地流转行为。为了分析宅基地确权对农户宅基地流转的影响，本文采用随机抽样的方法分别在3类农村地区各随机选择一半的农户作为"未确权农户"，另一半农户作为"确权农户"。由此，本文得到近郊农村地区未确权和确权的样本农户分别为66户和65户；远郊纯农村未确权和确权的样本农户分别为71户和72户；远郊风景秀丽的农村地区未确权和确权的样本农户分别为43户和44户。

② 由于无法观察到对照组农户在 $d_t = 1$ 时真实的宅基地流转行为，本文认为在调查期内，由于样本所在区域宅基地流转市场发育进程缓慢，排除政府行政干预的影响后，缺乏有效的外部驱动因素，农户自发的宅基地流转行为变化的可能性较小，因而假设他们维持了 d_t 时的流转行为。

大表明农户宅基地流转行为的强度越大。

2. 关键解释变量——宅基地确权。宅基地确权设定为一个虚拟变量，确权后赋值为1，确权前赋值为0。由前文所述，近郊农村地区、远郊纯农村地区和远郊风景秀丽的农村地区的资源禀赋条件和经济发展状况不同，宅基地流转的市场化程度各异，农户对宅基地确权政策的敏感度也不同。近郊农村地区和远郊风景秀丽的农村地区的农户对宅基地确权的制度效应敏感度更高，完整的产权权能和良好的产权保障可能会增强其宅基地流转行为；而远郊纯农村地区的农户由于宅基地流转市场尚未形成，农民未能真实感知宅基地的客观财产属性，对其价值的实现期望也不高，因而可能对宅基地确权的制度效应敏感度较弱，确权对其流转行为的影响可能不显著。

3. 控制变量。控制变量主要包括农户户主及家庭特征、农户家庭非农就业状况、农户宅基地拥有状况等。农户户主及家庭特征用户主年龄、户主文化程度和农户家庭人口数3个变量表示。一方面，户主年龄直接影响其非农就业的能力及其收入，年龄越大，其非农就业的能力越小、收入越低，越难融入新的生活环境；另一方面，年龄越大的户主对祖宅的依恋程度越深，恋乡情结越重，因而其参与流转的可能性越小。户主文化程度越高，其非农就业机会和能力可能越大，他越可能突破传统"祖业"观念的束缚而选择流转宅基地[24]。家庭人口数对农户宅基地流转的影响是不确定的。若家庭人口结构中需赡养的老人和需抚养的儿童占比较高，则对住房面积有更高的需求而不愿意进行宅基地流转；若家庭人口结构中青壮年劳动力占比较高，则可能更多从事非农产业，使得家庭非农收入占比较高，从而有可能降低家庭对宅基地的依赖，更倾向于进行宅基地流转。

农户家庭非农就业状况用非农就业人数占比和非农收入占比2个变量表示。有研究指出，农户家庭非农收入占比越高，则说明其外出务工时间越长，越容易融入城市生活，同时也具有较强的承担搬迁和城市居住费用的能力，因此可能更愿意退出宅基地[25]。这在远郊纯农村地区可能表现得较明显。而在近郊农村地区和远郊风景秀丽的农村地区，即使农户家庭非农就业人数占比和非农收入占比较高，也不一定意味着农户就是在异地实现了非农就业，因为当地可能就有很好的非农就业机会和收入。因此，农户不一定愿意退出宅基地，或者即使愿意进行宅基地流转，也会选择以租赁方式将部分宅基地使用权进行交易。可见，在3类农村地区中，农户家庭非农就业状况对其宅基地流转行为的影响具有不确定性。

农户宅基地拥有状况用宅基地宗数和宅基地面积2个变量来衡量。有学者指出，农户现有住房面积越大，其住房满意度可能越高，从而对宅基地的退出可能持较强的抵触心理[26]；而农户拥有的房屋越多，说明其家庭经济条件越好，宅基地的生存保障功能被弱化，这样的农户越愿意流转宅基地。但是，也有研究指出，农户宅基地具有高度的禀赋效应，是农户心理上的安全屏障，会出现"敝帚自珍"现象，即会抬高宅基地的主观价值，从而对宅基地流转产生负面影响[27]。因此，宅基地拥有状况对农户参与宅基地流转的影响也不确定。

（三）模型估计结果

由于被解释变量"农户的宅基地流转行为"取值具有序数性质，本文选择有序 Probit 模型进行估计。同时，政府主导的城乡建设用地增减挂钩类型的宅基地置换更多体现的是政府对土地利用的宏观导向，与宅基地确权可能不相关或关联度较小。因此，本文在回归分析中剔除了这部分样本。本文运用 Eviews7.0 软件，分别对近郊农村地区、远郊纯农村地区和远郊风景秀丽的农村地区的农户的调查数据进行拟合，结果见表 7。回归 1 和回归 2 分别表示全部变量参与拟合和采用逐步回归法剔除不显著变量后得到的结果。

表7　宅基地确权对农户宅基地流转行为影响的估计结果

	近郊农村地区		远郊纯农村地区		远郊风景秀丽的农村地区	
	回归 1	回归 2	回归 1	回归 2	回归 1	回归 2
宅基地是否确权①						
d_u	—	—	—	—	—	—
d_t	—	—	—	—	—	—
$d_u d_t$	1.814 ***	1.894 ***	0.837	1.139	0.468	0.528
	(6.603)	(6.514)	(0.959)	(1.053)	(1.320)	(1.554)
农户户主及家庭特征						
户主年龄	−0.009	−0.012 *	−0.020	−0.022 *	−0.039 **	−0.040 **
	(−1.054)	(−1.886)	(−1.367)	(−1.762)	(−2.216)	(−2.312)
户主文化程度	−0.027	—	−0.086	—	0.176	0.244
	(−0.192)		(−0.390)		(0.832)	(1.197)

---

① 同时将 d_u、d_t 和 $d_u d_t$ 放入模型进行回归出现了较强的共线性，模型无法拟合。考虑到倍差法主要通过交叉项系数来反映政策的干预作用，本文对产生共线性影响的变量 d_u 和 d_t 予以剔除，剔除后的回归模型拟合效果较好。

	近郊农村地区		远郊纯农村地区		远郊风景秀丽的农村地区	
	回归1	回归2	回归1	回归2	回归1	回归2
农户家庭人口数	−0.001	—	−0.125**	−0.153**	0.073	0.034
	（−0.004）	—	（−2.031）	（−2.331）	（0.528）	（0.254）
农户家庭非农就业状况						
非农就业人数占比	0.005	0.003*	0.005	0.007*	0.014*	0.017**
	（1.042）	（1.816）	（1.069）	（1.810）	（1.682）	（2.048）
非农收入占比	0.006	—	0.001	—	0.046	—
	（0.571）	—	（0.141）	—	（1.436）	—
农户宅基地拥有状况						
宅基地宗数	0.291	0.483**	0.077	0.080*	0.231	—
	（1.215）	（2.036）	（1.384）	（2.136）	（0.557）	—
宅基地面积	0.001	—	0.001	—	0.003*	0.003**
	（1.190）	—	（0.406）	—	（1.926）	（2.561）
样本量	115	115	100	100	87	87
Log likelihood	−90.236	−93.911	−46.894	−45.955	−46.583	−48.739
LR 值	65.293	57.940	21.761	23.638	33.880	29.571
Prob（LR）	0.000	0.000	0.005	0.000	0.000	0.000

注：" *** "" ** "" * "分别代表在1%、5%、10%的统计水平上显著；括号中的数字为 Z 统计值；为节省表格空间，回归1和2的截断点未列出来。

表7可见，与回归1相比，回归2的拟合效果更好，据此可得到如下分析结果：

第一，宅基地确权仅在近郊农村地区对农户宅基地流转行为存在显著的正向影响，而在远郊纯农村地区和远郊风景秀丽的农村地区不存在显著影响。这也在一定程度上印证了前文的理论分析。由于资源禀赋的差异，与远郊纯农村地区相比，近郊农村地区具有明显的经济区位优势，农户住房的财产价值属性显化度更高，农户的宅基地完整财产权利意识更明显[28]，也更认可宅基地确权的制度效应。在理论上，远郊风景秀丽的农村地区也应该具有相似的特征，但实证检验结果却表明，宅基地确权对这一类型农村地区的农户宅基地流转行为影响不显著。这可能是因为样本区武汉市木兰景区和恩施市五峰山景区从事乡村旅游的农户多以本村村民为主，宅基地流转多发生在本村村民或熟人之间，即使发生产权纠纷，也有村里的长辈和德高望重的老人予以调解，因而宅基地确权的制度效应并未得以体现，宅基地确权对农户宅基地流转行为没有显著影响。在远郊纯农村地区，宅基地确权对农户宅基地流转的影响也不显著，这和前文的理论分析是一致的。由于缺乏市场的推动，农户宅基地基本上用于自住，缺乏流转的机会和流转的市场，而宅基地确权政策旨在交易过程中保护权利主体权益，却并不能创造交易。

第二，控制变量的影响与预期基本一致，但在3类农村地区的表现有差别。（1）农户户主及家庭特征。户主年龄对农户宅基地流转行为在3类农村地区均具有较显著的负向影响，说明户主的年龄越大越不倾向进行宅基地流转。这是因为，在客观上，年龄越大的农户非农就业能力越有限，对城市生活的适应性越弱；在主观上，年龄越大的农户对土地情感越厚重，对农村生活的依赖度也越高。这两方面因素共同抑制了其宅基地流转行为。同时，不同于理论预期，户主文化程度对3类农村地区农户的宅基地流转行为都没有显著影响。这可能是因为本次调查涉及的样本农户户主文化程度普遍较低，80%的户主仅有小学文化水平，并不具备能长期定居于城镇的职业技能和素质，也不会减弱其对宅基地的依赖，因而户主文化程度对农户宅基地流转行为的影响不显著。此外，农户家庭人口数对宅基地流转行为仅在远郊纯农村地区有较显著的负向影响。这说明在远郊纯农村地区，人口越多的农户家庭对宅基地的依赖程度越高，而不倾向于轻易进行流转。（2）农户家庭非农就业状况。在3类农村地区，农户家庭非农就业人数占比对宅基地流转行为均具有较显著的正向驱动作用。这说明非农就业人数越多的农户家庭非农收入占比越高，宅基地季节性或常年性闲置的可能性越大，而更倾向于进行宅基地流转。（3）农户宅基地拥有状况。农户家庭拥有的宅基地宗数或面积都对其流转行为有较显著的正向影响，但在3类农村地区表现有差异。在近郊农村地区和远郊纯农村地区，影响农户宅基地流转行为的是农户拥有的宅基地宗数，而在远郊风景秀丽的农村，影响农户宅基地流转行为的则是农户拥有的宅基地面积。这说明，在远郊纯农村地区，宅基地对农户具有重要的居住生活和社会保障意义，只有拥有多宗宅基地，农户才愿意将多余的宅基地进行流转。而在近郊农村地区和远郊风景秀丽的农村地区，宅基地流转的方式以租赁为主，这意味着只要有多余的宅基地或宅基地面积够大，农户就可以将农村住房（连同宅基地）进行分割、租赁，宅基地的财产价值属性得以较充分体现。

五、结论及政策含义

本研究以湖北省武汉市、仙桃市和恩施市 361 户农户的调查数据为基础，利用倍差法和有序 *Probit* 模型分析了近郊农村地区、远郊纯农村地区和远郊风景秀丽的农村地区宅基地确权对农户宅基地流转行为的影响及其差异。研究表明，宅基地确权对农户宅基地流转行为仅在近郊农村地区存在显著的正向影响，而在远郊纯农村地区和远郊风景秀丽的农村地区不存在显著影响。除确权因素外，户主年龄和农户家庭人口数、农户家庭非农就业人数占比和农户宅基地拥有状况等控制变量对 3 类农村地区的农户宅基地流转行为也存在较显著的影响，但具体表现有所差异。

基于上述研究结论，本研究认为，在当前中国农村宅基地产权制度尚不完善的背景下，宅基地确权是保障农户权益、促进农村闲置宅基地合理流转的重要举措。但是，由于近郊农村地区、远郊纯农村地区和远郊风景秀丽的农村地区在自然环境、地理区位、经济区位等资源禀赋方面存在客观差异，农户对宅基地确权政策的敏感度和行为响应不同，因而有必要制定差别性的宅基地确权和流转管理政策。在近郊农村地区和远郊风景秀丽的农村地区，宅基地管理的重点是切实推进宅基地确权登记发证工作，规范农户的私下流转行为，建立完善的交易程序和管理政策，维护良好的交易秩序，将农户自发的宅基地流转行为制度化、规范化，真正发挥产权登记在交易中的权利认定和权利保护作用。而在远郊纯农村地区，由于缺乏市场交易，农户对宅基地确权的制度效应缺乏感性认识，因而宅基地确权制度管理的重点是通过既有的产权纠纷和交易案例帮助农户树立产权安全和产权保障意识，使他们能认识到明晰的产权界定在规范宅基地使用权流转行为、建立流转市场交易秩序、减少流转纠纷等方面的重要意义和作用。

同时，本研究也表明，宅基地确权作为一项制度安排，仅能保障交易过程中权利人的相关权益，却并不能创造交易。因而，要真正提高农村宅基地的配置和利用效率，还需要根据不同的农村地区资源禀赋的不同，制定不同的宅基地流转管理政策。比如，在近郊农村地区和远郊风景秀丽的农村地区，宅基地流转市场已具雏形，政府应加强监管，管理的重点是规范化、法治化，使其交易合法有序；而在远郊纯农村地区，宅基地流转供大于求的现象普遍存在，为了加强农村闲置宅基地管理，可在政府主导下通过宅基地置换、整村改造等方式提高宅基地的利用效率。

参考文献

[1] 冯双生，张桂文. 宅基地置换中农民权益受损问题及对策研究 [J]. 农业经济问题，2013（12）.

[2] 彭长生，范子英. 农户宅基地退出意愿及其影响因素分析 [J]. 经济社会体制比较，2012（2）.

[3] [25] [27] 杨玉珍. 城市内层边缘区农户宅基地腾退影响因素研究 [J]. 中国土地科学，2013（9）.

[4] 徐汉明. 农村宅基地使用权流转问题研究 [J]. 经济社会体制比较，2012（6）.

[5] 刘卫柏，贺海波. 农村宅基地流转的模式与路径研究 [J]. 经济地理，2012（2）

[6] 张怡然，邱道持，李艳. 农民工进城落户与宅基地退出影响因素分析 [J]. 中国软科学，2011（2）.

[7] 于伟，刘本城，宋金平. 城镇化进程中农户宅基地退出决策行为及影响因素 [J]. 地理研究，2016（3）.

[8] 杨雪锋，董晓晨. 不同代际农民工退出宅基地意愿差异及影响因素 [J]. 经济理论与经济管理，2015（4）.

[9] 李伯华，刘艳，张安录. 城市边缘区不同类型农户对宅基地流转的认知与响应 [J]. 资源科学，2015（4）.

[10] [28] 杨应杰. 农户分化对农村宅基地使用权流转意愿的影响分析 [J]. 经济经纬，2014（1）.

[11] 钱龙，钱文荣，郑思宁. 市民化能力、法律认知与农村宅基地流转——基于温州试验区的调查与实证 [J]. 农业经济问题，2016（5）.

[12] 张秀智，丁锐. 经济欠发达与偏远农村地区宅基地退出机制分析 [J]. 中国农村观察，2009（6）.

[13] 喻文莉. 转型期宅基地使用权流转之法理分析 [J]. 中国土地科学，2013（2）.

[14] 陈小君，蒋省三. 宅基地使用权制度：规范解析、实践挑战及其立法回应 [J]. 管理世界，2010（10）.

[15] 于水，于文. 多源流理论视角下宅基地使用权确权政策的议程设置研究》[J]. 中国土地科学，2016（1）.

[16] 李祖佩，管珊. 被产权：农地确权的实践逻辑及启示 [J]. 南京农业

大学学报（社会科学版），2013（1）

[17][24] 郭贯成，李金景．经济欠发达地区农村宅基地流转的地域差异研究 [J]．资源科学，2016（12）．

[18] 夏敏，林庶民，郭贯成．不同经济发展水平地区农户宅基地退出意愿的影响因素——以江苏省7个市为例 [J]．资源科学，2016（4）．

[19] 汤爽爽，郝璞，黄贤金．大都市边缘区农村居民对宅基地退出和定居的思考——以南京市江宁区为例 [J]．人文地理，2017（2）．

[20] 吴郁玲，侯娇，冯忠垒，周勇．农户对宅基地使用权确权效应的认知研究 [J]．中国土地科学，2016（4）．

[21] 吉登艳，马贤磊，石晓平．土地产权安全对土地投资的影响：一个文献综述 [J]．南京农业大学学报（社会科学版），2014（3）．

[22] 张菡冰，李翔，柳乾坤，靳相木．宅基地使用权去身份化改革的两难困局及其突破 [J]．中国土地科学，2015（8）．

[23] Mayer, B. Natural and Quasi – Experiments in Economics [J]. *Journal of Business and Economic Statistics*, 1995, 13（2）：151 – 161.

[26] 朱新华．户籍制度对农户宅基地退出意愿的影响 [J]．中国人口·资源与环境，2014（10）．

论农地流转市场中的不确定性 *

邱国良　郑　佩 **

乡村振兴是国家的一项重要战略，农村土地流转及其规模经营是实施乡村振兴战略的关键。在社会转型时期，农村社区愈加多元化，社区信任持续弱化，并伴有社区规则变化、农民职业转型及市场交易存在风险等诸多不确定性，影响农地流转市场扩展和土地规模经营。上述不确定性根源于市场结构、产业结构及社会结构的二元悖论，本质上是城市与乡村、工业与农业、传统与现代的结构性矛盾。确立农地流转储备金制度、促进政府有效介入、打造社区共同体以及规范农村经济合作组织是降低农地流转市场中不确定性的重要路径。

一、引　言

学界在讨论农地流转的影响因素时，主要围绕非农就业机会、市场健康程度及相关制度建设等方面展开讨论，但其关注的是影响因素与流转意愿之间的因果关系，却忽略了该意愿形成的过程和机制。事实上，作为理性经济人，市场交易主体在进行农地市场交易之前，其将会综合考虑各种主客观因素，在对市场交易安全形成确定性预期时才愿意付出信任，进而影响交易达成及交易方式的选择。在熟人社会，由于社区规则和观念相近，人们相互之间有着各种联系纽带，容易产生心理上的确定性和信任感。因此，农地流转范围主要局限于

---

　* 基金项目：本文获得"江西省普通本科高校中青年教师发展计划访问学者专项资金"资助。系邱国良主持的国家社科基金年度项目"城乡社区信任与融合研究"（编号：14BSH054）及江西省社科规划项目"信任视域下政府介入农地流转市场的机制研究"（编号：13SH05）阶段性成果。

** 邱国良（1974— ），江西贵溪人，江西农业大学乡村治理研究中心主任、教授，博士，硕士生导师，主要研究方向为农村基层政治和社会治理。郑佩（1990— ），河北邯郸人，江西农业大学在读硕士。

熟人社会。有研究者对贵州四个县的调查研究表明，农户在将自己的农地出租时，其农地租赁市场主要是行政村的内部市场。[1]然而，这种封闭性的农地流转市场阻碍了外部工商资本的进入，最终不利于发展农村经济。因此，农村土地流转范围亟须突破村庄内部，在超出熟人社会的更大范围内流转，促使农村土地与外部资本有机衔接，形成乡村振兴的巨大推动力量。此外，在交易形式上，熟人社会中的个体更倾向于采取口头形式订立相关契约，他们并不十分担心对方违背契约。因为一旦违背了这种口头契约，违约人将会遭到村庄舆论的谴责及丧失村民的信任，并使自身交往空间遭到挤压。从信任博弈的视角来看，由于村庄内部农户之间在进行农地流转时的博弈是无限次的，促使农户之间建立起一种信任机制，使得如口头契约能够自我实施。[2]由此可见，农户在决定是否达成交易或选择何种交易方式之前，已在综合考虑各种因素的基础上形成了确定性或不确定性的判断。接下来，本文将从表现形式、产生根源及路径选择等三个方面对农地流转市场中的不确定性进行探讨。

二、农地流转市场中不确定性的表现

当前，社会不确定性和风险因素持续增加，"主观社会阶层认同下移、底层认同的现象越来越明显，形成了以身份认同自动划分的社会心态阶层，会直接影响到社会公平感、生活满意度等重要的社会心态指标。个人的社会态度、社会价值判断、社会情绪表达将由其自我认同的社会身份决定，失去了客观性，这将是未来较长时期必须面对的风险和不确定性。"[3]由于其底层特征及抗风险能力较弱，中国农民对于农地市场交易中不确定性因素，其感受将会比其他群体更加强烈。上述不确定性主要表现为以下几个方面：

（一）社区规则的不确定性

有研究者将信任分为习俗型信任、契约型信任和合作型信任，认为"习俗型信任"是指发生在传统农业社会和熟人社会中的信任，"契约型信任"则是工业社会和陌生人社会得以存续的重要支持力量，"合作型信任"则是与后工业社会相匹配的一种信任关系。[4]尽管上述各类型的信任赖以建立的社会基础不同，但有一点是具有共性的，那就是信任均建立在确定性规则基础之上。无疑，在现代契约社会，人们经过充分协商形成"公意"，这是契约的基础。在这种契约环境下，人们对自己及他人的行为能够形成明确的预期，进而形成普遍信任。而在传统农业社会，虽然无法形成超出熟人社会圈子的规则，但在熟人社会内部，却有一套非普遍性、习俗性的规则，其对熟人社会内部有着较强的约束力。随着传统农村熟人社会的逐步转型，出现了人口的持续流动，原先的社区规则已难以满足人们实际交往中的安全需要。因此，一旦农地流转市场交易由熟人社会向陌生人社会拓展，伴随着人口流动的将会是熟人社会规则的破坏，以及社会不确定性及风险的增加。

虽然，农村社会正逐渐被卷入现代化潮流之中，但熟人社会的规则仍然在农地流转市场中具有重要影响，农地的流转范围主要局限于熟人社会内部或以熟人媒介作为平台。尽管熟人之间的信任关系有利于减少交易成本、促进交易发生，但这终究并非开放性、公平竞争的市场。对于缺乏熟人媒介却又待进入农地流转市场的买方而言，它亟须更加开放和便捷的平台。显然，构建一个开放的、公平竞争的市场环境，熟人社会的规则已不再适用，新的规则亟待形成共识。值此规则转变的"窗口期"，农地流转市场无疑充满着不确定性，无形中加大了交易的风险，使得交易双方尤其是使处于相对弱势的个体农户难以形成基本的信任感。

（二）农民职业转型的不确定性

由传统社会向现代社会转型是一项系统工程。它不仅仅是指产业结构的转变、城市化水平的提高，更重要的是社会主体——"人"的转变。这里所谓"人"的转变，不仅指农民思想观念和行为方式市民化的过程，也包括农民的职业转型，即由小农变成产业工人。自20世纪80年代以来，制造业在中国沿海地区开始迅猛发展，大量内地劳动力开始涌向沿海地区。这一时期的流动人口群体虽然趋于年轻化，但学历普遍偏低，缺乏复杂的技能训练，主要从事一些边缘性、收入低的职业。虽然，随着新生代农民工的加入，这种状况有了一定的好转，但并未有根本性改变。随着我国沿海地区的工业化水平逐步提高，简单劳动的需求正趋于缩小，缺乏复杂技能训练的第一代农民工将面临职业转型的困境。与此同时，第一代农民工也逐步步入中老年，他们当中的不少人原本就过着候鸟般的迁徙生活，此时更易萌发"叶落归根"的想法。事实上，受社会身份、技能水平及社会网络等因素的影响，大多数农民工并未真正实现职业转型，而是徘徊在农民和工人这两种身份之间。

农民职业转型的不确定性无疑影响着农地的顺利流转。对于外出务工的农民而言，土地不仅仅是一种情结，也是其安身立命的根本。他们当中的许多人并未有失业或养老保障，一旦遭遇失业等风险，土地便是其生存的基本保障。因此，尽管许多外出务工的农民并不耕种土地，但其却不愿意将土地使用权长期出让。在他们看来，外出务工只是一种谋生手段，他们对未来并无确定性的预期，打工的生涯并不能给自己带来稳定的生活和安全感，而唯有拥有一片土地，才让自己有种踏实的感觉。在这种心理作用下，他们或许会将土地转让给其他农户短期租种，但通常并不会长期转让土地使用权。

（三）交易风险的不确定性

在市场经济条件下，商品价格是随着供求关系的变化而围绕商品价值发生波动的。由于供求关系本身属于不确定因素，因而商品市场必然存在一定的风险。然而，涉农市场交易的风险却不仅限于此。在农地流转市场中，市场交易主体将会统筹考虑实际的以及潜在的交易风险。首先，与许多其他商品不同，农产品受自然条件影响较大，一旦发生自然灾害或遭遇恶劣天气，农产品收成及投资收益将会受到影响。因此，投资者在涉足农业投资时普遍较为谨慎。其次，由于各种现实和历史因素的影响，农产品市场价格偏低，这无形中降低了农地的投资回报率。再加上涉农投资回报周期相对较长，使得其综合投资回报率更低。最后，农地市场交易主体行为也存在许多不确定性因素。在普通商品市场，交易双方通常是一对一进行，这种市场交易只要双方达成一致，交易便可望进行。然而，在当前农村土地双层经营体制下，农村土地使用权较为分散，土地受让方需要面对多个交易对象。由于每个交易对象的利益关注焦点并非完全一致，因而不仅达成协议所付出的代价可能更大，而且在履行协议过程中不确定性和风险也相应增多。在实践中，不少农地流转交易倾向于采取口头协议，对交易主体缺乏明显的约束力。这种情况对于投资较多、周期较长的涉农投资，风险是显而易见的。

三、农地流转市场中不确定性的结构性根源

不确定性的根源通常可以从主体和客体两个方面去理解。从主体方面看，造成不确定性的因素不仅有主体自身认识能力的原因，也与个体禀赋、经验等方面的差异性有关。而从客体方面看，相对稳定的社会结构有助于人们形成确定性的认知，而急剧变革的社会却似乎充满着不确定性和风险。这种结构性根源主要表现在以下三个方面：

（一）市场结构的城乡二元性与农民的市场隔离

尽管20世纪80年初期启动的以土地制度为核心的农村改革在一定程度上激发了农民的创造热情，将农民从被动的、从属的边缘地位推向政策中心，但随着改革重心由农村向城市转移，农村距离市场化和现代化的中心渐行渐远。最终，这场以"经济发展"为核心目标的改革并未达到缩短城乡差距的初衷。值得注意的是，城乡之间的这种差距是全方位的，它不仅表现为城乡经济发展的不平衡性，更重要的是，长期的相对封闭状态导致农民缺乏足够的市场训练。在大多数农民看来，市场经济及其规则是令人感到陌生的东西，充满着不确定

性和风险。因此，他们不愿遵从，甚至排斥市场规则，而倾向于维护传统社会格局和规则。同时，他们对市场信息的获取能力也是薄弱的。尽管如格兰诺维特为代表的新经济社会学派所坚持的，经济交易是嵌入社会关系之中的，无疑会受到社会网络的影响，但作为理性经济人，农民在实际交易中不仅受社会网络和人情因素影响，更会在了解市场信息的基础上做出最优选择。然而，由于农民缺乏市场训练和组织优势，其对市场信息的掌握并不全面和充分，因而对于农地流转市场存在相当程度的不确定性。显然，这种"不确定性"无疑会影响现代农地流转市场的建构。由于受情感和关系网络的影响，熟人之间更易产生信任和确定性，并促成农地交易在熟人之间发生。尽管这种信任感在一定程度上降低农地交易成本，并简化市场交易环节，但显然不利于构建开放性、包容性的现代农地流转市场。

（二）产业结构的转型升级与农民工的"两栖"心态

伴随着技术进步和劳动力成本的上升，形势倒逼沿海发达地区的产业结构转型升级，即由原来制造业为主的产业向科技含量较高、生产附加值较大的非劳动密集型的产业转型，而将其原先相对落后的产能转移到其他欠发达地区或国家。这种产业的转型升级符合国家发展战略部署，是中国走向现代化的方向和路径。然而，这种产业结构的转型升级势必对农村剩余劳动力人口的转移产生重要的影响。部分文化素质较低的流动人口将难以适应这种产业结构转型升级的趋势，并首先遭到淘汰而不得不返回农村。因而，尽管他们仍然滞留在城市从事一些处于低端产业链的工作，但他们的职业生涯充满着不确定性，难以真正实现职业转型。

此外，这一部分群体也大都为改革开放初期的外出务工者，他们相对于新生代农民工而言，具有许多天然的弱势：学历偏低、技能不足、年龄偏大。而且大多数人在城市社会的生存状态一直并不理想，他们不仅处于职业和社会的边缘地位，而且实际上也居住在城市的边缘地带。尤其是，他们在社会保障、户口迁移及子女教育等方面受到各种制约，这使得他们普遍缺乏安全感。因此，农村社会对这部分群体而言，不仅仅是情感的寄托和归宿，而且也是未来生活确定性的保障。

（三）社区价值认同的多元化与农民心理的路径依赖

在传统的村落社区，人们拥有共同的价值认同、遵循共同的社区规则。这是社区概念所蕴含的本质特征。德国社会学家菲迪南·滕尼斯在其《共同体与社会》一书中对社区（共同体）与社会做了区分，他认为社区（共同体）是由具有共同价值观念的同质人口组成的关系密切，守望相助、富于人情味的社会团体。费孝通在长期观察传统中国农村社区生活后也认为，中国传统村落的关系结构可归结为"差序格局"，即个体以自我为中心，由近及远而关系越来越疏远。不难理解，其"差序格局"实质上是结构和意识两个层面的契合：从结构上看，那种以"自我"为中心而形成的"同心圆"结构，反映了"差序格局"的外在结构；从意识层面看，人们内心的情感也随着这种"同心圆"结构由亲而疏。可见，共同的价值观念和相对稳定的社会结构，是社区的重要而基本的特征。

伴随着中国城市化进程，城乡之间的界限不再泾渭分明，区域之间的社会流动也更加频繁。区域或城乡之间的社会流动，将很大程度上打破原先封闭的农村社会网络，促使社区越来越趋于多元化，并倒逼社区原有规则不断调适。从本质上说，社区规则和价值观念是一个问题的两个方面，规则是显性的、外在的，价值观念却是隐含在规则背后的特定群体的文化心理。面对频繁的社会流动和社区多元化趋势，农民并不十分适应，其价值观在很大程度上还留有熟人社会痕迹，表现为个体或群体心理上的路径依赖。因此，在农地流转市场中，农民依然习惯于在熟人社会网络中进行市场交易。受熟人社会的人情关系和面子观念的影响，一些农民在普通农地流转交易中甚至采取口头约定的形式。这显然是基于信任和确定性而形成的市场交易。然而，随着社区愈加多元化，在社会复杂性的增加与农民心理上的路径依赖等因素共同作用下，未来社区的不确定性将会更加凸显。

四、不确定性的化解路径

如上所述，社会转型时期农地流转市场中不确定性的根源主要在于市场结构、产业结构及社会结构的矛盾性。在社会急剧变迁的历史背景下，乡村社会不可避免被动卷入其中，并将最终实现其经济社会结构的全面转型。诚然，这种不确定性正是为了实现新的确定性所必然经历的过程，但显然它对当前农地流转市场的快速发展产生了一定的负面影响。为了促进农地流转市场健康发展，可以围绕主体和客体从以下四个方面降低不确定性因素：

（一）建立农地流转储备金制度，保障失地农户基本生活需求

有研究者分析认为，"以新农保为代表的农村社会养老保险对农地养老保障功能的替代程度越高，农民转出农地的意愿越高"。[5] 由于农地出让的意愿与农民对新农保保障能力的评价呈正相关，健全和完善以新农保为主要内容的农村社会保障制度将有助于进一步推动农地流转。然而，我国农村社会保障并不健全，存在保障水平低、城乡不平衡、涉及领域窄等明显不足，难以有效保障农

民的基本生活。为此，需要进一步加大农村民生的财政投入，较大幅度地提高农民的社会保障水平，切实做到养老、医疗、失业、救济等全覆盖、均衡化。同时，为了最大限度地保障农民的基本生活，还可以尝试制定土地出让金储备制度。有研究显示，这种制度与农户流转意愿有着密切关系，在所有受访者中，农地流转公积金制度条件下愿意转入和转出农地的农户比例分别为 57.8% 和 51.6%。[6] 可见，一旦妥善解决了农民的生活保障问题，其对未来生活的确定性预期将会大大增强，进而有利于推动农地流转及土地规模经营。

（二）规范政府对农地市场的介入，有效降低市场交易风险

在大多数市场经济国家，市场在经济活动中发挥重要作用，政府通常只在市场不足时才介入经济活动，维护市场经济的健康发展。对于当前的农地流转市场，政府应从金融秩序、交易过程、平台建设等方面加强监管和服务：

一是要充当金融秩序的维护者。地方政府应以落实国家乡村振兴战略为契机，一方面积极引导社会闲散资金尤其是城市资金进入农村和农业领域，为乡村振兴建立资金"蓄水池"；另一方面，更应加强对金融机构的监管，积极维护金融秩序，为农地流转和规模经营保驾护航。要引导各大银行、保险等金融机构在农村设立网点，鼓励形成竞争性的农村金融市场，为农地流转和规模经营提供优质服务。二是要担任市场交易的裁判者。由于市场主体的趋利性，缺乏监管必然会导致市场混乱，因而需要凸显政府的作用。相对于其他商品市场，农地市场明显缺乏有效的裁判者，一旦发生纠纷，主要依赖乡村组织进行个别调解，因此要形成制度化的交易裁判程序。三是要做好交易平台的服务者。乡村振兴要引入外部资金，就需要将农地流转市场逐步由熟人社会推向陌生人社会，形成公平竞争、统一开放的市场环境。它要求政府适时搭建现实或虚拟交易平台，及时公布有关市场价格、土地供求等信息，帮助市场主体做出最优化选择。另外，通过搭建交易平台，可以全程规范和记录农地交易过程，这不仅提高交易效率，还全程记录了双方交易过程，无形中降低了交易风险。

（三）营造包容性的社区环境，积极打造社区共同体

在传统农村社会，人们通常以血缘或亲缘关系为纽带聚居在一起，形成了相互独立而封闭的村庄公共空间，人们对外部事物具有一种天然的心理排斥和不信任感。显然，这种封闭性将会阻滞农地流转市场进一步向外拓展。韦伯曾指出中国人的信任是"建立在亲戚关系或亲戚式的纯粹个人关系上面"。

由于受其地缘或亲缘关系的限制，农村居民通常难以形成普遍性的社会联系。这种关系网络及由此形成的信任结构显然不利于农地流转市场向陌生人社会扩展。因此，若要构建开放性、竞争性的农地流转市场体系，农村居民的社

会联系必然要突破地缘和亲缘关系的限制，努力形成包容性的农村社区环境。有研究者认为，应通过吸纳新型农业经营主体、举办社区活动及建立信息交互平台等途径，进一步强化社区认同。诚然，上述途径对于强化外来新型农业经营主体与当地农民之间的联系具有一定的促进作用。但正如该研究所承认，这只不过是一种"想象的共同体"，是虚幻的而非现实的联系。事实上，倘若外来资本无法在农村真正扎根，并与农村社区融为一体，那么，所形成的社区信任关系或许只是一种"策略性"的信任。社区信任关系的建构需要长时间的信任积累，短期内"策略性"的情感投入并不能够创造出社区共同体。为了打造社区共同体，一方面，要破除户籍等制度藩篱，为城乡资源的自由流通创造条件，鼓励城市资本进入乡村；另一方面，要以乡村振兴为契机，不断加强乡村基础设施和文化、教育、医疗等各项配套建设，建设美丽乡村，吸引新型农业经营主体真正扎根农村。

（四）培育发展农村经济合作组织，提高农户抵御风险的能力

乡村振兴的重任，归根到底仍需农民来承担。然而，大多数农民本质上依然是传统小农，其思维习惯脱离不了小农意识，且普遍缺乏抵御风险的能力，难以适应现代农业的经营模式。为此，要积极培育和发展农村经济合作组织，将"原子化"状态的农民联合起来，以此分担自然和市场风险。当前，不少农村经济合作组织由政府或村级组织主导，并由后者为之提供组织信用担保及各种便利，解除其后顾之忧。当然，政府或村政介入不应以破坏市场自治为代价，应处理好以下几对关系：一是政府组织介入与农村经济合作组织的相对独立性。政府组织的作用仅限于为农村经济合作组织的发展提供信用担保和便利服务，负责规范和监管市场组织的运行，不能"越庖代俎"，而应回归市场本性。同时，政府向农村投入的经济资源可以由农村经济合作组织承接和利用。二是避免村政组织对农村经济合作组织的功能越位。在现有村级组织框架下，村政组织主要是指村两委组织，其主要承担政治功能和部分社会功能，经济功能则应交由专门的经济组织去实现。此外，由于区域经济的同质性，农村经济合作组织可以跨行政村，实现村庄之间的经济联合。三是农村经济合作组织与新型职业农民之间的关系。新型职业农民是乡村振兴的重要力量，鼓励新型职业农民加入农村经济合作组织，有利于整合农村的经济力量，加快农村经济振兴。农村经济合作组织可以实行会员制，成为会员后的新型职业农民可以获得相应的从生产到市场的跟踪服务。

参考文献：

[1] 洪名勇. 信任博弈和农地流转口头契约履约机制研究 [J]. 商业研究，2013（1）：151－155.

[2] 王俊秀. 社会心态中的风险和不确定性分析 [J]. 江苏社会科学，2016（1）：15－21.

[3] 张康之. 在历史的坐标中看信任——论信任的三种历史类型 [J]. 社会科学研究，2005（1）：11－17.

[4] 聂建亮，钟涨宝. 保障功能替代与农民对农地转出的响应 [J]. 中国人口资源，2015（1）：103－111.

[5] 文龙娇，李录堂. 农地流转公积金制度设想初探——基于农户农地流转意愿视角 [J]. 中国农村观察，2015（4）：2－15.

[6] 王敬尧，王承禹. 农地规模经营中的信任转变 [J]. 政治学研究，2018（1）：59－69.

乡村治理模式与机制研究

后农业税时代乡村政治生态的嬗变与重构[*]

胡卫卫　　于水 [**]

一、引　言

党的十八大以来，习近平总书记多次强调，"做好各方面工作，必须有一个良好政治生态"。政治生态状况关乎党和国家的政治命运，建构一个良好的政治生态系统需要具备健康的政治生态环境。从依托宗族法序和礼治秩序的乡绅自治到"政社合一"的人民公社体制，再到当前的村民自治，我国乡村治理制度发生重大变迁。2001年的农业税费改革改变了乡村原有的政治生态，引发出基层党组织功能弱化、村社"小官大贪"现象滋生、农村政令不畅、村霸泛滥等一些社会问题，严重侵蚀着党的执政根基，造成乡村党风、政风及社会风气的腐朽和退化。由此可见，后农业税时代，乡村治理结构和治理模式发生了一些改变，取消农业税费的影响已经超出其经济范畴，引发了乡村治理体系的改变。那么，后农业税时代嬗变后的乡村政治生态有何具体表现？引发变化的根本原因是什么？新的时代背景下，如何重构乡村政治生态？这些问题关乎农村基层政权的稳定，也关系到我国未来乡村治理范式的变革，对乡村振兴战略的实施和中华民族的伟大复兴有深远的意义。

　＊　基金项目：国家社会科学基金重点项目（15AZZ012）；江苏省社会科学基金项目（14SHB003）；中央高校业务经费配套项目（SKPT2015007）。

＊＊　胡卫卫（1990—　　），男，河南济源人，南京农业大学公共管理学院博士研究生，研究方向为乡村治理与政策；于水（1966—　　），男，江苏南京人，南京农业大学公共管理学院副院长，教授，博导，研究方向为乡村治理与政策。

二、乡村政治生态的内在特性及理论缘起

(一) 乡村政治生态的内在特性解析

生态学的概念是德国生物学家恩斯特·海克尔在 1866 年提出来的，是一门研究生物体与其周围环境相互关系的科学。作为一种新的研究范式，生态学的分析方法已经延伸到各个学科[1]。而"政治生态"就是将生态学的原理及方法运用到政治学领域。目前关于政治生态的概念解读存在两种理解模式，一种是政治场域的政治生态，另一种是学术语境中的政治生态。前者将政治生态视为各类政治主体生存发展的环境和状态，是党风、政风、社会风气的综合反映，影响着党员干部的价值取向和从政行为。后者主要是用生态学的思维、模式和概念来解析政治发展所处的环境，旨在探讨政治主体和政治环境之间的耦合关系。实际上，随着党风廉政建设和反腐高压的持续推进，学界亦掀起政治生态研究的热潮，反映出学术研究对政治发展的现实回应。将政治生态的研究视域聚焦于乡村，就产生了乡村政治生态。乡村政治生态具备政治生态的共性特征，同时融入乡土元素，又体现出独特性。作为基层治理的环境基础，乡村政治生态是乡村党风、政风和社会风气的综合反映，体现乡村政治主体和政治环境的互动关系，其健康关乎党在乡村执政的效力和根基，影响乡村振兴目标的实现进程。

(二) 乡村政治生态理论缘起的阐释

1. "全面从严治党"的政治生态观

党建的首要任务是思想建设，要将增强"四个能力"、树立"四个自信"和强化"四个意识"作为思想建设的指南，为乡村政治生态发展夯实基础。要特别注重领导干部队伍建设，"良好的政治生态"是做好各项工作的前提[2]。从中央巡视组的报告和媒体的腐败案情披露情况来看，"苍蝇式"腐败俨然成为基层治理难题中的重要"病原体"，腐败是导致农村政治生态恶化的根源，反腐倡廉是保持乡村政治生态的必然选择。全面从严治党就必须规范权力的运行，防止权力异化，必须将"权力放在制度的笼子里"。制度建设对维护良好的政治生态具有重要作用，因此加强制度建设是净化乡村政治生态的根本保障。政治生态破坏的根本原因是治党不严，以"全面从严治党"为核心的中国特色社会主义政治生态观，为乡村政治生态建设提供了理论支撑。

2. 戴维·伊斯顿的"政治系统论"

戴维·伊斯顿认为政治系统具有开放性，其环境要素紧密地渗透在政治系统中，两者相伴相生。环境对政治系统的影响叫输入，将输入经过转换过程变

成政治系统的输出[3]。通过输出，政治系统又反馈于环境，形成一个动态的、稳定的运行体系，而反馈这一个概念意味着输出可能改变环境。

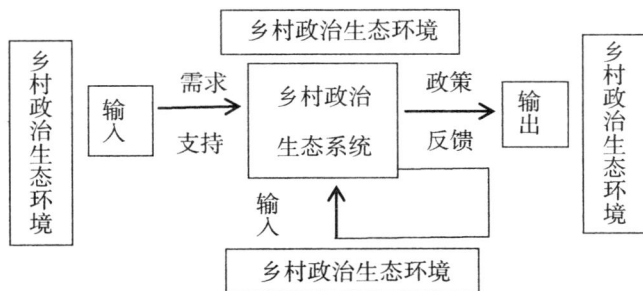

图1 乡村政治生态系统图

基于戴维·伊斯顿的"政治系统论"，可将乡村政治运行看作一个生态系统，从图1可知，乡村政治生态系统与外界环境时刻互动，其运行状况受政治生态环境的影响，这种影响是交互的。实际上，环境对人行为的作用在相当长的时间内被讨论，如孟德斯鸠在《论法的精神》中提出应根据气候修改法律，以便使它适合气候所造成的人们的性格[4]。德国地理学家 F. 拉采尔也有类似的观点，其认为人的活动、发展和抱负受到地理环境的严格限制[5]。20 世级 50 年代的政治社会化运动强调人在社会互动中形成的认知、态度会影响到政治活动。由此可见，乡村政治生态环境是政治活动的行为导向。乡村政治生态环境影响村干部和村民的行为选择，进而影响乡村治理的成效，主要表现为对乡村社会秩序、公共目标、治理秩序合法性的影响。因此，为促进乡村政治生态系统的健康运行，必须建构清正廉洁的政治生态环境。

三、失范与失序：乡村政治生态嬗变后的图景透视

取消农业税费后，乡村原有的政治生态格局被打破，失范和失序是典型的表现特征，笔者从权力维度、制度维度、文化维度和组织维度四个层面对乡村政治生态嬗变后的现实形态进行阐述。

（一）权力维度：基层小微权力腐败猖獗

党的十八大以来，在"老虎苍蝇"一起打的反腐高压态势下，查处了一大批典型的农村村干部贪腐案件，案件数量多、涉案资金大、违法形式多样，已经表明农村已经是权力腐败的重灾区。一项数据表明：村干部权力腐败引发的群众上访数量占到上访总量的70%以上。

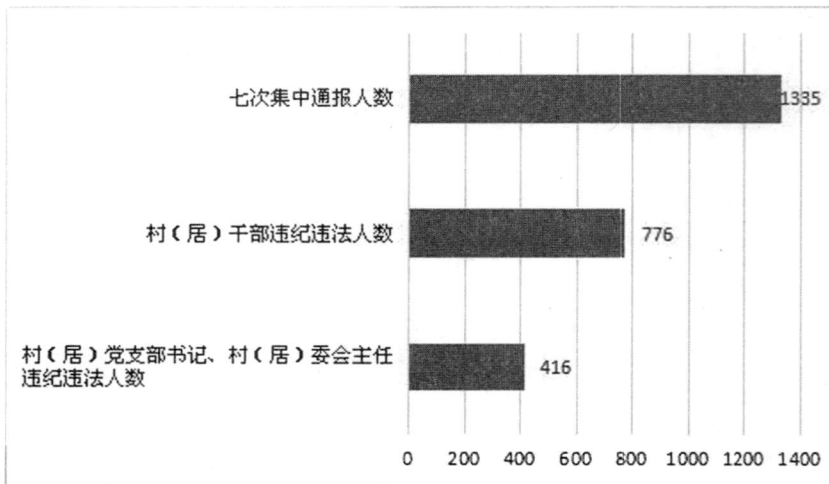

图2　查处群众身边的"四风"和腐败问题统计图

在中纪委公布的"查处群众身边的'四风'和腐败问题"专栏中，我们发现，2015年涉及村干部腐败的人数占曝光总人数的57.23%，表明农村基层小微权力腐败极其猖獗。后农业税时代一系列改革措施为乡村治理带来了重要历史契机，但不可否认的是，这些政策导向也被异化为部分村干部贪腐分利的机会。从村干部违法犯罪的形式来看，可谓"花样百出"，主要有：挪用公款，贿选谋位，假公济私，侵吞农村集体三资、惠农资金、克扣补贴等[6]。

从基层干部腐败形式统计结果看，2015年基层干部以权谋私、虚报冒领的违法案件所占比例为57.30%；发生在群众身边的生冷硬推、吃拿卡要等四风问题所占比例为11.85%；执法、监管、公共服务等窗口和领域违规收费、收红包等问题的案件占比为18.69%，犯罪形式多样，涉及乡村治理的诸多方面。

（二）制度维度：基层民主自治制度失序

1987年的《中华人民共和国村民委员会组织法（试行）》从法律上赋予村民"民主选举、民主监督、民主管理和民主决策"的权力，由此拉开村民自治的序幕。然而不良的乡村政治生态环境导致了基层民主自治制度异化。第一，贿选普遍。追逐经济理性，践踏民主权利，造成村民选举取向的异化。很多农村地区通过"选前发钱"的方式换取选票，严重损害民主选举的程序正义。腐朽的农村政治环境衍生出村民"选谁都一样"的麻木心态，价值中立的取向为贿选提供空间。第二，监督缺位。阿克顿认为"权力是一种必要的恶"[7]，如果公共权力缺乏监督就会异化为私人权力，引发寻租行为。村干部集村社集体资源的分配、处置、项目承包和工程招标权于一身，监督的缺位导致集体资产被侵犯，村民虽有民主监督的责任，但缺乏监督意识、监督能力和监督的渠道。第三，关系失衡。村委和村支部关系失调是影响农村自治发展的障碍。首先，在双方能力悬殊情况下，村支部书记"一枝独秀"，独揽村中大权；其次，双方在势力均衡的条件下，争权夺利，拉帮结派，各自为政；最后，在双方能力均弱情况下，相互拆台，遇事推诿，相互扯皮，最终导致基层民主自治制度失序。

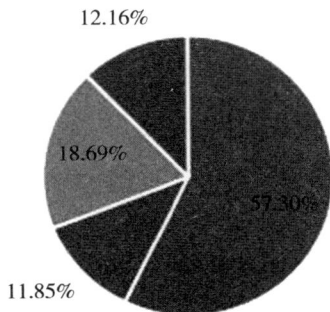

- 基层干部以权谋私、虚报冒领等民生领域问题，占57.30%。
- 发生在群众身边的生冷硬推、吃拿卡要等四风问题，占11.85%。
- 执法、监管、公共服务等窗口和领域违规收费、收红包等问题,占18.69%。
- 其他问题，占12.16%.

图3　基层干部腐败形式统计图

（三）文化维度：基层政治社会文化失范

我国正处于转型期，现代化进程的推进导致乡村政治生态文化发生变化并衍生新的政治文化元素，滋生了一些不良的政治生态文化。第一，主流意识形态被侵蚀。城镇化打破了城乡二元布局，传统的乡村部落受到市场化浪潮的冲击，带来文化的多样性，同时一些不良的社会思潮有抬头倾向。第二，传统价值规范沦陷。乡规民约和伦理道德在乡村社会转型中被打破，在法治和契约尚未健全的背景下，农村的一些政治精英责任意识淡薄，无视群众诉求，淡化规矩意识，丧失党性观念。第三，原有共同体文化瓦解。乡村社会推崇的集体主义价值观曾经在很长一段时间内主导着村庄共同体，营造出团结互助、邻里和睦、参与协商的和谐氛围。而农村黑恶势力抬头、邻里关系冷漠、农村不良的伦理道德文化沉渣泛起，瓦解着农村共同体生态文化的基石。第四，腐败性政治文化蔓延。取消农业税后，国家通过项目制向农村输送资源，这就为权力腐败提供空间，在经济人理性的刺激下，村干部无视法理，将村民赋予的公权异化为徇私舞弊的私权，腐败行为泛滥，演变为"腐败有理"的畸形文化，腐败政治生态文化成为乡村振兴的阻滞力量。

（四）组织维度：基层党组织功能弱化

农村党组织是农村各项事业的领导核心，其自身的发展决定农村政治生态的优劣。自乡镇政权退出乡村社会以后，基层党组织的功能逐步弱化，其主要的表现如下[8]：第一，自身能力素质低。家庭联产承包责任制的推行极大地解放了农村剩余劳动力，大量的青年外出务工经商，留下来的党组织成员年龄结构偏大，文化程度低，学习能力弱，带头发展的积极性差，党员素质偏低严重削弱党组织的战斗堡垒功能。第二，组织内部生态紊乱。由于缺乏严格的考核和监督机制，党组织内部纪律涣散，民主生活会搁浅，党内的民主集中演变为村支部书记的个人专权，甚至形成"塔西陀陷阱"。第三，政治领导和录用功能弱化。从当前实践看来，党组织很难把村民动员起来达成一致的集体行动，政治领导能力下降。市场经济浪潮下，大多有知识、有头脑的农村青年选择外出务工，不愿加入农村党组织，政治录用人才的功能也在削弱。第四，服务群众和利益整合功能弱化。随着农业税费取消，基层党组织并未完成向服务型组织的转型，因无利可图，而从农村的生产和生活中退出，干群关系疏远。同时，基层党组织不愿意介入村庄纠纷，很少主动协调群众纠纷和缓和村民矛盾，利益整合功能弱化。

四、双重消解：乡村政治生态嬗变的根本原因

我国传统乡村社会沿用一套自治性的、伦理本位的治理模式，这种内生性的治理模式不依靠法律制度，也不依赖官方组织，主要依托宗族社会机制和伦理教化机制。新中国成立后，政治动员成为乡村治理的主要模式，特别是 1958 年推行的"政社合一"的人民公社，将生产与社会管理统一掌握到政府组织手中。人民公社体制瓦解后，我国乡镇体制确立，为汲取工业发展资源，乡镇政权一直停留在农村，这个时期，由于国家行政的空前干预，乡村社会秩序稳定。从历史发展进程和制度变迁的路径中我们得出重要结论，完全内生性的乡村治理模式和完全干预性的乡村治理模式所形成的乡村公共秩序是稳定的，政治系统是正常运行的。2001 年的税费改革，表明"以农养政、以农补工"历史的终结，但同时也标志着国家政权退出乡村社会，一方面内生性的、乡土社会的治理体系没有了，另一方面嵌入式的、依靠国家能力的乡村治理也没有了，治理模式"双重消解"，乡村治理才出现大量的真空，农村政治生态发生根本性嬗变。

（一）内生性乡村治理体系消解

1. 新旧交替：乡村内生性治理元素弱化

传统的中国乡村社会基于内生性治理体系，由乡绅、乡贤主导，依靠伦理本位、村规民约和宗法礼治，称之为习惯法。在我国乡村地区，习惯法在建设和维护社会秩序、调节和化解社会矛盾等方面起着国家制定法无可替代的作用。对于我国农村地区而言，习惯法的出现早于国家制定法。当前，习惯法正走向消失，而国家制定法尚未建立，转型期特殊的时代背景将两者交织在一起，无可避免地出现冲突和对峙的局面。随着我国农村普法力度的加大，对传统的内生性治理元素如族规、家法等是一种致命性冲击。同时，随着户籍制度改革和城镇化的推进，乡村精英大量流失，作为乡村内生性治理的核心元素丧失，严重削弱了其在乡村治理体系中的效果。

2. 断裂之症：乡村内生性治理基础削弱

取消农业税后，乡村社会治理结构发生重大变化，乡村组织和国家政权逐步退出农村社会，乡村内部之前被压制和潜伏的各种离散力量纷纷发声，内部基本秩序受到威胁。在城镇化的推动下，农民更加原子化、基层党组织弱化、农业生产迟滞、社会心理退化，农村的资本存量变成流量，原有的社会秩序基础被打破，乡村公共价值缺失和公共秩序失范导致农村与整个社会的发展呈现断裂之症，乡村内生性治理基础被削弱。

（二）嵌入式乡村治理体系消解

1. 独立到依附：县与乡关系的改变

财政税收决定政府的行动空间，也是政府行为选择的依据。在农业税费改革之前，乡镇政府可通过收取各种税、摊派和费来获取收入，以维持自身的生存和机构的正常运作[9]。取消税费后，乡镇政府财政税收的独立性丧失，主要依靠县级政府，县和乡的关系由独立变成依附。没有财政的支持，乡镇政府的治理乡村的能力就会削弱。政绩是乡镇领导人事调整的主要评判标准，而政绩主要取决于县级政府下达指标的完成情况，压力型体制下，乡镇干部不得将工作的重心转移到县级政府的指标完成上。再者，从机构部门设置上，乡镇行政执法主体多为县级的派出机构，由其职能部门直接管理，乡镇权力被剥夺。可见，无论是财政、人事和权力，乡镇都受限于上级，工作重心已经偏离乡村社会，甚至对乡村政治生态建设有心无力。

2. 黏合到悬浮：乡与村关系的改变

农村税费改革之前，为了从农村汲取支持工业化发展的资源，乡镇政府出于农户分散、直接汲取成本过高等考虑，主要借助村干部力量收取税费，双方形成利益共同体，乡镇干部和村干部走动频繁。同时，为了保证农业税费获取的便利，乡镇干部对农民的诉求可以说是"有求必应"，乡镇政府和村社关系密切。税费改革后，乡镇政府没有太多的财政提供乡村公共服务，势必削弱乡镇政府在农民心中的合法性和政治认同。乡镇政府和乡村的关系发生变化，由之前的黏合变为分离，乡镇政权基本上悬浮于乡村社会，由此导致农村不稳定因素的增多，主要体现为群众上访增多、农民的集体认同感下降、政府公信力缺失、乡村公共秩序紊乱。

五、嵌入与内生：乡村政治生态重构的路径指向

从我国乡村治理体系的演进逻辑看出，嵌入式治理和内生性治理是乡村政治系统运行的两种典型模式。农业税费改革后，我国乡村社会呈现"半内生半嵌入"的乡村治理范式，"村官"既是基层政府的代理人，又是自治组织的代理人，双重身份为政治生态建设留下了治理空间的"模糊地带"。因此，在培养内生性治理力量、尊重村民自治的前提下，还需通过外部力量的嵌入，形成嵌入和内生的有机统一，通过建构多元化的乡村治理模式，夯实乡村政治生态重构的基础。

（一）嵌入外部力量，健全村民基层自治

实践检验发现：单纯依靠完全的村民自治很难实现乡村政治生态系统的良性运行，完善嵌入式治理机制可有效弥补完全自治的弊端。外部力量摄入打破乡村封闭的政治系统，在健全村级治理结构的基础上，促进乡村治理范式变革。第一，健全大学生村官长效机制。创新村干部的社会保障和人才培养制度，鼓励大学生村官扎根基层，从而形成一支稳定的乡村建设队伍。在对大学生村官的实践培养上，着重提升核心能力素质和创业能力，同时，应该以制度创新为引领，建构符合乡村振兴战略实施的乡村新型权力结构[10]。第二，完善驻村第一书记制度。第一书记委派的基本原则是选派优秀的年轻干部到村任职，委派单位要加大对第一书记政治待遇和经济待遇支持力度。驻村的第一书记要树立真正为农民"做好事、做实事"的理念，不能因为服役时间短而消极怠工。第三，优化包村干部制度。包村干部要认真履行包村的工作职责，及时了解和掌握该村的工作情况，协助村支部和村委会解决一些村民反映的实际问题，为村民搞好服务，同时向派出单位提出工作或帮扶建议。在干部绩效考核上，上级组织部门可将包村情况作为其职务晋升、人事调整的依据。

（二）构筑多方联动，填补权力监督真空

村民自治的制度设计有自身的弊端，而乡村社会的结构性变迁也弱化了对

村干部的监督，在基层政权外部监督趋于薄弱和村社内部监督趋于虚化的背景下，应构筑多方联动机制，填补权力监督的真空[11]。第一，实行"纪检下乡"机制。村干部贪腐的根源是缺乏对村干部权力的监督约束机制，通过发挥纪律检查部门的监督执纪功能，发挥威慑作用，可有效地解决农村违法违纪问题，从根本上扭转"小官巨贪"的现象。第二，加强村民监督委员会建设。《村民委员会组织法》中明确规定了"村务监督委员会"的职责和功能，民主监督要真正发挥村民主体的作用，监督委员会的人选应由本村有声望、有公信力的人担任。监委会真正运行起来的前提是需要建立透明的村务信息公开制度，特别是对村集体"三资"使用情况的信息公开，确保村干部权力在阳光下运行，保证村民的知情权[12]。第三，建立网络化的权力监督机制。除了纪检和监督委员会外，应将党的巡视监督制度拓展到农村，通过创新党风廉政巡查，实现乡村巡视监督常态化。另外，新闻媒体、企业和社会组织理应发挥监督的责任，最终通过多方联动，压缩乡村权力腐败的空间，斩断腐败生物链，修复乡村政治生态。

（三）强化党性修养，提升基层党建质量

乡村是党执政理国的基本场域，乡村基层党组织是党的组织体系的末梢，是乡村政治生态重构的关键，推进全面从严治党向基层延伸是建设风清气正政治生态环境的必然。第一，提升党员的党性修养。针对当前乡村党员文化素质低、理想信念不坚定等问题，各级党组织要加强对党员思想政治和科学文化的教育，通过生动活泼的党性教育强化党员的纪律和服务意识并使之内化为一种自觉的行动。第二，优化党员结构。当前乡村党员结构存在严重失衡，主要表现在学历普遍较低、女性数量较少、老龄化现象严重。党员结构不合理是造成基层党组织功能弱化的主要原因，因此，必须大力发展年轻党员和女性党员，通过内部培养和外部吸纳的方式优化党员结构，提升基层组织振兴乡村的活力。第三，严格落实各项政治规矩。党内制度建设可有效约束党员干部的行为，通过健全党员干部的任免报告制度、民主生活会制度、干部培养及培训制度和科学的考评制度，强化党员干部廉洁从政意识，提升规范管理能力，从根本上优化乡村政治生态。

（四）挖掘优秀文化，净化政治生态环境

挖掘我国优秀传统文化能够为乡村政治生态重构奠定思想基础，进而促进乡村政治生态系统的良性运行。中华传统文化中的积极因子可以培育乡村治理主体的政治美德，成为政治健康发展的载体[13]。第一，培育新型乡贤文化。通过建立乡村精英回流机制培育新乡贤成长的环境。退休的老干部、老教师、老

党员等都是振兴乡村的主体，他们具备良好的科学文化素质和思想政治素质，发挥这些群体的积极性能够孕育出乡村政治生态需要的现代文化场域[14]。第二，促进村社文化回归。乡村优良的政治价值是村民自治制度健康运行的保障，必须重塑以集体主义为核心的思想价值形态，通过价值感化培育村民有序参与、尊重权利、团结互助的乡村治理理念。倡导促进乡村经济进步和文化建设协同发展的理念，在乡村市场经济制度不完善的背景下，通过发挥文化的深层次力量，形成诚实守信、互利共赢的经济发展格局。第三，重视主流文化建设。通过建构网络化的党组织发展结构，为整合政治文化载体提供便利。乡村生态文化发展需要强有力的财政支持，加大乡村健康文化的资金投入，能有效增强党组织思想宣传的效力。主流文化建设也需要基层党组织介入乡村思想文化的塑造过程之中，彻底深入基层，扎根农村。

（五）全面依法治村，完善农村法制体系

全面依法治国为乡村政治生态重构指明了方向，古希腊伟大哲学家亚里士多德认为："法治是使已经成立的法律获得普遍的服从，而大家所服从的法律又应该是本身制定得良好的法律"。只有实施全面依法治村，才能建立公正、透明、正义和民主的乡村治理秩序。第一，正确处理好习惯法和制定法之间的关系。乡村特殊的政治场域决定了其自身的治理既要符合传统的内生的规则秩序，又要遵守现代法治，将尊重历史和现实有机地结合起来。村民自治要发挥政府治理和民俗治理的双重效应，破除习惯法和制定法之间的壁垒，建立良性的互动耦合机制。第二，加大普法宣传教育。乡村的普法宣传要做到内容和形式的统一，在丰富法治宣传内容的同时，创新宣传的形式，做到法治建设常态化。加强对村民特别是村干部的教育培训，借助现代媒体网络，提升受众群体的法治观念和法治能力。第三，整合法治服务的资源。单纯依靠政府部门力量进行法治教育和宣传远远不够，在乡村现代治理理念的指导下，应形成以政府为主导，高校、社会组织、新闻媒体和企业等众多主体广泛参与的法治服务模式。通过资源的整合为乡村提供多元化的法治服务，形成良好的乡村法治风尚。

参考文献

［1］赵大朋．城乡统筹背景下村级党组织的功能转型与定位——基于政治生态系统的分析［J］．天府新论，2011（05）：11-15.

［2］董江爱，梁俊山．习近平从严治党思想及其对农村政治生态的重塑［J］．中共福建省委党校学报，2018（02）：1-9.

［3］［美］戴维伊斯顿．政治生活的系统分析［M］．王浦劬译．北京：华

夏出版社，1999：22.

[4] 孟德斯鸠. 论法的精神 [M]. 北京：商务印书馆，2012.

[5] 冀鹏，马华. 基层政治生态优化与基层治理有效性的提升 [J]. 求实，2017 (12)：50 – 60.

[6] 陈建平，胡卫卫，郑逸芳. 农村基层小微权力腐败的发生机理及治理路径研究 [J]. 河南社会科学，2016，24 (05)：25 – 31.

[7] 阿克顿. 自由与权力 [M]. 北京：商务印书馆，2001：342.

[8] 陈晓莉，钟海. 在全面从严治党中优化农村基层政治生态 [J]. 理论探讨，2017 (05)：126 – 131.

[9] 段绪柱. 后农业税时代乡镇政府的政治生态与行为选择 [J]. 中国行政管理，2010 (08)：77 – 79.

[10] 谢方意. 大学生村官制与农村政治生态：影响、问题和愿景——基于政治视角的分析 [J]. 中共福建省委党校学报，2011 (09)：34 – 40.

[11] 李玉才，陈国申. 解构与重构：乡村政治生态视阈下村级民主监督的深化 [J]. 理论导刊，2015 (11)：64 – 67.

[12] 董江爱，张嘉凌. 基层党建视阈下的农村政治生态优化研究 [J]. 长白学刊，2016 (06)：20 – 27.

[13] 何金凤，王晓荣. 农村党组织治理能力提升与基层政治生态优化 [J]. 理论学刊，2016 (03)：42 – 47.

[14] 马华，王晋茹. 基层政治生态中的村霸问题及其治理 [J]. 广西大学学报（哲学社会科学版），2017，39 (06)：55 – 62.

城乡关系视阈下撤村并居社区的融合性治理

陈荣卓　李梦兰*

一、城乡关系：撤村并居社区的研究视域

历史不外是各个世代的依次交替，现状是与历史发展相联系的，是以往历史的发展造就了当下的状况。城乡关系在人类社会发展中具有根本性地位。因此，深入理解当代城乡关系问题必然要求对城乡关系的历史发展有一个宏大而合理的把握。中国自西周城乡分野以来，一直是一个城乡二元结构的社会，并由此形成了城乡发展的巨大差距。从生产力发展的角度而言，城乡之间的分离与对立昭示了历史的进步，它贯穿着文明的全部历史直到现在。马克思主义认为，每个时代的城乡关系都有其确定的变量，城乡关系是该时代的某种综合性特征，而"城乡关系一改变，整个社会也跟着改变"[1]。一般而言，城乡关系往往集中折射出一定社会历史条件下的政治、经济、社会等多种关系，并对人类社会发展发挥着重要影响。因城乡关系产生的天然复杂性，在城乡关系中往往既包含着基于分工的分离对立关系，同时又孕育着基于交换的自然互利关系。因此，城乡关系在人类历史发展中通常会表现为一个从一体到分离，再到联系、融合的否定之否定的辩证统一过程。

自 21 世纪以来，中国共产党提出了城乡发展一体化战略，在构建新型城乡关系、推进城乡统筹和城乡一体中实施了一系列创新性举措。特别是进入新时代，伴随国家新型城镇化、新农村建设、新型农村社区建设、统筹城乡社区治理等政策的出台，各地纷纷创新探路，推进撤村并居更是其中十分典

---

* 陈荣卓，华中师范大学全国民政政策理论研究基地主任、教授、博士生导师；李梦兰，华中师范大学全国民政政策理论研究基地研究人员。

型的一种实践。撤村并居社区，在空间区位上位居于城市与乡村之间的城郊区或城乡接合部，处于紧邻城市的边缘地带或从农村到城市的过渡地带，主要包括"城中村""城郊村""园中村"和棚户区等不同形式，它本质上是"村改居"社区的一种类型，政策实践中包括农民集中居住区、回迁社区、还建社区等不同称呼，在建设方式、房屋产权、农民户籍转变等具体属性方面也各有不同，但整体上都具有农村向城市的过渡性、乡村城市化的重塑性和发展归宿的城市性。

党的十九大明确指出，中国特色社会主义进入了新时代，我国社会主要矛盾已经转化为人民日益增长的美好生活需要和不平衡不充分的发展之间的矛盾，为此要建立健全城乡融合发展体制机制和政策体系，要更好发挥政府作用，推动新型工业化、信息化、城镇化、农业现代化同步发展。这一方面为撤村并居社区明确了重要意义，它表明：撤村并居社区作为城镇化的重要伴生体和不平衡不充分发展的表现，必须高度重视从城乡关系的视域研究指导其治理实践，这具有满足人民日益增长的美好生活需要的终极关切；另一方面，为撤村并居社区指明了方向，即撤村并居社区治理应是以更好满足人民在经济、政治、文化、社会、生态等方面日益增长的需要，更好推动人的全面发展、社会全面进步为目标的综合治理，是以更好发挥政府作用，推动新型工业化、信息化、城镇化、农业现代化同步发展为路径的协同治理，是以建立健全城乡融合发展体制机制和政策体系为方向和举措的规范融合治理。[2]

近年来，全国各地区认真贯彻中央决策部署，组织开展农村社区建设试点工作，取得了一定成效。其中，撤村并居社区作为一种尚在探索的社区形态，它自建立后一直致力于城乡基础设施的一体化和公共服务的均等化，尤其是社区办事服务大厅设置、各功能室规划和公共服务能力与水平大幅提升。社区道路交通、路灯绿化、水利电力、通信网络、文化广场等基础生活设施配备完善，各功能活动室一应俱全；社区便民服务集社区教育、医疗、养老、文娱活动于一体的"一站式"综合服务、社会服务、智慧服务等一包到底。值得肯定的是，这类社区的确能够创新城乡基层社会治理，促进城乡社区公共服务、公共管理、公共安全得到有效保障，以达到缩小城乡差距、实现城乡统筹发展的目的，也为解构城乡二元体制、建构新型城乡关系提供了丰富的实践经验。但与此同时，撤村并居社区建设作为一项涉及基层社区建设、集体资产处理、居民身份转换、公共服务延伸等问题的系统性工程，实践中也面临着诸多的治理困境和难题，突出表现为"亦城亦农""城乡之间"的不适应性，亟须理论上的深度梳理与指引。有鉴于此，本文以"城乡关系"

作为基本研究视域，对新时代以来我国撤村并居社区的治理行为进行探讨，力图全面描绘出新时代撤村并居社区"亦城亦乡""城乡之间"的现实特征，深入挖掘其"乡土本色""城乡互补"的内生优势，探寻"以城带乡""城乡交替"的治理瓶颈，进而为构建城乡融合一体的综合治理、协同治理和融合式发展路径提供建议。

二、城乡之间：撤村并居社区的基本特征

城市与乡村的关系型构着国家、形塑着社会。当下，中国正处于半城市、半农村的城乡之间。城乡一体化发展，不是让城市生活发展向乡村靠拢，也不是单纯让乡村生活城市化。撤村并居社区作为城乡发展的伴生体，并非简单地大拆大建移村变居，而应是基于传统村落发展机理的有效拆解重组，即通过拆解重组，剥离不适宜的空间关系、组织方式和治理结构，形成人与城、镇、生态协调发展且内部各功能有机关联、高效运转的现代社区治理单元。但在目前，一些地方在实践中政策制定和执行单纯在建构形式上片面模仿城市规划和建构的发展思路，忽视了撤村并居的复杂性和城乡融合发展的内在机理，从而导致在快速城市化过程中出现偏差并为之付出代价。其主要特征表现为：

（一）城市空间格局形成，居民市民化明显滞后

主体性的实现是主体内在本质对象化的过程，人在对象化的活动中确证并发展着自己的主体性。空间结构和布局会直接影响人的社会交往，在特定的空间内会产生特定类型和属性的社会关系，一旦空间结构发生变化，社会关系也将受到影响。[3]撤村并居后，大量农民从封闭散落的村庄搬进开放聚集的社区。相比传统村落，撤村并居社区的显著特点之一是空间的立体化和标准化，平面、分散、开放性较高的独立院落被整齐的区块和立体的高楼所取代，整幢楼不是一个内部开放的整体，而是多个相对封闭的小单元格的叠加。地理空间的区位优势使其成为城市的规划区域，空间的城市化促进了农民的生活条件改善、收入水平逐渐提高、物质生活质量不断趋近于市民。但与此同时，伴随城镇化迅速推进，农民的长久生活实践与个体村落社会化基础上形成的传统生活场域和强大惯习力量，仍在一定程度上阻挡着城市化浪潮对传统的侵袭。撤村并居后，这种城市化的居住空间、小区设施、生活环境和人际关系常常会使农民产生不适应感和失落感，村民一时缺乏"自认同"和"他认同"。特别是传统农村社会是建立在差序格局上的熟人社会，村民的自我认同很大程度上受他人看法和评价的影响，固有的价值观念、生存状态、

生产结构、生活方式和风俗习惯等短期内也不会改变，以至于经常出现的现象就是，撤村并居社区居民交往频次稀少、范围狭小，生活圈子依旧相对固定封闭，社区垃圾乱扔乱倒、杂物乱堆乱放、菜花乱栽乱种，社区环境脏、乱、差问题普遍。

（二）生产生活功能分离，社区共同体尚未成型

空间是人类生存和发展的前提。人既创造了自己的生活空间，同时创造了相应的生产空间，生产与生活具有历史时空的同一性。传统村庄既是村民文化生活共同体，也是生产劳动共同体，生产生活空间的同一性型构着生产生活方式的统一性。现代城市的发展使得生产要素的集中和优化在更大的地理空间内展开，乡村社会的发展不能再以生产要素在地理上的绝对集中为遵循。撤村并居带来的土地征用和开发，改变了村庄的生产结构和农民的生活就业，大量农民离开原分散居住地、移住集中安置区，他们的土地实行"一次性买断"，生活获得"一次性补偿"。撤村并居后，原有的生活空间与生产空间迅速分离，这种生活与生产在场域、方式、群体方面出现的分离，事实上已再难使生活与生产空间形成新的共同体。十分显著的特征，即各地撤村并居社区中大量具有城市精神和生态价值的绿地景观，这表明农民的土地已经从作为劳动对象的生产资料转为公共设施的绿地景观。他们居住在舒适化、便捷化的社区，生产劳动则在远离社区的城市工厂或乡间农场。与之同时，伴随着村庄生产经营职能的剥离，社区公共事务的管理开始成为居委会的核心事务，由此城市社区所具有的共有财产集体管理、多元化行动主体、管理的社会化和专业化倾向、协商合作的运作机制等诸多要求和特点，则使以村委会为主组织生产生活的传统模式面临挑战。[4]。

（三）物质技术建构完成，社区结构重组不到位

城乡一体化发展在注重物质技术建构的同时，应给空间变革中的社会关系建构更多的考量。撤村并居社区大都已建立完备的基础设施、相应的活动场所和有效的运行平台，但社区组织架构还未厘定、权责职位尚未厘清。面对撤村并居的社区空间，新的基层治理组织首先要解决的问题就是如何重建社会生活的秩序，以及实现居民对于自身治理权威的认同。无疑，这种秩序的重建是在应对空间变革中发展起来的，过程中也必然呈现不同程度的秩序困境。一方面，改制后，村委会转变为居委会，社区发展集体经济的职能剥离，这就要求其管理职能和工作目标都应进行相应的调整，将工作重心转移到全方位的社会事务管理上来。但在实践中，居委会更多的是沿用传统村落治理体制，居委会在开展社区工作时仍然存在一定的惯性，依靠权威和人情开展工作的传统治理方式

仍未改变，继续按照村庄户籍管理的原则主要为集体经济组织内的村民提供服务，社区全体居民难以平等地享有公共服务。另一方面，在组织结构上，居委会既负责社区公共事务的管理，又承担着社区公共服务的职能，不善于和物业管理公司、业主委员会以及其他社区社会组织合作，特别是居委会、业委会与物业公司之间缺乏信任，责任界定不明晰，社区难以形成有效的治理格局，导致居民对社区的公共事务漠不关心、不主动参与、不主动交费，社区矛盾纠纷频繁、社区不稳定因素急剧增加。

（四）利益整合推进迅速，文化融合认同缓慢

城乡一体化进程本质上是一种文化融合的进程。这一融合过程中，利益与文化往往相伴而生、互为影响，两者既具有统一性，也存在着差异性与滞后性。长期以来，原有的村落作为共同价值取向的社会生活共同体，村民们组成了关系亲密、出入相友、守望相助的社会群体，具有较大的同质性，社会生活的运行逻辑是长期共同生活而积淀下来的稳定性结构。正是由于文化变迁的滞后性，撤村并居社区因生活空间的合构迅速生成了一个新的共同体，虽然村民的物质空间已经转换为城市社区，但在文化空间上仍然滞留在农村社区，生活空间发生重大转换并没有迅速湮没和改变原村落的文化传统和原村民的乡愁记忆。村民由于长期过着农耕生活而养成惯性，许多人依然习惯于逝去的农业生活逻辑，遵守着过去的社会"惯习"，保留着过去的乡土"文化习性"，还不熟悉新的"社会生活共同体"的规范、原则和文化观念。但撤村并居所带来的城市工作状态、生活节奏、价值观念与文化体系却极大地撞击着乡村传统。在实践中，十分普遍现象是，绝大多数撤村并居社区都建立了标准化的一体式服务中心，并按照城市社区的标准配建了阅读室、健身场所等新型公共设施，但这些新设施并没能成为承载村民集体记忆和历史积淀的公共空间，居民除了下棋、打牌、跳广场舞等日常休闲活动外，其他类型的文化活动基本没有开展，社区没有营造出真正属于居民特需的公共文化氛围。

三、城乡互补：撤村并居社区的内生优势

"从基层上看，中国社会是乡土性的"[5]。乡土本色作为中国社会的内存基因，过去支撑了乡土中国的传承，现在支持着城乡中国的发展，未来将支撑起城市中国的成长。伴随现代社会流动性与开放性的加剧，撤村并居社区在实现传统乡村居住空间向现代化城市空间转变的同时，还依然不同程度地保存着乡村社会守望相助、礼治伦理、以和为贵等乡土本色。虽然社区居民大多来自原

来的不同村庄，但村民的大部分亲属、邻里关系网络仍然在新社区中得以保留，整体迁入社区的各村更是在一定程度上保留了原来村落内的治理体系和社会结构，继承和延续着原有农村社区共同体的治理规则和发展路径。应该看到，浸润于这种政策性建设与自主性生长互构的城乡交替，撤村并居社区自身所天然蕴含的城乡互补与互嵌的内生性力量，将为新的社区共同体建设提供关键性的巨大动力。

（一）村民自治本色奠定组织继替的根基

村民自治作为一种乡土本色，是乡村治理的基本内核。面对多村迁居合并而生的撤村并居社区，原村委会更为熟悉所在村庄情况，在村民中具有比较高的权威和认同，能更好地帮助村民更快地适应和融入社区新环境和新生活。因此在过渡期间，撤村并居社区延用原有村"两委"组织成员，作为组织角色承接和基层自治的继续服务者，能够满足居民利益需求和国家权力重构，从而实现村民自治的时代新生和与时俱进。在各地的实践中，随着撤村并居后村委会转变为社区居委会，农村发展集体经济的职能被剥离，这就要求其管理职能和工作目标都应进行相应的调整，将工作重心转移到社会事务管理和服务上来，为可能出现的一系列棘手烦琐事宜的解决奠定坚实的组织基础，同时在短期内有利于更好地保障和服务原村民、贯彻落实地方政策意图，比如推动农村集体经济非农化转型、农村劳动力转移安置、农村宅基地置换、农地流转与农民社会保障衔接、社区公共服务供给等。2008年至2010年，山东诸城完成了将1249个行政村并为208个社区的撤并工程，社区居委会成员大都是由依法选举的原村委会过渡而来，为集体资产经营管理、劳动力再就业、矛盾纠纷调解、社会保障衔接等体制机制的改革创造了有利条件，为协助居民重建生产生活秩序和维护社区和谐稳定夯实了牢固基础。

（二）地域资源禀赋集聚合作共治的优势

空间地域是治理的重要自然条件。特定的空间聚集、聚落区域形成特定的自然和人文边界。撤村并居社区作为地方政府统一规划建设的新型社区，它要实现对原不同村庄的整体性搬迁，则既要充分尊重广大村民的意愿和意见，同时在选址上还要具有得天独厚的地域资源，才能形成地理联系与社会联系互构的居住空间。撤村并居后，伴随人口结构、居住格局、社会环境等条件的变化，社区邻里关系迅速被重新塑造，新型居住空间也随之形成。原村庄治理中的资源要素成为建构新型邻里关系的基础，这为建设普遍信任、互惠合作的社区人际关系和社区支持网络，培育合作共治的社会资本创造了条件。特别是，若干地域相邻或相近的村庄统一搬迁安置到政府规划建设的新社区集中居住，它们集聚了组织继替性和地理临近性互融互嵌的天然优势，短期内能够为社区居民提供一个可及时搭建的个人网络和社会交往互动平台，成为社区能够构筑起多元交流、紧密互动关系的基础性要素。正是关注到这一点，目前各地大规模撤村并居工程才得以稳定推进。近年来，上海嘉定区撤村并居社区就是通过社区各方社会力量，积极发挥楼栋单元、院落等邻里网络的社会支持功能，促进居民群众主动参与和理性管理社区公共事务，有效解决了原村民搬进新区后乱种植、乱停车、楼道堆物、垃圾难处理等社区治理的"老大难"问题，形成了良性社区自治循环体系与政社合作的多元格局。

（三）底色文化积淀孕育社区生活的重构

在现代社会中，新的文化形态的形成需要不同文化元素之间的接触或连接，从某种意义上讲文化是"合成的"。在中国农村，文化既是连接农民的重要机制，也是整合农民的重要内容。因此在撤村并居社区建设过程中，传统乡村社会文化并不完全是现代社会的对立面，它也可以融入并可被用来构建现代文化。目前各地实践中，撤村并居社区打破原始村庄边界，扩大原村庄熟人社会的地域范围，融汇不同原生乡土的文化积淀和可资利用的文化资源，为化解社区居民的价值观念冲突、自治基础削弱、社会关系脆弱等治理难题提供了柔性利剑。一方面，原撤村庄在很大程度上都具有相当的地理临近性，因而也具有较为紧密的文化相连性，这种文化相同、相似、相关有利于在短期内凝聚基本共识，促进撤村并居社区的内聚与重构，给社区自组织力量以相对独立的发展空间，实现将原子化的原村民调动起来参与新社区自治。另一方面，原村庄熟人社会中所形成的自我认同与相互交往的价值观念并没有断裂，相反，村民更多的还是立足于既有的价值观念和原有的文化图示来理解新社区时空、重构新生活理念、主动积极融合新的文化元素，从而形成新的文化特质和精神。在这方面，山东德州市的京津冀协同发展产业合作区建设，通过规划建设民俗博物馆的方式为居民留住浓浓乡愁，同时将百年的文化产业在保留原有技术和一家一户经营方式的基础上，采取提升知名度和附加值的经营模式，促进居民的文化生活与社区共同体的建设互融共生。

（四）服务资源整合营造共同利益的家园

社会认同的构建离不开其现实的利益基础，利益是形成社会认同的根源所在。相关利益和利益相关性是有效实现社区公共性最根本的条件和最深厚的基础。长期以来，我国社区建设是自上而下由政府发动的，社区治理行政化取向明显。但随着经济社会结构的不断变迁，传统行政化的治理方式开始了向现代化的转向。撤村并居社区作为国家力量从外部"他塑"和乡村社会从内部"自塑"的结晶体，从本质上说，是国家现代化和农民市民化进程中利益相关与需求衔接的共同行动。一方面，撤村并居作为一项由政府主导的政策性项目，实践中更多的也是按照政府的部署和安排开展工作。相应地，各地方政府积极推动服务民需平台下移，大力推进各种民生保障性公共服务包括医疗卫生、就业培训、文化教育、扶贫养老、物业治安等逐渐下沉到社区，切实保障和改善民生，从而在根本上打破和改造传统乡土意义的空间和利益区隔，进而营造和形成一个充满活力、开放包容的共同家园。另一方面，相对于传统封闭式的社会结构，撤村并居社区居民的生产生活空间由乡土化转向城市化，居民利益共同点增加、利益关联度提高。伴随利益关联度的逐渐增加，居民共同的利益诉求表达往往会更积极主动、追求利益实现更开放包容，最终在维护利益的行动中开始重新选择有情感基础和共同支持的成员或组织，从而结成新的生活利益共同体，推动社区共同利益和社区公共性的成长和发展。近年来，江苏苏州工业园区基于利益共同性与差异性的特质，在撤村并居时充分尊重合作与冲突同时存在的现实，通过对话与合作，改变对利益冲突问题治理的方法，努力寻求共同的价值和协商协作方式，推进了多方利益最大化的实现。

四、城乡交替：撤村并居社区的治理瓶颈

从城乡二元治理向城乡一体治理转变是农村基层治理体制改革的总趋向。作为城乡融合发展的一项基础性工程，撤村并居的重要任务之一，就是要将原有的基于地域空间和血缘伦理的乡土文化，改造成为具有现代城市文明内涵的社区文明。但在拆解与重组的过程中，撤村并居既要对传统的乡村本土治理资源有所保留，又需考虑政策制度中城市化发展标准的各项要求。这一过程，常常是一个由拥有长期发展轨迹的封闭式管理机制向城市化的开放参与治理格局转变的过程，而这个过程也往往是多元互动与博弈的过程。值得注意的是，处于乡村与城市过渡地带的撤村并居社区，虽然已经具备城市社区的居住空间，但在公共服务、组织机构、内外资源、福利保障、社会资本等治理内核层面，却与城市化发展的要求还有较大差距，与此同时，村民虽然从形式上变成了居民，社区空间的生产开始规训和引导着村民生活方式的改变，但对社区适应也不是一蹴而就，而是需要一个较长的过程，这都带来了新的治理挑战。

（一）空间格局的封闭性与社区管理的网格化

撒村并居社区以现代城市社区建设为蓝本，以集中居住和联排公寓为模式，给传统农村居住空间格局带来了明显的变化。农村原来开放式的居住空间格局消失，变得完全私人化、闭合化。公共空间与私人空间失去了联结，相互之间的开放性大大降低，尤其是居住空间单元房内部的封闭性前所未有。[6]封闭的空间结构和闭合的单元门一方面增加了人们的隐私感，同时也给社区的政策执行、矛盾调解、人口流动、治安管控等带来了新的障碍和问题。对此，近年来网格化管理成为诸多撒村并居社区的共同选择。这种模式结合属地管理、地理布局、无缝对接、地域相邻、邻里相熟等实际情况，按照一定规模的户数标准划分设置网格，将撒村并居社区的主次干道、背街小巷、公共场所、居民小区、驻地单位全部纳入网格，使各网格间有机衔接、不留空白，并按照"专干不单干、分工不分家、一员负全责"的原则，每个网格配备一名网格管理员和多名协管员，负责统计辖区的人房变动、矛盾纠纷、安全隐患、重点人群、流动人口和驻地单位、重要部位变化等基础信息，及时发现、报告并协助解决困难问题。无疑，网格化管理通过空间分割、单元管理的办法很好地适应了撒村并居社区的空间布局和单元格叠加的特点，重新确定了新的空间秩序，并有助于建立新的社区秩序。但也要注意到，这种模式忽视了社会系统的整体性和协调性特征，人为地割裂了社会系统内部的各种联系。特别是，伴随撒村并居社区居住空间格局的骤然改变，农民社会生活与社会交往受到前所未有的冲击，此时大力引入和推广网格化管理模式则更进一步切割了农村社会传统形成的社会联结，在一定程度上损害了村民自治的内生社会基础和制度资源，造成居委会在角色、职能、能力、行为等方面的调整不力，致使社区协同力量难以迅速发展壮大。

（二）组织权力的交替性与社区资源的两极化

撒村并居社区厘清组织权力边界，将农村自治组织从集体经济组织中分离出来，从而提高组织的运作效率，带来农村政经分离、政社分离的管理体制变革。这一深刻变化的本意和取向在于破除城乡二元分割的传统模式，在公共产品与社会服务资源配置上实现与城市社区均等化。但在政策实践中，撒村并居社区在社会服务、福利供给等核心资源的配置上，依然延续城乡二元分割的社会分配方式。这主要是因为，社区管理体制及其运作方式有着自身的特殊性，特别是在组织体系方面，社区党组织、居委会等与村集体经济管理组织之间存在权、责、利的掣肘与冲突，从而影响社区资源的有效整合与社区服务的有效运转。撒村并居前，原各村级管理基本是由村党组织、村委会和村集体经济管理组织三个机构负责，且大多数都是遵循"一套人马"和"三位一体"的管理运行形式。但随着撤村并居的进行，原村级权力被重新分配。各地以街道为条、院落为块，按照"全面覆盖、区域整合、双重管理"的思路，将社区驻地单位、居民小区党组织纳入进来，运用网格党组织重新组建联合大党委，同时撤销原村级党组织，依托社区网格党支部或党小组设立网格党组织，这直接造成了传统的原村级组织整合能力和动员能力被逐渐解构直至瓦解。与此同时，社区居委会和原村级经济管理组织之间的职能被分开，又继而造成了基层组织"财权"和"事权"的分离，社区居委会管理社区事务，村级集体经济组织承担社区管理的绝大部分费用，这直接导致撤村并居社区在公共事务管理上的两极分化。集体经济实力强的社区，经费充足，能为居民提供比较完善的社区公共服务，相反，社区公共事务则陷于管理的真空。正是这种差异化，导致了相当多的撤村并居社区干部和居民对此十分抱怨和质疑。

（三）公共事务的过渡性与社区服务的行政化

撤村并居社区推动的是"公"与"私"的意识变革与制度调适，它打破原有固化的乡村公共性体系，并在其间发生快速的"公"与"私"之间的动荡、较量、平衡，充分地表现为公共性的消解与重构。在这一变迁环境下，原有的"私"融于"公"，原来的"公"分离为"私"。一方面，以前村委会组织村民自治和协助基层政府开展工作的主次发生位移甚至倒置，"协管工作"甚至成为其"第一要务"。原来的村委会，尽管也要协助乡镇政府开展工作，但以自主处理村内经济、社会事务为主。撤村并居后，居委会工作重心转向社区管理和公共服务，协助政府及其街道办事处的工作徒然增加，包括计划生育、综合治理、环境卫生工作、社区教育、精神文明创建、失地农民的社会保障和再就业服务、"双拥"工作、困难居民的低保与救助、外来人口服务和管理等，特别是协助政府征地、拆迁以及居民安置等任务成为特定时期社区工作的重中之重。居委会或者无条件接受下派的工作，或者以"费随事转"的方式接受政府部门及其派出机构的服务项目，形成事实上的委托——代理关系，致使社区陷入了"附属行政化"困境。另一方面，以前农民普遍认为归"公家"管的事成了"人人有责"的"私事"。原来的传统村落中，村委会代表全体村民组织并负责对乡村道路、农田灌溉等公共空间和设施进行管理和维护。撤村并居后，社区绿地、健身场所、电梯等大量公共空间和设施出现，社区环境整治、治安管理、保洁绿化、设备维护等公共事务和需求逐步显现，大大超出了原村委会的管辖和供给范围，需要全体居民共同参与和分担。但长期以来，习惯于"集体包办"管理模式的农民由于传统观念使然，并不愿"花钱买服务"，并由此形成了十分尖锐的物业管理问题。实践中，各地往往普遍推行地方政府的深度参与和社区基层自治组织的经济支持，即使引入了物业管理公司，在运作方式上也大多延续着村庄传统的行政化和家长负责式的办法，而这在相当程度上又阻碍了社区物业管理的专业化发展以及居民参与社区公共事务意识的培养。[7]

（四）人口结构的异质性与社区交往的低频化

撤村并居社区居委会的管理服务对象不限于原村籍居民，还包括入住新建商品房、经济适用房、解困房的居民，以及人数众多的外来人口及其家属。这种居住人口结构较复杂、流动性强的格局，加之在社区层面缺乏沟通交流的正式机制和平台，造成了社区公共空间的紧张和生活共同体意义的缺失。具体而言：一是，撤村并居社区的人口往往由原村民转型而来，村民虽然在户籍身份上变为城市居民，但思想观念、生产方式、生活习惯、文化底蕴以及能力等方面的适应性不强，自组织能力和水平较低，并因社区缺少新的联系纽带而出现疏离化的倾向。二是，撤村并居社区由于较低的房租和生活成本，吸引了大量的外来人员居住。社区内部不同群体之间界限分明，本地人与外地人，不同地域的外地人之间，无论交往频度还是交往深度都比较低。三是撤村并居是对村民集体利益的一次重要重新分配，触及村民的核心经济利益。撤村并居后，农村集体资产的消失与城市就业形式的多元化，不仅降低了原村民之间的利益关联度，更是削弱了社区认同的根基。相应地，村民逐渐被高度卷入到市场中来，利益观念不仅影响他们的市场交易，更渗透到他们的相互交往之中，传统乡村以亲情和道德为基础的约束力逐渐减弱，社区中邻里互动呈现出功利化、形式化的色彩，人际关系的"货币化"倾向明显，社区居民的特殊社会信任半径逐渐向家庭内部收缩，这种变革也促使了社区人际关系由密切转向疏远。四是撤村并居后，原来的乡村庙会、祠堂、戏台等物质文化资源逐渐消失，历史传说、节日习俗、祭祀仪式等非物质文化资源趋向瓦解。各地实践中在推进撤村并居社区建设时，普遍没有给村委会留出办公用地，拆迁村的村委会要么在社区外租房办公，要么在社区的其他公共房屋中暂时办公，完全失去了空间的中心地位。因为上门不便，村民上村委会办事的频率大幅下降，参与公共事务的热情也有所降低。[8]这些问题都在一定程度上降低了社区居民的社区依恋度，导致了社区居民交往的低频性，甚至隐藏着巨大的社会治理风险和破坏性的力量。

五、城乡融合：撤村并居社区的发展路径

城乡融合是马克思主义城乡关系理论在新时代伟大实践中的创造性发展。

党的十九大提出要"建立健全城乡融合发展体制机制和政策体系",这是着眼于当前城乡关系发展实际和未来新型城乡关系发展趋势做出的重大战略部署。"乡村社会与城市社会很大程度上是亦此亦彼的,并不存在非此即彼的隔离。可以说,乡村与城市始终是中国社会彼此交融的两个侧面",二者是"社会一体性关系"[9]。撤村并居作为城乡一体的规划性建构,本质上是城乡融合的结晶体。原有村落共同体磁铁般的组织、空间、文化、利益等本色资源促进了社区的公共性、认同感、归属感的增强,成为建构与治理新型社区的重要素材;城市化的公共性、开放性与流动性等特质促进了原有的居住空间、生产生活方式、治理体系水平的提高,成为推动和引领乡村城市化的重要引擎。因此,撤村并居社区建设实质上就是城市和乡村两块磁铁互嵌融合的一体化过程。在新时代,应秉承融合性治理理念,推动撤村并居社区实现城乡融合的过程,必须以乡土本色为基础、以城市智慧为导向,充分考虑农村磁铁特质与城市磁铁智慧,主要从功能融合、组织融合、资源融合以及文化融合这四个方面来建立健全社区融合发展的体制机制,从而实现公共服务均等化、社会参与平等化、资源配置合理化、文化发展融合化。

（一）功能融合：推进服务均等供给，健全社区公共服务体系

城乡融合发展就要更好发挥政府推进城乡基本公共服务均等化的作用。撤村并居社区要逐步成为城市人口的地域性社会生活单元和活动区域,既要在传统村落社区结构解组的基础上重新构建一个符合城乡一体化形态的基层社会单元,又要在城乡多要素互渗、博弈、交织的状态下组建一个与之相适应的价值体系和规范系统。首先,打破城乡二元结构的体制障碍,合理配置城乡资源,逐步实现公共服务供给的规范化与系统化,建立健全长效运行机制,为居民提供与城市社区等值的公共服务。撤村并居后,生活在城市和乡村两个场域中的居民有权利共享改革发展成果,政府应按实际需求分配公共服务资源,扩大公共财政覆盖面,实现城乡公共服务的统筹安排和最优化供给。其次,着力推动城乡社保制度的有效衔接和转换。撤村并居后,居民身份发生变化,原有的"土地红利"消失,相对于城市社区治理的"改善性"需求,这类社区治理的"保底性"需求更大,要积极实现基础教育、医疗卫生、就业管理以及扶贫助弱等方面的基本统筹,破解撤村并居社区发展的后顾之忧。再次,要将全体社区居民纳入撤村并居社区公共服务供给体系内,提升公共服务供给能力,建构政府引导下的多元化社区公共服务供给体系,联合市场、社区、社会组织和居民等多个中心共同参与撤村并居型社区的公共服务生产供给,促使公共服务社会效益最大化。

（二）组织融合：激发社会组织活力，完善多元协同参与机制

建立健全城乡融合发展体制机制，就要靠改革破解制约城乡发展的制度障碍。撤村并居社区是各种社会关系、制度规则、文化价值、交往、习俗和情感的相互交织的作用场。它作为一个多种关系、价值互动作用场，需要重构政府、社会组织、居民等多元主体协同参与的社区公共治理秩序和制度规则。第一，推动政府发挥方向性引导作用。政府通过改革"双重管理"体制、转变自身职能、出台扶持政策、建立孵化机制、推动公益创投等措施，引导街道、社区让渡场所空间资源，以奖励性、委托性、创投性和购买性方式，把社区公共事务委托给社区社会组织承担，构建政府主导、社会参与、居民受益的社区治理新格局。第二，社区社会组织积极吸纳贤人能人。要从社区中挖掘有能力和有影响力的乡贤、能人、精英，来领导、孵化社区社会组织，将热心公益和志愿服务的居民代表、退休党员、驻区单位代表和党政负责人等吸纳为组织成员，参与社区协商、解决社区难题。第三，强化社区自治功能，引导居民参与公共事务讨论。明确社区居委会的职责权能，切实变政府的"腿"为居民的"头"，真正做到为居民服务；健全居民利益表达和公共参与机制，培养居民参与意识和参与能力；吸纳本土文化资源，开展丰富多样的特色活动，增进居民团结，重建熟人社区。

（三）资源融合：健全内引外联机制，提升资源开发整合能力

城乡融合发展是对城乡优势资源的统筹利用，这一发展过程是要素资源在城乡之间的大发展、大流动。撤村并居社区是一项涉及经济发展、社会建设、文化建设以及人居环境建设等的资源整合与优化开发的综合性工程。它作为相对独立的社会生活共同体，其不断发展需要大力优化整合与开发链接各种政策资源、人力资源、社会资源，不断提升社区资源整合度和资源利用率。第一，充分利用政策鼓励优势，发挥政府作为社区建设"掌舵者"的作用。政府可以出台相应的政策法规，招商引资，吸引企业到社区周边投资建厂，修建菜市场、超市、购物网点、学校、医院、残障康复机构、公园、广场、体育馆等配套基础设施，既可最大化利用社区资源，又可就近解决居民就业。第二，社区自身可充分挖掘区域内的各种非正式资源，尤其是人力资源。以问题为导向，通过召开联席会议、共建联建等形式，在社区居民间建立起互帮互助的支持网络，将社区居民的关注点与话题聚焦到社区公共事务上来，以成立居民自助社区自组织、协会、社区社会组织方式，自主解决社区治理发展难题，例如建立社区居民物业自管协会、菜市场自管协会、社区"帮帮团"等，实现社区居民自我管理、自我服务、自我发展。第三，建立社区资源共享共驻共建机制。辖区单

位和驻区单位既是社区建设的中坚力量，也是社区建设的受益者，动员他们最优化地发挥自身资源优势，与社区其他各类组织一起参与社区共建，形成同心共治合力，提高社区治理和服务能力水平。

（四）文化融合：加强社区文化建设，构建核心价值文化认同

城乡融合发展的核心是城市和乡村文化共存共荣，相互依赖需求。撤村并居社区秩序的重构，首先是社区成员的生活重构，生活重构必定蕴含着文化的重塑，旧的生活记忆逐渐被新的文化形式所替代，社区成员也经历着继续社会化。目前各地撤村并居社区文化认同还没有形成，亟须建构核心价值文化体系来加以引领。第一，立足于本土文化特色，重构乡土文化空间和文化意象。在尊重传统文化基础上，将多个村庄的文化传统化作文化符号和生活向往融入新的社区空间，同时兼顾居民传统的或现代的生活习惯，重塑居民的归属感和认同感。第二，营造包容的文化氛围，推进社区文化环境建设。乡村原生稳态的环境被摧毁后，乡村文化的传承就变成了一个动态的过程，它很难以"复制"的方式来发展，只能以"再生产"的模式来重建和更新。[10]因此，撤村并居社区文化建设，就要从居民日常生活的"处境化经验"出发，通过举办经常性的形式多样、内容丰富的社区文化节和娱乐活动，加强社区内居民的交流与互动、互助与合作，促进居民间的文化理解和文化融合，强化居民间的情感共鸣和凝聚力。第三，建立村规民约，重塑社区文化规制。制度是行为的先导，通过制定道德规范和行为守则，培育居民行为共识，以村规民约的制度形式明确居民在社区文化建设中的主体地位，增强居民的责任感，强化居民以主人翁的姿态对待社区事务和参与公共行动，培育和塑造社区公共文化价值认同。

参考文献

[1] 马克思恩格斯选集．第 1 卷 [M]．北京：人民出版社，1995：157.

[2] 党的十九大报告学习辅导百问 [M]．北京：党建读物出版社、学习出版社，2017：8、9、22、25.

[3] 扬·盖尔．交往与空间 [M]．北京：中国建筑工业出版社，2002：57–66.

[4] [8] 吴莹．空间变革下的治理策略——"村改居"社区基层治理转型研究 [J]．社会学研究，2017（06）.

[5] 费孝通．乡土中国生育制度 [M]．北京：北京大学出版社，1998：6.

[6] 谷玉良，江立华．空间视角下农村社会关系变迁研究 [J]，人文地理，2015（04）.

[7] 吴莹．"村改居"社区物业管理的主要类型与存在问题 [J]．城市观

察, 2016 (01).

[9] 郑杭生. 城乡一体化与同城化齐举并进 [J]. 红旗文稿, 2013 (20).

[10] 赵旭东, 孙笑非. 中国乡村文化的再生产——基于一种文化转型观念的再思考 [J]. 南京农业大学学报 (社会科学版), 2017 (01).

城乡融合发展的生态治理体系建设研究*

王　婷**

党的十八大以来，我国的生态环境治理工作取得了巨大进步。但不可否认的是，这些显著成就主要集中在城市生态环境治理上，城市生态环境质量趋于改善，而与此同时，农村生态环境治理长期滞后，农村生态环境质量时有恶化，这与建设全面小康社会、城乡共享发展成果的要求极不相称。这种现象可以归纳为城乡生态治理体系的失衡。我国城乡生态治理差异的出现及存在有着历史必然性，但随着经济社会的发展、生态治理理念的转变，以及这种差异达到一定程度后，原有的存在基础及理由便不复存在，并会带来严重的城乡环境正义问题，势必要对这种城乡失衡的生态治理体系纠偏，必然要向努力实现城乡环境正义的生态治理体系转变，即构建城乡融合发展的生态治理体系，破解二元化困境，实现城乡生态环境质量的同步整体提升。

一、问题的提出：城乡生态治理体系失衡

新中国成立以来，由于各种资源及水平能力的限制，在当时的社会条件下，为了快速发展经济和提高治理效益，我国长期实行二元化的城乡格局及管理方式，在环保领域也不例外。长此以往，我国城乡生态治理差异不断扩大，处于失衡状态，"城市偏态发展""城市中心主义"较为突出。

生态治理内容繁杂，涉及诸多环节，所以由城乡差异发展带来的治理失衡也表现在方方面面。一是环境法制资源供给方面。我国环境问题最早表现为工

---

　*　本文系国家社科基金项目"城乡生态连体结构建设的法律制度研究"（项目编号：15BFX150）、湖北经济与社会发展研究院项目"城乡融合发展的生态治理体系建设研究"（项目编号：2018HBJSY013）、湖北省教育厅重大项目"建立和优化城乡生态连体结构的法律制度研究"（项目编号：15ZD021）阶段性成果。

**　王婷：湖北大学政法与公共管理学院教授，法学博士。

业污染，城市环境问题的爆发也早于农村，加之当时国家环境立法资源紧张，所以大量的环境立法是面向城市的，是以解决城市环境问题和工业污染为着眼点的，没有注意考察农村环境问题的特殊性，如工业污染多是点源污染，而农业污染多是面源污染，导致农村环境立法供给严重不足，且存在农村环境法律的不适应性。[1]二是环保体制建立方面。按照法律规定，我国城市环保体制设立基本健全，而直接面对环境污染破坏的众多乡村却没有专门的环保机构，这种农村环保体制设立的缺失一度直接带来了农村环保工作无人抓无人管的严重局面，治理链条在农村断裂。三是环保投入方面。由于国家经济条件的制约、各地发展水平不一和对城市环境问题的高度重视，我国在城乡环保投入上差距显著，有限的环保资金大量投向城市，明显向城市倾斜，而对广大农村地区的环保投入严重短缺，这也加剧了城乡生态治理的差距。四是环保设施建设方面。我国环保投入一直处于紧缺状态，再加上明显向城市倾斜，农村环保设施建设严重不足，有些农村甚至没有环保设施，环境治理根本无从做起，任由环境污染和生态破坏蔓延。五是环境治理能力方面。上述方面的失衡，必然导致城乡环境治理能力的巨大差别，广大农村地区缺少必要的环境执法人员，缺乏合格的环境执法、监测能力，缺失突发环境事件处置能力，这使农村环境治理能力严重匮乏，城乡生态建设差距不断拉大。六是环境污染向农村转移。由于城市居民环境意识加强和城市环境准入门槛逐步提高，加之部分基层政府单纯追求经济效益、农民环境意识淡薄和维权能力缺乏，多种因素作用之下，大量工业污染和城市污染向农村转移，环境责任向农民转嫁。部分农村地区存在生态被破坏、环境被污染的严峻局面，由此也引发了诸多的社会问题，在城市环境有所改善的情形下，农村环境污染问题却趋于严重。"从一定意义上说，近年来我国城市环境的改善建立在农村环境恶化的基础上"[2]，城乡环境不正义现象突出。

上述种种表现可概括为城乡生态治理体系失衡，即注重对城市污染的防治和对城市居民环境权益的保障，缺失对农业农村污染的防治，农民环境权益被忽视被遮蔽。这种城乡面貌的巨大反差和城乡环境权益的严重不平等，与建设全面小康社会的要求很不相称，已有生态治理体系的不合理暴露无遗，累积的关于城乡环境不正义的负面影响也日趋显现。破解这一难题的有效路径就是对这种失衡体系进行纠偏，面对新的形势和任务，考察城乡生态治理的整体状况和未来发展，努力向实现城乡生态环境质量同步整体提升的新体系转变，建设城乡融合发展的生态治理体系，弥补生态建设缺口，特别是补上农村生态环境治理的短板，破解城乡生态治理二元化困境，进行城乡一体建设，避免碎片化割裂式的城乡生态治理。

二、路径的寻找：城乡生态治理体系融合发展

随着我国经济社会的快速发展和立法理念的逐步先进，特别是随着生态环境问题越来越复杂多样，处于应对和解决环境问题核心地位的生态治理体系也必须实现从简陋到完善、从单一到丰富。在新的发展阶段，我国城乡发展一体化进程不断加快，治理环境污染、推进生态文明建设也需要城乡统筹。原有的城乡发展结构、发展方式亟须变革，从城乡二元发展的思维转变为树立城乡生态系统互补共生理念，从偏重城市到城乡融合，从城乡并立到合作发展，从一粗一细到城乡统筹，实现城乡环境、空间、资源等多方面的共通兼容互补。在2015年出台《生态文明体制改革总体方案》中，中共中央、国务院首次提出"坚持城乡环境治理体系统一"的改革目标，要求加大生态环境保护工作对农村地区的覆盖。2016年中央一号文件强调要"坚持城乡环境治理并重"。党的十九大报告进一步明确要"建立健全城乡融合发展体制机制和政策体系"。2018年的中央一号文件——《中共中央国务院关于实施乡村振兴战略的意见》更是强调要"坚持城乡融合发展"。所以，考察城乡生态治理的整体状况和未来发展，要从根本上消除这种城乡失衡现象，这就要建设全新的城乡融合发展的生态治理体系，这样才有助于构建城乡环境共生关系和多元多维生态链，推进城乡生态治理体系与治理能力的现代化，从根本上解决城乡生态治理中的失衡现象，合理分配城乡生态利益，提升治理效率，构建和谐的城乡生态新秩序，实现城乡环境正义。

（一）城乡融合发展的生态治理体系的含义

城乡融合发展的生态治理体系是改变以城市为中心的固有模式，城乡一体考量，在城乡之间科学、高效、充分配置环境、资源、产品、服务等要素，形成相互融合、相互依托、相互促进的城乡生态治理新体系。城乡融合发展的生态治理体系致力于调整公共政策着力点，促使公共服务向农村延伸，提升农村基础设施水平，开展农村人居环境整治，推动基本生态服务在城乡之间的均衡化配置、合理化分布，缩小城乡环境建设差距。通过建设城乡融合发展的生态治理体系，可以更加优化地配置服务资源，更加公平便利地获得公共产品，城乡居民都能享有良好的生态环境，推进城乡环境治理生态化互补共生，逐步在环境保护和生态建设上达致全面协调发展。

（二）城乡融合发展的生态治理体系的本质属性

建设城乡融合发展的生态治理体系，意在纠偏调整，关键在于以城乡"利

益共生"为核心，坚持城乡共治，构建城乡生态共建共享格局，最终实现城乡环境正义。因此，城乡融合发展的生态治理体系有两大本质属性：一是共建，一是共享，共建是共享的前提，共享是共建的目的。

我国城乡生态治理失衡的根本原因是没有实现城乡共建。因而，建设城乡融合发展的生态治理体系必然意味着共建，具体表现为城乡环境法制资源按需供给、环保机构下沉农村、城乡环保投入均衡、城乡环保设施同步发展、城乡生态治理能力协同促进等，其中特别要强调的是对农村生态治理的倾斜和下沉，以期实现城乡生态环境质量同步稳定提升。还需指出的是，由于农村自然空间更为广阔，人口分布相对分散，环境容量相对充裕，农村的纳污消解能力比城市相对要强，"故很多的工业企业向城市周边的农村地区或城乡接合部转移，这种转移具有一定的合理性，有利于充分利用环境容量资源，提高环境效率。关键是这种转移要在法律的允许范围内，并依法做好污染防控，禁止非法的以逃避治污责任的污染转移"。[3]这意味着，在城乡生态治理中，要防止的是城市向农村不合理地转移污染，强调城乡共担污染治理责任，并进行合理的生态补偿。

与共建相对应的，另一本质属性同时也是城乡生态治理目的的是共享。共建是为了共享，即通过合理配置城乡生态资源，加强城乡生态市场有机联系，缩小城乡环境建设差距，推进城乡环境治理生态化互补共生，实现城乡要素的转化、融合、提升，使得城乡居民获得公共生态产品及服务更加公平、均衡、便利，共享良好的生态环境，消除城乡环境权益的差别化对待，促进城乡经济、社会和生态的全面协调发展。

（三）城乡融合发展的生态治理体系的功能价值

霍华德说："城乡各有其优缺点，只有城市——乡村才能避免两者的缺陷。"刘易斯·芒福德也指出："城与乡，不能截然分开；城与乡，同等重要；城与乡，应当有机结合在一起。"建设城乡融合发展的生态治理体系既是历史形成的机遇，又是现实必然的选择。

首先，建设城乡融合发展的生态治理体系将有效破解城乡二元结构。党的十九大报告指出，"我国社会主要矛盾已经转化为人民日益增长的美好生活需要和不平衡不充分的发展之间的矛盾"。当前，破解城乡发展不平衡、不协调问题，依然是我国发展进程中的重大现实性命题。如前所述，我国城乡生态环境建设存在明显的不均衡、不协调、不充分现象，究其本质是城乡二元化发展。在新的发展阶段，这一发展结构及方式亟须改革，要在国家统筹发展的大背景下，加强城乡间的相互促进，实现要素转化、融合提升，不断趋向城乡发展一体化目标。城市与农村生态环境是相互补充、互为依存的唇齿关系，弥补生态建设缺口，特别是补上农村生态治理的短板，改变原有以城市为中心的条块分割式治理旧模式，实现城乡生态环境良性互动，对城乡生态治理的整体状况和未来发展具有重要意义。城乡融合发展的生态治理体系正好可以弥补这一欠缺，破解城乡生态建设中存在的二元化困境。

其次，建设城乡融合发展的生态治理体系将使城乡生态服务逐步均等化。通过建设这一新的生态治理体系，将人口、资源、资本、商品、服务等要素在城乡之间进行有机搭配和安排，逐步达到城乡协调发展的过程，也是城乡间生态建设差距不断缩小、生态服务逐步均等化的过程。城乡生态建设融合发展是城乡居民分享改革与发展成果的一种制度安排，志在纠正"城市偏向"发展观，调整公共政策着力点，促使公共服务向农村延伸，提升农村环境设施水平，开展农村人居环境整治，促使城乡居民基本生存权、基本发展权与基本健康保障权的公共服务均等化，获得公共生态产品更加便利，全民共享生态文明成果。

最后，建设城乡融合发展的生态治理体系将大力推进城乡环境共治。这一治理体系建设强调城乡之间分工协作，优化资源配置，规范开发秩序，控制开发强度，发挥城市对农村的辐射带动作用，形成城乡之间高效、合理、可持续的空间格局，提高整个生态体系的运行效益。从生态系统的整体性和提高整个生态体系的运行效益出发，都决定了不能城乡割裂治理，要坚持城乡联防联控联治，坚持城乡环境一体规划，山水林田湖路草综合治理，充分发挥城乡综合治理的协同共治效应，达到改善城乡环境质量的整体效果。由此可见，建设城乡融合发展的生态治理体系关键在于以城乡利益共生为核心，构建城乡环境共建共享格局，这一过程将大力推进城乡环境共治，实现城乡环境质量同步稳定提升。

三、建设的思路：内在要求与外在实现

城乡生态治理是一个慢变量，完善城乡生态治理体系也不是一蹴而就的，而是一个循序渐进、相互耦合的过程。建设城乡融合发展的生态治理体系不仅有着内在合理性，还有外在可行性。这一新体系有着凸显的建设意义：合理分配城乡环境利益、重塑失衡的城乡环境正义、提升城乡生态治理效率、构建和谐的城乡生态秩序，正是这些建设意义决定了其存在和发展的理论与实践空间。而要实现这些意义，解决现有城乡生态治理中的失衡现象，建设具有内在自洽性的城乡生态治理新体系，就必须遵循建设的内在要求，打破旧有的城乡利益格局，形成新的反哺机制；打破陈旧的二元割裂格局，城乡生态统一规划；打破僵硬孤立的分治格局，城乡联动，在多元共治中实现城乡生态环境质量同步

提升。

（一）建设的内在要求

城乡融合发展的生态治理体系并不意味着城乡同一治理，并不是实行机械的平均主义，而是有着特殊的内在要求。

其一要求整体治理。生态问题具有整体性、关联性和跨界性，不能受困于行政区划的刚性分割，城乡之间以及山水林田湖路草诸要素必须整体治理。城乡融合发展的生态治理体系是基于生态整体主义理论、以城乡为整体治理对象的生态治理模式，相关主体都必须依从和服务于城乡整体生态环境利益，城乡之间必须整体推进。同时，在把握城乡生态整体状况的基础上进行治理，从功能性治理向结构性治理转变，从单一性治理向综合性治理转变，能实现城乡生态环境资源合理配置，提高治理效率，节约治理成本。

其二要求系统治理。生态系统是有机的自然整体，不能割裂其自然属性，生态治理要按照生态系统的规律进行，满足生态系统的自然发展需求，维持整个生态系统的动态平衡。城市与农村生态环境是相互补充、互为依存的唇齿关系，城乡融合发展的生态治理体系是对城乡整个生态系统的全面治理，要对其空间性、系统性、流动性、时态性等予以尊重和遵循，强化有机联系和资源整合，科学治理城乡生态环境。

其三要求差异治理。城乡在生态环境结构、功能、要素、要求等方面是不同的，具有差异性，城乡融合发展不是城乡同一，必须权衡具体情况，区别对待，各自运用适宜性的环境治理目标、手段、措施和考核与之匹配，"而不应被视为城市和农村、市民和农民的完全同质化、均等化。相反，社会转型期我国不同地区、不同阶段，城乡统筹仍然会呈现出一定形式和一定程度的差异"。[4]

其四要求有序治理。城乡融合发展的生态治理体系强调一体化视野下的有序推进，要体现内涵式发展，全面衡量城乡生态治理的各个环节，统筹考虑，排序分段，循序渐进，科学预判今后较长一段时期城乡经济、社会与环境发展中的重大、热点、难点问题，把握好优先度、强度、尺度、速度，及时有序地确定城乡生态治理的阶段性任务，有针对性地分为起步阶段、重点突破阶段、全面推进阶段和完善提高阶段，每个阶段确定不同的核心目标，逐步进阶完成。

其五要求合作治理。现有情形下，城乡任何生态治理行为都不能"独善其身"，生态问题的整体性和跨界性不仅要求城乡生态整体治理，也迫切要求城乡之间加强全面合作，比如城乡环境资源的分配和调整、城乡环保技术和信息的共享、城乡环境联合执法、环境突发事件的联合应对、城乡产业结构的调整和生产力的布局，等等。通过城乡之间的合作还能整合资源的利用，提高区域环境管理能力，特别是提升落后的农村环境管理能力，促使城乡在生态治理上同步，在治理上产生共时性效应，促进环境质量的总体提升。特别要指出的是，许多城乡生态治理决策也必须依据相关各方的合作协商才能得出科学合理的结论。

（二）建设的外在实现

1. 形成城乡生态治理反哺机制

由于特定的历史原因，我国长期实行城乡二元发展格局，这种格局即"城市中心主义"，是以长期牺牲农村、农业、农民利益来实现的，是城市的单向发展、偏态发展。随着经济社会的发展，这种发展格局的弊端日益凸显，早已丧失其合理性基础。表现在生态环境领域，就是城乡环境不正义。为了解决这一问题，就必须打破旧有的城乡利益格局，形成新的城乡生态建设共识，加强城乡发展正向融合，以城乡生态利益共生为核心，形成新的反哺机制，即"城市支持农村，工业反哺农业，市民带动农民"[5]，努力缩小城乡生态建设差距。

同时，我国广大农村地区环保体制不健全，农业发展模式及产业布局落后，农民环保意识和维权能力缺乏，单纯依赖农村自我治理来应对复杂艰巨的环境问题，是不现实的也是极其不负责任的，同时违背建设全面小康社会、城乡共享发展的理念。所以，要坚持城乡生态治理融合发展，必须如上所述在反哺机制上形成新格局，发挥城市对农村的辐射带动作用，在法制资源、环保机构、环保设施、财政投入、能力建设、生态市场等方面大力向农村倾斜，增加农村公共服务的供给，促进农业农村现代化，加快补齐农业农村环保短板，全面提高城乡生态治理水平。

2. 健全城乡生态一体规划制度

我国城乡很多地区存在的空间无序、布局紊乱、项目重复、资源浪费、防治失控等严重环境问题，最大的源头在于没有科学合理的城乡一体的生态规划，缺乏全面的空间统筹，"条块分割"现象严重，造成各类环境问题累积，产生复合影响，难以根治。

进行城乡一体生态规划，是从生态系统和城乡整体的角度全面统领生态治理，可以贯彻"预防为主"和"协调发展"原则，是最经济有效的环保措施，能更好平衡环境与发展的关系，提高城乡空间管控水平，实现城乡一体发展、整体推进，避免规划失误这一最大的浪费。城乡一体生态规划制度不仅有利于治理环境污染，重点更在于打破行政区划和层级障碍，在更广阔的层面上关注城乡污染的结构性问题，能实现城乡范围内的生态资源配置和产业结构的科学布局，实现城乡生态治理从功能性治理向结构性治理的转型。

　　城乡一体生态规划的编制是一个科学决策的过程。要以城乡生态承载力为基础，注重横向衔接和有机联系，科学合理布局和整治城乡生产、生活、生态空间，构筑生态边界，解决城乡发展和环境保护的规模、边界与秩序问题。城乡一体生态规划的编制要对有关环境问题进行分类排序和目标导向预测，打破行政区划和层级障碍，总体规划城乡发展与产业支撑、就业转移和人口集聚，促进城乡要素平等交换和公共资源均衡配置，实现环境监测和生态治理城乡全覆盖，强化产业发展"绿色化"布局，统筹考虑城乡经济效益和环境效益、局部利益和整体利益、当前利益和长远利益，统筹考虑单个环境影响和城乡开发累积环境影响，形成资源节约、环境友好和生态保育的城乡生态结构。城乡一体生态规划一旦批准公布，就具有法律效力，应在城乡间统一执行。

　　3. 完善城乡生态环境治理联动制度

　　坚持城乡生态治理融合发展，建设城乡一体的生态治理体系，其关键在于"城乡共治"。基于利益相关性和生态系统的整体性，生态治理不能奉行僵硬孤立的分而治之格局，否则会形成"孤岛"效应。单方面的生态治理行为已经无法应对目前日趋严峻和复杂的城乡环境结构性问题，必须城乡联防联控联治，形成共治效应和协同效应，提高城乡生态治理的效益与效率。城乡生态治理联动制度是一个综合性制度，包括多方面内容。

　　城乡生态环境信息联动。将本地区的生态环境信息在城乡之间共享，可以有效提高生态治理的效率及针对性，同时加强相互监督。特别是将政府的环境执法信息、企业的环境违法信息纳入城乡环境征信数据库并公开，可以极大预防环境违法主体污染转移、将环境责任不合理地转嫁，拒绝污染企业在农村"东躲西藏"，抑制环境问题的负外部性。

　　城乡生态环境执法联动。加强城乡之间分工协作，针对城乡生态问题进行综合研究，在城乡之间共享生态治理的设备、技术及手段，建立城乡危险废物信息交流平台，共同打击危险废物的非法转移，联合防治环境污染和生态破坏，综合治理山水林田湖路草，提升城乡环境整体质量。

　　城乡生态环境突发事件联动处理。生态环境突发事件具有极大的危害性和不特定的扩散性，其预防、处置和善后都需要相关区域的协作配合。城乡之间应有相应的生态环境突发事件处置预案和处置机构，一旦发生生态环境突发事件，城乡之间应及时、充分履行告知义务，确定联动处理的范围、内容和手段，并高度配合，确保城乡居民的环境权益和生态安全。

参考文献:

[1] 晋海. 走向城乡环境正义 [J]. 法学杂志, 2009 (10).

[2] 王露璐. 经济正义与环境正义——转型期我国城乡关系的伦理之维 [J]. 伦理学研究, 2012 (6).

[3] 曹树青. 法律效率价值导向下的城乡环境正义探究 [J]. 政法论丛, 2014 (5).

[4] 王露璐. 经济正义与环境正义——转型期我国城乡关系的伦理之维 [J]. 伦理学研究, 2012 (6).

[5] 洪大用. 推进基本环境服务城乡均等化 [J]. 中国社会科学报, 2015 (767).

[6] 郝栋. 开启生态治理体系系统性创新 [N]. 学习时报, 2018 - 3 - 28 (A1).

[7] 李懿, 解轶鹏, 石玉. 国外生态治理体系的建构模式探析 [J]. 国家治理, 2017 (27).

[8] 吴平. 全面推进国家生态治理体系和治理能力现代化 [N]. 中国经济时报, 2016 - 8 - 2.

[9] 吴平. 生态治理体系的价值取向和立法路径 [N]. 中国经济时报, 2016 - 8 - 22.

[10] 张修玉. 开启生态文明系统治理体系新时代 [N]. 中国环境报, 2016 - 12 - 6。